귀화한 노자, JYP와 함께 K행복을 묻다

K행복 NO행복

K행복 NO행복

ⓒ 이리진, 2024

초판 1쇄 발행 2024년 12월 4일

지은이   이리진
펴낸이   이기봉
편집   좋은땅 편집팀
펴낸곳   도서출판 좋은땅
주소   서울특별시 마포구 양화로12길 26 지월드빌딩 (서교동 395-7)
전화   02)374-8616~7
팩스   02)374-8614
이메일   gworldbook@naver.com
홈페이지 www.g-world.co.kr

ISBN   979-11-388-3781-1 (03300)

귀화한 노자, JYP와 함께 K행복을 묻다

K행복 NO행복

이리진 지음

우리는 왜 행복을 미래의 어느 순간에 놓고,
후회하지 않기 위해 끊임없이 앞으로만 나아가려 하는가?

이 광활한 우주에서 인간의 실존적 문제에 대해
만족스러운 대답을 줄 수 있는 것은 오직 사랑뿐이다

좋은땅

CONTENT

1화

색이 다른 두 눈,
한국인의 NO 행복

　나는 한국인 어머니와 외국인 아버지 사이에서 태어난 30대 남성이다. 비록 한국에서 태어나지 않았지만, 거의 반평생을 한국에서 살아왔으며, 몇 년 전 한국으로 귀화하여 현재는 한국 국적을 가진 한국인이다.

　어릴 적부터 나는 한국과 모국 사이에서 끊임없이 선택해야 하는 상황에 놓였고, 그 과정에서 자연스럽게 한국에 대해 깊이 이해할 수밖에 없었다. 이후 한국인으로 살아가며, 내국인과 나를 비교하면서 한국 사회를 면밀히 관찰하는 기회도 많았다. 이런 독특한 배경 덕분에 나는 한국인을 바라보는 일반 외국인의 시각과도, 전형적인 한국인의 관점과도 다를 수밖에 없었다.

　이 책에서는, 한국 사회에서 나의 경험과 통찰을 바탕으로 한국인의 행복에 대한 새로운 시각을 제시하고자 한다. 등잔 밑이 어둡다는 속담처럼, 한국인은 종종 스스로를 객관적으로 바라보지 못하는 경우가 많다. 마찬가지로, 외국인들도 한국을 이해하려 하지만 깊이 있는 통찰을 얻기는 쉽지 않다.

한국인으로서, 그리고 동시에 외국인의 시각을 가진 사람으로서, 나는 한국인의 삶과 행복에 대해 보다 깊이 있는 견해를 제시할 수 있다고 믿는다. 이 책은 내가 경험한 다양한 삶의 이야기를 통해, 한국 사회가 가진 독특한 문화적 맥락 속에서 행복이란 무엇인지, 그리고 그 행복을 추구하는 과정에서 나타나는 여러 문제점들을 탐구할 것이다. 또한, 한국 사회가 직면한 도전과 기회들을 더 명확하게 이해하고, 한국인들이 추구하는 행복의 의미를 다시 생각해 보는 계기를 제공하고자 한다.

물론 이 책에서 다루는 내용은 설문조사나 연구를 통해 수집된 데이터보다는 개인적인 경험과 관찰을 바탕으로 얻은 통찰에 중점을 두고 있다. 나는 객관적인 데이터보다 주관적인 통찰이 더 많은 깨달음을 준다고 생각하는 편이다. 데이터는 고정된 정보를 제공하지만, 통찰은 그 속에서 생명력을 느끼게 하고 더 깊은 의미를 탐구하게 한다. 수치나 통계는 사실을 설명하는 데 그치지만, 그 이면에 숨겨진 진실까지 전달하지는 못한다. 니체의 말처럼, 세상에 '사실'이라는 절대적인 것은 존재하지 않으며, 오로지 다양한 '해석'만이 있을 뿐이다.

한국인들은 데이터를 선호하는 경향이 있기 때문에, 이런 나의 관점에 얼마나 공감할지는 모르겠다. 하지만 나는 이러한 시각을 바탕으로 이 책을 썼으며, 그 이유와 과정을 차근차근 설명해 나갈 것이다. 데이터가 설명하지 못하는 부분을 채우고, 숫자가 담아내지 못하는 진실을 이야기하는 것이 이 책의 또 다른 목적이다.

나는 많은 한국인들이 행복을 삶의 가장 중요한 가치로 여김에도 불구하고 실제로는 그 행복을 제대로 경험하지 못하고 있다는 점을 지적하고 싶었다. 내가 "99.9%의 한국인이 실제로는 행복하지 않다"고 말하면, 당신은 아마 "행복이 당연히 삶에서 가장 중요한 것 아니냐?" 또는 "99.9%라는 숫자는 너무 과장된 것 아닌가?"라고 생각할 수 있다. 만약 그렇게 느꼈다면, 당신도 아마 그 99.9%에 속할 가능성이 크다. 이는 행복을 중요시하면서도 그 본질에 대한 깊은 고민 없이 숫자와 외형적인 성과에만 의존하는 한국 사회의 특성을 반영한 것이다. 이 책은 그러한 고정관념을 깨고, 행복의 진정한 의미를 재조명하는 데 중점을 두었다.

솔직히 말하자면, 나에게 한국인은 매우 복잡한 존재다. 나는 그들의 성실함과 뛰어난 감각을 존중하고 좋아하지만, 동시에 그들이 사회적 고정관념과 압박에 얽매여 스스로를 제한하는 모습을 보며 실망하고 답답함을 느낄 때가 많다. 이런 양가감정을 통해 나는 한국인과 한국 사회를 더 깊이 이해하려고 노력한다. 그들의 강점과 약점을 있는 그대로 받아들이며, 그 안에서 한국 사회가 더 나은 방향으로 나아갈 수 있는 가능성을 논의해 보고 싶다.

내가 아는 한국인은 이렇다.
1. 대조적인 심리와 행동
한국인은 도박 성향이 강하지만, 도전을 싫어한다.
한국인은 긍정을 말하지만, 내면엔 늘 불안과 불만이 자리 잡고 있다.
한국인은 자유를 원하지만, 규칙과 관습에 매우 민감하다.

한국인은 단합을 중시하지만, 경쟁에서 이기려는 욕구가 강하다.

한국인은 소통을 중요하게 여기면서도, 자신의 감정은 감추고 싶어 한다.

한국인은 진실을 원하지만, 결국 듣고 싶은 말만 듣고 싶어 한다.

한국인은 책임감이 강하지만, 도움을 청하는 데는 서툴다.

한국인은 자기표현에 미숙하지만, 남의 평가에 적극적이다.

2. 삶의 가치와 추구

한국인은 외적인 성공과 명예를 추구하지만, 내면의 성찰은 종종 소홀히 한다.

한국인은 명예를 소중히 여기지만, 비난에 대한 두려움도 크다.

한국인은 성실함을 강조하지만, 효율성을 더 중요하게 여긴다.

한국인은 공부를 중요하게 여기지만, 정작 독서는 소홀히 한다.

한국인은 성공을 원하지만, 그 과정에서의 즐거움은 자주 놓친다.

3. 일상과 문화

한국인은 스마트폰을 손에서 놓지 않지만, 그만큼 스마트하지 않다.

한국인은 항상 빠르게 움직이지만, 바쁘기만 할 뿐이다.

한국인은 잘 놀 줄 알지만, 진정으로 쉴 줄 모르는 경우가 많다.

한국인은 유행에 민감하지만, 금방 질려 버리기도 한다.

한국인은 연애를 원하지만, 일이 더 중요하다고 말한다.

한국인은 흥은 있지만, 그 흥 속에 진정한 혼은 없다.

한국인은 외모를 신경 쓰지만, 내면을 돌보는 데에는 소홀하다.

4. 가족과 사회적 관계

한국인은 가족을 위해 헌신하지만, 자신의 어려움은 말하지 않는다.

한국인은 자기 자식을 소중히 여기지만, 남의 자식도 소중하다는 점을 종종 간과한다.

한국인은 남의 눈치를 많이 보지만, 정작 자신을 돌아보는 데는 서툴다.

한국인은 자녀 교육을 중시하면서도, 스스로 배움에 대한 관심은 떨어진다.

한국인은 결혼의 가치를 중요시하지만, 독신을 선택하는 사람이 늘고 있다.

5. 경제와 소비

한국인들은 빚을 잘 활용하지 못하지만, 많은 사람들이 빚을 지고 있다.

한국인은 물질적 풍요를 추구하지만, 정작 마음의 여유는 부족하다.

한국인은 경제적 자유를 꿈꾸지만, 그 과정에서 삶의 질을 놓치는 경우가 많다.

한국인은 소유에 집착하지만, 그로 인해 진정한 자유를 잃고 있다.

한국인은 경제적 안정을 원하지만, 그 안정이 무엇인지는 명확히 모를 때가 많다.

6. 미래와 현재

한국인은 미래를 계획하지만, 현재의 즐거움을 쉽게 놓쳐 버린다.

한국인은 미래를 걱정하면서도, 지금 필요한 것들은 자주 미룬다.

한국인은 항상 앞으로 나아가길 원하지만, 그 과정에서 자신을 돌아보는 법을 잊는다.

한국인은 젊을 때는 미래를, 나이가 들면 과거를 그리워하지만, 정작 현재에 집중하지 못한다.

7. 행동과 사고방식의 모순

한국인은 눈이 높지만, 시야는 좁다.

한국인은 독립을 외치지만, 타인의 의견에 의존한다.

한국인은 대화를 원하지만, 그 대화는 종종 피상적이다.

한국인은 남의 용기를 칭찬하지만, 자신은 과감한 결정을 미룬다.

한국인은 경쟁심이 강하지만, 그릇은 작다.

한국인은 위기에 강하지만, 혁신에 약하다.

한국인은 분주하게 살아간다. 그러나 진실은 잃는 것이 더 많고, 행복한 척하지만 실제로는 행복하지 않은 경우가 많다. 여러 모순과 딜레마를 안고 살아가면서, 행복을 추구한다고 말하지만 그 과정에서 오히려 스스로 불행을 자초하기도 한다. 한국인의 삶은 부지런함과 성실함으로 가득 차 있지만, 그 이면에는 잃어버린 행복이 자리 잡고 있다.

나 역시 한국 생활이 편하면서도 불편하고, 익숙하면서도 여전히 적응하기 어려운 부분들이 있다. 한때는 한국 문화를 좋아했지만, 이제는 싫증이 날 때가 많다. 한국에 정이 가고, 한국인이 잘되기를 바라는 마음은 있지만, 외국인이었던 내가 한국인이 되면서 느낀 복잡한 감정과 불만이 쌓였는지도 모른다. 누군가는 이렇게 말했다. "네가 길들인 것에는 언제까지나 책임이 있다." 하지만 나는 그 반대로, 내가 한국에 길들여진 것에 대한 책임을 묻고, 그로 인한 불만을 토로하고 있는지도 모르겠다.

어쨌든, 나는 한국인으로서 우리나라와 우리 국민에 대해 안타깝고 불만스러운 마음이 공존한다. 그래도 우리나라 사람들이 행복해지길 바라는 마음은 여전히 크다. (솔직히, '우리나라'라는 표현도 별로 마음에 들지 않지만 말이다.)

이 책은 단순히 무엇이 옳고 그르다는 결론을 내리기 위한 것이 아니다. '행복'이라는 주제를 매개로 한국 사회의 내면에 자리한 복잡한 모순들을 탐구하고, 그 속에서 왜 행복의 본질이 종종 왜곡되는지 분석하고자 한다. 한국인들이 추구하는 행복과 현실 사이의 괴리, 그리고 그 과정에서 드러나는 사회적, 문화적, 환경적 문제들을 깊이 성찰하려는 것이다.

그러나 결론적으로 이 논의는 한국이라는 테두리를 넘어서고자 한다. 그것이 바로 이 책이 제공하는 반전이다. 이런 시각은 인류 전체가 함께 고민해야 할 행복과 지속 가능성에 대한 문제로 확장된다. 인간의 행복은 개인적인 것이지만, 그것은 동시에 사회적이고 환경적인 문제와 밀접하게 연결되어 있다.

결국, 이 책은 한국 사회의 행복 부재를 넘어, 전 세계가 함께 고민해야 할 더 나은 삶의 방식, 즉 지속 가능한 행복과 자연과의 조화로운 삶에 대한 질문을 던진다. 인간의 행복은 더불어 살아가는 세상에서만 완성될 수 있다는 깨달음을 바탕으로, 이 책은 삶의 다양한 영역에서 더 깊은 통찰을 제공하고자 한다.

2화

한국인의 관계주의 문화

한국인이 행복하지 않은 이유를 논하기 전에, 한국의 문화와 한국인의 특성을 먼저 살펴보는 것이 중요하다. 이러한 요소들이 한국인의 행복과 밀접하게 연결되어 있기 때문이다. 이를 더 잘 이해하기 위해, 나에게 한국이라는 나라와 한국인이 주었던 첫인상을 되짚어 보자.

어릴 적, 한국인은 나에게 매우 세련된 이미지로 다가왔다. 이 세련됨은 단순히 패션과 외모에만 그치지 않고, 그들의 생활 전반에서 느껴졌다. 그래서 K팝을 비롯한 한국 문화가 세계적으로 인정받고 열광을 받는 현상은 그리 놀랍지 않았다. 이미 20년 전부터 한국의 음악, 패션, 로맨스 드라마들이 서양과 어깨를 나란히 할 만큼 잠재력이 있다고 느꼈기 때문이다.

한국인 스스로는 잘 인식하지 못할 수도 있지만, 나는 한국인들에게도 흑인 소울처럼 고유한 '흥'이 있다고 생각한다. 오늘날 K팝이 전 세계적으로 유명해지면서, 중국이나 일본을 비롯한 여러 나라에서 K팝을 따라 하는 모습을 보면 어색하게 느껴지기도 한다. 그런데 놀라운 것은, 한국인은 이미 20년 전부터 서양의 팝 문화를 한국만의 스타일로 자연스럽게 소화하고 있었다는 사실이다. 당시에도 한국 가수들은 매우 힙하고 개성이 있었으며, 서양의 유행을 손쉽게 흡수하고 이를 자신만의 스타일로 재창조하는 독특한 능력을 보여 주었다.

특히, 당시 한국의 방송국이 의상이나 가사, 콘셉트 등을 엄격하게 규제하는 폐쇄적인 문화 환경 속에서도 한국 가수들이 이러한 세련미와 개성을 발휘할 수 있었다는 점은 더욱 주목할 만하다. 이는 한국 문화가 그때나 지금이나 가지고 있는 강점이자, 한국인이 지닌 유니크한 감각을 보여 주는 대목이다. 바로 이러한 독특한 감각과 재능이 K팝이 전 세계적인 인기를 끌게 만든 중요한 원동력 중 하나라고 할 수 있다.

나는 비록 한국에서 태어나지 않았지만, 어릴 적부터 한국 예능과 드라마를 통해 한국 문화를 자주 접해 왔다. 처음으로 좋아했던 한국 연예인은 H.O.T였고, 처음 본 드라마는 송승헌과 송혜교가 주연한 〈가을동화〉였다. 그때부터 자연스럽게 한국 드라마와 연예인에 매료되었고, 한국에 대한 호감이 깊어졌다. 한국어를 따로 배운 적은 없었지만, 가정 환경과 한국 TV 덕분에 자연스럽게 한국어를 익히게 되었고, 두 언어를 구사할 수 있게 되었다.

이렇게 말하면 마치 내가 전형적인 혼혈아의 외모를 가졌다고 상상할 수 있겠지만, 사실 나의 외모는 한국인과 거의 구분되지 않는다. 그래서 외모로 인해 한국에서 특별한 주목을 받거나 대우를 받은 적은 없었다. 하지만 성인이 되어 한국에 처음 방문한 후, 10년 넘게 일상과 사회생활을 하며 지내다 보니, 한국인들은 내가 유창하게 한국어를 하고 한국 문화를 잘 알고 있다는 사실에 놀라곤 했다. 그래서 가끔은 자기소개를 할 때, 외국인이라는 사실을 믿지 않는 사람들도 많았다.

어릴 적 나는 나의 정체성에 대해 혼란을 겪은 시기가 있었다. 예를 들어, 축구 경기를 볼 때 어느 나라를 응원해야 할지 고민하곤 했다. 단순한 문제처럼 보일 수 있지만, 이는 마치 어릴 때 엄마가 좋냐 아빠가 좋냐는 질문에 답하기 어려운 것과 비슷했다. 20살이 되어서야 엄마가 더 좋다고 말할 수 있었지만, 한국을 더 응원한다고 확신하게 된 건 20대 후반이 되어서였다.

나와 같은 특별한 경우를 제외하면, 많은 이들이 한국 문화를 처음 접하는 경로는 주로 음악이나 드라마일 것이다. 나를 포함해 많은 사람들이 한국 로맨스 드라마에 열광하는 이유는 그 드라마가 인간관계의 복잡한 심리를 자극하고, 우리가 가진 원초적인 욕구를 끌어내기 때문일 것이다. 다양한 인간관계에 대한 환상과 함께, 드라마 속에서 음식이나 패션에 대한 강렬한 욕구가 불러일으켜지는 경험을 자주 했다. 나 역시 드라마를 보면서 짜장면이 너무 먹고 싶었고, 주인공들이 입은 옷을 사야겠다는 충동을 느꼈던 기억이 생생하다.

한국 드라마의 매력은 단순히 스토리 전개나 배우들의 연기력에 그치지 않는다. 특히 인간관계에 초점을 맞춘 심리적 묘사는 한국 사회의 예의 중심적이고 관계 지향적인 문화를 반영한다. 이 문화에서는 개인보다는 관계가 중요시되며, 드라마 속에서 얽히고설킨 복잡한 인간관계가 시청자들에게 강한 몰입감을 준다. 시청자들은 각 캐릭터의 감정선에 공감하며, 그들의 갈등과 화해 과정에 자신을 투영하기도 한다. 이러한 정교한 심리 묘사는 한국 드라마가 단순한 오락을 넘어, 깊은 감정적 경험을 제공하는 이유다.

한국 드라마가 영화보다 먼저 세계적으로 유명해진 것도 이와 무관하지 않다. 드라마는 시리즈 형태로 방영되기 때문에 더 많은 시간 동안 복잡한 인간관계를 풀어낼 수 있고, 시청자들이 서서히 캐릭터나 이야기에 감정을 이입하게 만든다. 반면, 영화는 제한된 시간 안에 이야기를 담아야 하므로, 그 깊이와 관계의 복잡성을 충분히 표현하기엔 한계가 있다. 특히, 한국 드라마는 주옥같은 OST로 감정선을 더욱 극대화하며, 시청자들에게 강렬한 인상을 남긴다. 이는 K팝과 K-드라마가 상호 보완적인 관계로 함께 세계적인 인기를 끌게 된 중요한 요인 중 하나다.

한국 드라마가 인간관계를 이토록 섬세하고 다양한 방식으로 표현하는 이유는 한국 문화의 깊은 뿌리에 자리 잡고 있는 예의와 관계 중심의 유가사상 때문이다. 이러한 문화 속에 내재된 집착과 억압이 드라마 속에서 훌륭한 콘텐츠로 승화되었고, 이로 인해 한국 드라마는 인간관계의 복잡성을 더욱 돋보이게 하는 독특한 매력을 가지게 되었다.

서양과 동양의 문화를 크게 개인주의와 집단주의(또는 전체주의)로 구분하기도 한다. 그래서 서양인들은 종종 일본과 한국을 같은 집단주의 문화로 분류하는 오류를 범한다. 그러나 사실 일본은 집단주의, 한국은 관계주의라는 전혀 다른 문화를 가지고 있다. 이러한 문화적 차이는 임진왜란에서도 명확히 드러났다. 일본 문화에서는 왕이나 성주가 성을 버리고 백성을 떠나는 것이 이해하기 어려운 일이다. 일본인들은 보통 전쟁에서 패배할 때 할복하거나 항복은 하더라도, 도망가지는 않는다.

그에 반해 한국인은 가족을 위해서라면 대의를 저버릴 수 있으며, 할복은 상상하기 힘들다. 이는 남은 가족이 걱정되어 죽음을 선택할 수 없기 때문이다. 일본인의 정체성이 국가나 집단에서 온다면, 한국인의 정체성은 혈연과 지연 같은 관계에서 비롯된다. 임진왜란 때 이러한 한국인의 문화를 이해하지 못했던 일본군은 자신들의 빠른 진격으로 조선을 쉽게 무너뜨릴 수 있을 것이라 믿었다. 실제로 그들은 놀라운 속도로 한양을 포함한 조선의 주요 지역들을 점령해 나갔다. 그러나 그들조차 예상하지 못한 것은, 조선의 왕 선조가 백성을 버리고 예상보다 더 빠르게 북쪽으로 도망쳤다는 사실이었다.

일본군은 전쟁에서의 승리를 확신했지만, 선조의 예측 불가능한 행동과 전쟁의 장기화로 인해 점차 지치기 시작했다. 겨울철의 혹독한 기후, 보급의 어려움, 내부적인 사기 저하와 갈등 등 여러 요인이 복합적으로 작용하면서 일본군은 당황할 수밖에 없었다. 만약 그때 선조가 성을 끝까지 지켰거나, 조금이라도 늦게 도망쳤더라면, 전쟁은 의외로 쉽게 끝났을지도 모른다. 결국, 임진왜란 당시 한국과 일본의 문화적 차이가 전쟁의 양상과 결과에 결정적인 영향을 미쳤다고 볼 수 있다.

한국인의 이런 독특한 문화는 아카데미 시상식에서도 확인할 수 있다. 2022년 아카데미 시상식에서 일어난 윌 스미스 사건은 전 세계의 주목을 받았다. 당시 시상식에서 코미디언 크리스 록은 윌 스미스의 아내, 제이다 핀켓 스미스의 탈모증을 농담거리로 삼으며 "G.I. 제인 2를 기대한다"는 발언을 했다. 제이다는 탈모증으로 인해 머리를 삭발한 상태였고, 이 발언은 그녀와 윌 스미스에게 큰 불쾌감을 주었다. 이

순간 윌 스미스는 무대에 올라가 크리스 록의 뺨을 세게 때렸다. 이어 자신의 자리로 돌아간 윌 스미스는 "내 아내의 이름을 네 입에 올리지 마라"는 말을 반복하며 강하게 경고했다.

이 사건은 생방송으로 전 세계에 중계되었고, 그 즉시 인터넷과 언론에서는 이 장면이 큰 화제가 되었다. 많은 이들이 오스카 역사상 가장 추악한 순간이라며 윌 스미스를 맹비난했고, 크리스 록의 차분한 대응에 대해서는 칭찬이 쏟아졌다. 그러나 흥미로운 것은, 한국인 네티즌들의 반응이었다. "가족 건드리는 건 못 참지", "우리 엄마보고 너네 엄마 대머리냐, 머리 민 김에 군대나 가라고 해라 뭐 이런 개그 쳤다 생각하면 못 참지", "턱을 날려야 기절인데 광대를 치셨네, 아실 만한 분이" 등과 같은 댓글들이 주를 이뤘다. 이러한 반응은 한국 사회에서 가족을 건드리는 것을 용납하지 않는 관계주의 문화를 보여 주는 단적인 사례였다. 나를 포함한 한국인들은 가족이나 가까운 사람의 명예와 감정을 지키기 위해서라면 강한 반응을 보이는 것이 당연하다고 여기는 경향이 있으며, 이 사건에서도 그 문화가 여실히 드러난 것이다.

그렇다면, 자유발언과 인간의 존엄성, 그리고 인간관계 중에서 무엇이 더 중요할까? 이 질문은 단순한 도덕적 딜레마를 넘어, 각 문화가 중시하는 가치관의 차이를 드러낸다. 서양에서는 표현의 자유와 개인의 권리를 절대적으로 보호해야 한다는 인식이 강하다. 그래서 크리스 록의 농담이 부적절했음에도 불구하고, 그가 무대에서 발언할 권리를 침해당했다는 시각이 주를 이뤘다. 반면, 한국과 같은 관계 중심의 문화에서는 개인의 발언이 가깝거나 친한 사람의 존엄성을 해칠 수 있을 때, 그 발언이 아무리 자유의 영역에 속하더라도 그 책임을 져야 한다는 생각이 강하다. 특히 가족이나 가까운 사람의 명예가 걸린 문제라면, 단순히 말을 하거나 듣는 것을 넘어서는 문제로 받아들여진다. 결국, 이 사건은 각 문화가 무엇을 더 중요시하는지를 극명하게 보여 준 사례라고 할 수 있다. 서양에서는 표현의 자유가 우선시되지만, 한국에서는 인간관계가 더 중요시된다.

사실, 이러한 관계주의는 '한강의 기적'을 이룩하는 데 중요한 역할을 했다. 단일화와 협력이 절실했던 산업화 시대에 일본의 집단주의는 미국의 경제적 우위를 위협할 정도로 강력한 힘을 발휘했었다. 그러나 정보화 시대의 다변화 속에서, 한국의 관계주의는 국제 무대에서 일본을 앞선 것으로 평가받고 있다. 일본이 외국에서 현지화 전략을 펼칠 때 자국의 문화를 고집하는 경향이 강했던 반면, 한국은 먼저 친밀감을 쌓고 관계를 맺으려는 유연한 접근 방식을 취했다. 이 접근법은 글로벌 무대에서 큰 강점으로 작용했다.

인공지능 시대 이전까지, 국가 간 하드웨어 기술 격차는 점점 좁혀졌고, 단독 경쟁에서 벗어나 협력과 상생의 시대가 도래했다. 한국의 관계 중심 문화는 이러한 변화에 적응하며 국제 협력과 네트워킹에서 더 큰 성과를 거두는 원동력이 되었다. 경쟁의 핵심은 더 이상 자원의 양이 아니라, 얼마나 많은 양질의 관계를 형성하고 협력할 수 있는지에 달려 있었다. 이러한 점에서 한국의 관계주의는 강력한 경쟁력을 유지하는 중요한 요소로 작용했다. 그렇다면 인공지능 시대에서도 이러한 관계주의는 여전히 유효할까?

지금의 한국은 여전히 경제적 관점에서 강대국 사이에 놓인 '샌드위치' 신세에서 벗어나지 못하고 있다고 볼 수 있다. 임진왜란 당시 중국과 일본 사이에서 고군분투했던 것처럼, 현재는 중국과 미국이라는 두 강대국 사이에서 외교적 균형을 유지해야 하는 상황에 놓여 있다. 이러한 현실은 한국의 관계주의 문화가 큰 영향을 미친 결과다. 한국은 두 나라 사이에서 어느 한쪽을 완전히 선택하지 못하는 딜레마에 빠져 있으며, 이는 외교적 유연성을 제공하는 동시에 끊임없이 양쪽의 눈치를 봐야 하는 어려움을 초래한다.

관계주의는 한국 사회에서 개인보다 공동체를 우선시하는 문화적 가치 체계다. 여기서 '우리'라는 개념은 가족, 직장, 국가 등 다양한 집단 속에서 개인의 정체성과 사회적 위치를 형성하는 중요한 요소다. 이러한 관계 중심의 문화에서는 개인의 성취보다는 공동체의 안정과 안녕이 더 중요한 가치로 여겨지며, 개인이 속한 집단의 기대에 부응하는 것이 사회적 책임으로 여겨진다. 이로 인해 한국 사회에서는 집단의 기대를 우선시하고, 그 기대에 맞추기 위해 개인의 입장을 양보하는 경향이 강하다.

하지만 인공지능 시대가 도래함에 따라 개인의 독창성과 창의성이 그 어느 때보다 중요해지고 있다. 과거에는 집단의 이익을 우선시하고, 관계주의 문화가 중심이 되었으나, 이제는 각 개인이 가진 능력과 자율성이 그 자체로 큰 가치를 지닌다. 이미 전 세계에서 수십 명의 갑부들이 전 세계 재산의 절반 이상을 차지하고 있으며, 1인 기업이 유니콘으로 성장할 수 있는 시대가 도래했다. 이는 인공지능 시대에서 개인의 역량과 창의성이 얼마나 중요한 역할을 하는지를 보여 준다.

그러나 관계주의 문화에서는 여전히 개인의 목소리가 억압당하고,

집단의 규범에 의해 개인의 다양성과 창의성이 발휘되지 못하는 경우가 많다. 개인의 독창적인 사고와 혁신적인 아이디어가 집단의 압력 속에서 제한되며, 이는 국가 전체의 발전 잠재력을 저해하는 요인으로 작용한다.

한국이 '샌드위치 신세'에서 벗어나 글로벌 무대에서 변화를 주도하는 리더 국가로 성장하기 위해서는 '다양한 우리'보다는 '다양한 개인'의 중요성이 강조되어야 한다. 여기서 '다양한 개인'이란 단순히 다수의 의견에 반대하는 사람이 아닌, 스스로 사고하고 독립적으로 행동하는 사람을 뜻한다. 이러한 독립적이고 창의적인 개인들이 모여야만 진정한 혁신이 가능해지고, 새로운 시대의 변화에 필요한 리더십이 생겨난다.

특히 인공지능 시대에 한국이 지속적으로 빛을 발하려면, 기존의 틀에서 벗어나 독창적이고 개성 있는 인재를 지지하고 이해하는 것이 중요하다. 때로는 전통적인 규범에서 벗어난 이들의 사고방식이 혁신을 이끌어 내는 핵심 동력이 될 수 있기 때문이다.

단순한 점진적 발전을 넘어서기 위해, 기업은 새로운 시장을 창출하고 경쟁 우위를 확보하려는 과감한 도전을 받아들여야 한다. 기존의 성공 방식을 답습하는 데 그치지 않고, 무에서 유를 창출할 수 있는 창업자와 경영자를 발굴해 지원해야 하며, 이들은 전통적인 방식을 뛰어넘는 혁신적 접근을 통해 새로운 비즈니스 모델을 제시할 수 있어야 한다.

이를 위해 한국의 기업 문화와 경제 구조 또한 변화해야 한다. 창업자들이 실패를 두려워하지 않고, 단순히 돈을 목적으로 삼기보다는 사회적 문제를 해결하려는 태도를 갖출 수 있도록, 창의적인 아이디어를 실현할 수 있는 제도적 지원과 사회적 인식이 필요하다. 독창적인 사고를 가진 개인들이 성공할 수 있는 환경을 조성함으로써, 기업은 지속적인 혁신을 이루고, 궁극적으로는 사회에 긍정적인 변화를 가져오는 주체가 될 수 있다.

한국은 세계적으로 인정받는 콘텐츠와 제품을 만들어 냈지만, 이를 담아낼 글로벌 플랫폼의 부재는 한국의 지속적인 성장을 제한하는 중요한 요인 중 하나다. BTS와 드라마 〈오징어 게임〉이 전 세계적으로 큰 성공을 거두었음에도, 한국은 빌보드나 넷플릭스 같은 독자적인 글로벌 플랫폼을 갖추지 못하고 있다. 이는 한국이 뛰어난 콘텐츠를 생산해 내지만, 그들을 주도적으로 보여 줄 자체적인 무대가 부족하다는 것을 의미한다.

삼성 스마트폰이 세계 시장에서 큰 성공을 거두고 있지만, 그 안에서 구동되는 안드로이드나 iOS와 같은 앱 생태계를 갖추지 못한 점 역시 이를 보여 준다. 결국, 한국은 본질적으로 그 틀 안에 갇혀 있다는 한계를 갖는다. 이는 마치 손오공이 아무리 멀리 날아도 부처님의 손바닥 안에 있는 것과 같다. 그러나 그럼에도 불구하고, 한국은 큰 꿈을 꾸고 세계를 주도할 수 있는 충분한 잠재력과 가능성을 가지고 있다고 생각한다. 이제 필요한 것은 그 잠재력을 현실화하기 위한 전략적 변화와 도전이다.

한국은 여러 면에서 독보적인 존재감을 보여 주고 있다. 구글조차 완전히 장악하지 못한 거의 유일한 독보적인 검색 엔진인 네이버와 다음이 있으며, 이는 한국의 디지털 생태계에서 자국 플랫폼의 강력함을 입증하는 사례다. 또한, 전 세계를 사로잡은 K-문화는 단순한 문화 수출을 넘어 문화 바이러스로 번지고 있다. 음악, 영화, 드라마, 게임에 이르기까지 K-문화는 이제 세계인의 일상 속에 깊이 자리 잡았다.

더불어, 한국에는 이순신 장군과 세종대왕 같은 세계적으로도 찬사를 받을 만한 위대한 역사적 인물들이 있다. 그들의 업적은 지금도 한국인들에게 자부심과 영감을 주며, 한국이 오늘날의 위상을 확립하는 데 큰 역할을 했다. 그리고 한강의 기적이라는 경제 발전은 세계적으로도 그 유례를 찾아볼 수 없을 정도로 놀라운 성공을 거두었다. 전쟁의 상흔을 딛고, 경제 대국으로 성장한 한국의 저력은 한국 사회의 근면과 도전 정신을 여실히 보여 준다.

이러한 배경에서 나는 한국이 특별하면서도 동시에 안타깝다는 생각을 자주 한다. 한국은 세계의 리더가 될 잠재력을 지니고 있으면서도, 팔로워 국가로 남을 가능성도 함께 내포하고 있다. 한국인은 총명하고 부지런하며, 위기 대처 능력에서 뛰어난 역량을 발휘하지만, 동시에 그릇이 작고 경쟁에 지나치게 익숙하다. 마치 콜로세움의 전사처럼, 치열한 경쟁 속에서만 살아남으려 하다 보니, 최강의 전사가 될 수는 있어도 왕이 되기는 어려우며, 콜로세움 자체를 지배하는 것은 더더욱 힘든 상황이다.

이러한 구조적 한계는 플랫폼 부재에서 기인한다고 볼 수 있다. 한국이 이 한계를 극복하지 않으면, 앞으로도 다른 나라의 플랫폼 안에서만 경쟁하게 될 것이다. 이는 단순한 기술적, 경제적 성과의 문제가 아니라, 문화적이고 철학적인 성숙을 요구하는 문제이기도 하다.

결국, 한국 사회가 나아가야 할 방향은 관계주의 문화를 변화시키는 것이다. 한국은 협력과 연대를 통해 큰 성과를 이룬 역사를 가지고 있지만, 이제는 수평적인 소통과 개인의 자율성을 존중하는 방향으로 발전해야 한다. 창의성과 혁신을 촉진하려면, 획일화된 기준을 넘어 다양성을 포용하고, 눈치 보는 문화를 개선해 명확한 의사소통을 이끌어내는 것이 중요하다. 한국 사회가 이런 변화를 수용할 때, 세계적인 리더로서의 잠재력을 완전히 발휘할 수 있을 것이다.

3화

한국인의 나이 문화와 행복

한국인이 공통적으로 가장 좋아하는 칭찬은 무엇일까? 한국을 어느 정도 이해하는 외국인들이라면 눈치챘을 것이다. 바로 '동안'이라는 칭찬이다. 한국에서는 나이가 단순히 숫자에 그치지 않고, 개인의 정체성과 사회적 위치를 결정하는 중요한 요소로 작용한다. 그만큼 '동안'이라는 칭찬은 젊음과 활력을 상징하며, 나이가 들수록 이러한 말을 듣는 것이 더욱 기분 좋은 일이 된다.

외국인들에게 한국의 나이 문화는 상당히 복잡하게 느껴질 수 있다. 나이에 따라 사용해야 할 호칭과 언어의 변화는 한국어를 배우는 외국인들에게 특히 어렵게 다가온다. 존댓말과 반말을 상황에 맞게 사용해야 하며, 상대방의 나이와 사회적 위치를 정확히 고려해야 한다. 이러한 언어적 구분은 한국 사회에서 예의와 존경의 표현이지만, 전 세계적으로 이렇게 세심하게 언어를 구분하는 나라는 드물다.

한국 사회의 나이 문화는 깊이 뿌리박힌 전통이지만, 현대 사회에서 개인의 자유와 자율성을 저해하는 요소로 작용할 수 있다. 행복의 중요한 기준 중 하나는 개인의 자율적 표현과 자유로운 행동이다. 그러나 한국의 엄격한 나이 문화는 사용해야 하는 언어나 행동을 제한하며, 이는 개인이 자신의 생각과 감정을 솔직하게 표현하는 것을 어렵게 만든다. 결과적으로 이러한 제약은 사회적 스트레스를 증가시키고, 개인의 행복감을 떨어뜨릴 수 있다.

현대 사회에서는 다양성과 개방성이 중요한 가치로 떠오르고 있으며, 글로벌화와 디지털 시대에서는 다양한 배경과 연령대의 사람들이 협력할 수 있는 능력이 필수적이다. 하지만 한국의 나이 위계질서는 이러한 흐름에 역행하며, 대화 방식이나 태도가 나이에 따라 달라져 불필요한 갈등과 긴장을 초래한다. 이는 결국 사회 전반의 발전에도 부정적인 영향을 미칠 수 있다.

한국의 나이 문화는 전통적으로 존중과 예의를 중시하는 사회적 가치로 자리 잡고 있지만, 현대 사회 특히 조직 내에서는 창의성과 독립성을 억압하는 요소로 작용할 수 있다. 연차나 나이에 따라 권위가 형성되면서, 젊은 세대나 신입사원들이 자신의 의견을 자유롭게 제시하기 어려워지며, 그로 인해 창의적인 아이디어나 혁신적인 사고가 쉽게 묵살되는 경우가 많다. 이는 조직 내에서 비효율적인 결정을 초래하고, 새로운 시도를 막아 발전을 저해할 수 있다.

반면, 친구 관계는 나이와 직급의 제약에서 자유롭다. 친구 사이에서는 상호 존중과 신뢰가 중요하며, 나이나 지위와 상관없이 자유롭게 의견을 나눌 수 있는 분위기가 형성된다. 이러한 환경은 개인의 잠재력과 창의성을 발휘하는 데 필수적이며, 진정한 소통과 대화를 가능하게 한다.

문화는 그 나라의 정체성과 밀접한 관련이 있으며, 국가의 발전과도 직결된다. 인공지능 시대가 도래하면서, 창의성과 독립적인 사고가 점점 더 중요해질 것이므로, 한국 사회도 변화가 필요하다. 한국 사회에서 세대 차이를 극복하려는 노력이 이루어지고 있지만, 존댓말과 반말로 나뉜 대화 체계 속에서는 여전히 공평하고 편안한 분위기를 조성하기 어려울 때가 많다. 이는 또 다른 문제를 야기하는데, 바로 친구를 만들고 유지하는 것이 쉽지 않다는 점이다.

한국에서는 대부분 친구란 동갑내기 사이에서만 가능하다는 인식이 강하다. 나이 차이가 조금만 나더라도 친구 관계를 맺기 어려운 경우가 많으며, 심지어 빠른 년생 간에도 친구 관계를 맺는 것이 쉽지 않은 경우도 있다. 더불어 남자와 여자가 친구가 될 수 없다는 인식도 여전히 자리 잡고 있어, 이성 간의 진정한 친구 관계도 드물다. 또한 부모와 자식 간에도 엄격한 상하 관계가 형성되어 있어 친구처럼 지내기가 더욱 쉽지 않다.

결국, 한국인들은 나이가 들수록 친구를 사귀거나 유지하는 것이 더욱 어려워지고, 그 결과 인간관계가 점점 좁아지며 외로움을 느끼는 경우가 많아진다. 이는 행복에 큰 영향을 미치는 중요한 요인 중 하나로 작용할 수 있다. 처음에 나는 한국의 장유유서 문화를 긍정적으로 보았다. 공자의 유교 사상을 본거지인 중국보다도, 예의를 중시하는 일본보다도 더 철저하게 지키고 구현했다고 생각했기 때문이다.

한국의 유교 문화는 중국이나 일본과 비교했을 때 독특한 특징을 지닌다. 중국은 유교 사상의 발원지로서 오랜 역사 속에서 다양한 사상과 종교가 공존해 왔지만, 현대에 들어와 공산주의 이념이 중요한 역할을 하면서 유교적 전통은 상대적으로 약화되었다. 일본은 유교의 영향을 받았으나, 불교, 신토(신도), 그리고 사무라이 문화가 더 큰 영향을 미쳤다. 그 결과, 일본에서 유교적 가치관은 일부 사회적 예절과 윤리로 자리 잡았을 뿐, 한국만큼 강력하게 사회 전반에 뿌리내리지 않았다.

반면, 한국은 조선시대에 유교를 국가 통치 이념으로 삼으면서 성리학(주자학)을 국교로 받아들였고, 이로 인해 유교적 가치관이 사회 전반에 깊이 뿌리내렸다. 특히 연령과 상하 관계를 중시하는 문화는 오늘날에도 강하게 남아 있으며, 이는 세대 간 갈등을 더욱 심화시키는 요소로 작용하고 있다.

한국에서 오랫동안 생활하다 보면 나이 문화의 문제점이 더 뚜렷하게 보이기 시작한다. 세상은 빠르게 변하고 있으며, 이러한 변화를 이끄는 주체는 더 이상 장년층이 아니라 청년들이다. 과거에는 세상의 변화가 느렸기 때문에 세대 간 갈등이 크게 부각되지 않았다. 하지만 오늘날처럼 인공지능의 발전과 디지털 기술이 일상화된 시대에는 기성세대가 변화에 적응하는 데 어려움을 겪고, 사고방식 또한 시대의 요구에 맞게 개선되지 못하는 경우가 많다.

과거에는 경험 많은 기성세대로부터 배울 점이 많았지만, 오늘날의 변화 속에서는 오히려 젊은 세대가 앞서가는 경우가 많다. 그럼에도 불구하고, 일부 기성세대는 여전히 과거의 경험과 사고방식을 고수하며, 새로운 시대에 맞지 않는 가치관을 후세대에게 강요하려는 경향을 보인다. 이러한 태도는 세대 간 갈등을 심화시키는 주요 원인이 된다.

한국 사회에서 흔히 쓰이는 '꼰대'라는 표현은 본래 기성세대 중에서 나이나 경험을 근거로 권위를 주장하며, 타인의 의견을 무시하고 자신의 방식을 강요하는 사람을 일컫는 말이었다. 그런데 이제는 이러한 '꼰대' 문화가 단순히 나이 많은 세대에만 국한되지 않고, 젊은 세대에서도 심심치 않게 나타난다. 직장이나 학교에서조차 젊은 나이에도 불구하고 구시대적인 사고방식을 지닌 '젊은 꼰대'들이 존재하는 모습을 종종 볼 수 있다. 이들은 나이가 어린 후배들에게 권위를 내세우며 자신의 방식만을 고집하고, 이를 따르지 않으면 비난하는 등 전통적 위계질서와 권위주의적 사고를 유지하려는 경향을 보인다.

나이가 많다고 해서 반드시 '꼰대'가 되는 것이 아니라, 세대와 상관없이 위계적 사고와 권위주의가 이어지는 문화적 문제가 핵심이다. 그뿐만 아니라, '꼰대'라는 단어 자체가 본래의 의미를 잃고 남용되는 현상도 생겼다. 단순한 의견 차이나 작은 충고에도 '꼰대'라는 비난이 쉽게 붙어, 사람들은 점차 조언을 꺼리게 된다. 이는 나이와 상관없이 누구나 꼰대라는 비난을 받을 수 있다는 것을 의미하며, 그 결과 사람들은 말을 더 조심하게 된다. 말을 조심할수록 진정한 소통이 어려워지고, 이는 결국 서로를 더 고립시키고 고통을 야기하는 악순환을 만든다.

이런 인간관계에서 오는 피로감은 한국인들로 하여금 점차 혼자 있는 시간을 더 선호하게 만든다. 바쁜 일상과 직장에서의 스트레스로 인해 사람들은 더 이상 인간관계에 에너지를 쏟을 여력이 없어지며, 주말이나 여가 시간에는 혼자 쉬고 싶어 하는 경향이 강해진다. 다른 사람들과 만나는 것이 오히려 부담스럽게 느껴지기 시작하고, 그로 인해 자연스럽게 사회적 활동을 피하게 된다.

가족과의 관계도 예외는 아니다. 오랜만에 걸려온 엄마의 전화조차 반가움보다는 짜증과 화가 먼저 치밀어 오르게 된다. 이는 일상 속에서 쌓인 피로감과 스트레스를 가장 가까운 사람에게 무의식적으로 풀려는 반응이다. 그런 반응 뒤에는 후회와 미안함이 밀려오지만, 이를 바로잡기란 쉽지 않다. 결국, 사람들은 점점 더 관계에서 멀어지게 되고, 핸드폰과 미디어를 통해 외로움을 해소하려 한다. 하지만 그 외로움은 쉽게 사라지지 않는다.

이러한 감정적 공허감을 채우기 위해 많은 이들이 자주 의지하게 되는 것이 맛있는 음식이다. 특히 밀가루, 튀김, 육류, 유제품, 기름진 음식, 과한 단맛과 매운맛 등 자극적인 음식들이 선호되는데, 이는 잠깐의 만족감을 주지만 결국 체중 증가와 건강 악화로 이어진다. 자존감이 낮아지고, 몸이 무거워지면서 일상적인 의욕은 더더욱 떨어지며, 생활의 질은 점점 하락한다. 그렇게 악순환은 시작되고, 더 큰 고립과 외로움으로 이어지며, 결국 번아웃과 우울증에 이를 수 있다.

직장에서의 높은 경쟁 압박과 과도한 업무량은 사람들을 지치게 하고, 직장 내 인간관계에서 오는 스트레스는 퇴근 후에도 마음속 부담으로 남아 가족이나 친구들과의 관계에까지 악영향을 미친다. 이로 인해 사회적 고립과 신체적, 정신적 건강 문제로 이어지고, 많은 사람들이 자신의 감정을 해소하지 못한 채 고립되고 만다. 간단하고 단순한 예시지만, 이는 한국인의 행복도가 낮고 자살률이 세계 최고인 이유를 잘 보여 주는 대목이다. 특히 한국의 나이 문화가 이러한 문제를 더욱 심화시키는 주요 원인 중 하나로 작용하고 있다.

한국의 나이 문화는 수직적 관계를 형성하는 데 크게 기여하는데, 이런 문제를 해결할 실마리는 연예계의 대표적인 잉꼬부부인 최수종, 하희라 부부의 사례에서 힌트를 얻을 수 있을지도 모른다. 이 부부는 자녀에게 태어날 때부터 존댓말을 사용했다고 한다. 이는 단순히 예의나 격식을 차리기 위한 것이 아니라, 자녀를 하나의 독립된 인격체로 존중하는 태도를 반영한 것이다. 하희라가 유산을 여러 번 겪으면서, 자녀의 존재를 더 소중하게 여기게 되었고, 모든 아이들이 귀하게 태어난 만큼 존중받아야 한다는 생각에서 비롯된 결정이었다고 한다.

　이러한 결정은 부모와 자녀 간의 관계에 큰 변화를 가져왔다. 존댓말을 사용함으로써 대화는 더 이상 일방적인 지시나 명령이 아닌, 상호 존중과 이해를 바탕으로 이루어졌다. 자녀는 자신이 독립된 인격체로 인정받고 있으며, 자신의 의견이 존중된다는 것을 느끼게 된다. 이는 자존감 형성에 긍정적인 영향을 미쳤고, 가족 내에서부터 상호 존중과 소통의 문화가 자리 잡기 시작했다. 이러한 변화는 한국 사회의 경쟁과 압박 구조를 해소하는 데 중요한 역할을 할 수 있으며, 건강한 가족 관계는 사회 전반의 긍정적인 변화를 이끌어 내는 기틀이 될 수 있다.

　이 사례는 한국의 나이 문화와 상명하복식 소통 방식을 개선할 수 있는 중요한 시사점을 제공한다. 인간은 나이, 지위와 상관없이 모두 동등하게 존중받아야 하며, 이를 반영한 소통 방식을 통해 관계의 단절을 해소할 수 있다. 나이 차이를 떠나 모두가 존댓말을 사용하거나, 반말과 존댓말을 유연하게 사용하는 사회로 나아간다면, 인간관계의 개선과 더 나은 소통 문화가 자리 잡을 것이다.

행복의 의미는 사람마다 다르지만, 인간이 본질적으로 사회적 존재라는 점을 고려하면 인간관계는 행복의 중요한 요소 중 하나다. 그러나 한국처럼 복잡한 사회적 관계망 속에서는 진정한 행복을 느끼기가 어려울 수 있다. 특히 한국의 나이 문화와 상하 관계에 따른 위계질서는 사람들 간의 진정한 유대감을 방해한다. 존댓말과 반말의 구분, 연장자에 대한 예절 같은 문화적 규범은 소통을 더 어렵고 복잡하게 만들어, 오히려 관계를 소원하게 할 때가 많다. 이런 상황에서 사람들은 자신을 보호하려고 고립을 선택하기도 하며, 그로 인해 행복에서 점점 멀어지는 악순환이 생기게 된다.

　한국인이 더 행복한 삶을 살기 위해서는 이러한 문화적 제약을 넘어서려는 노력이 필요하다. 개인의 자유로운 표현과 진정한 소통을 통해 서로를 이해하고 공감할 수 있는 환경이 조성될 때, 행복은 자연스럽게 찾아올 것이다.

4화

한국의 10대는 불행하다

한국의 나이 문화는 단순히 나이에 따른 사회적 위치를 넘어, 사람들에게 젊음과 나이에 대한 압박감을 심어 주는 부작용을 낳고 있다. '동안'이라는 칭찬을 좋아하면서도 '나이는 숫자에 불과하다'는 말을 자주 하는 한국인의 모습은 그 자체로 모순적이다. 이는 사실 나이에 얽매인 삶을 스스로 위로하려는 표현에 불과하다. 나이를 속박으로 느끼며 무언가를 성취하기에는 늦었다고 자주 생각하는 모습은 흔히 볼 수 있다. 나 역시 이런 압박 속에서 살아왔고, 많은 한국인들도 나이 때문에 새로운 도전을 두려워하는 것이 현실이다.

한국 사회에는 각 나이에 맞는 정답이 존재하는 듯하다. 10대는 명문대 입학을 위해 공부에 매진하고, 20대는 일과 여가를 동시에 즐기며, 30대는 결혼과 저축, 40대는 자녀 양육, 50대는 노후 준비에 힘쓰다가, 60대는 은퇴 후 여유로운 삶을 살아야 한다는 암묵적인 기준이 자리 잡고 있다. 그러나 이러한 기대는 한국인의 삶을 제약하며,

특히 도전을 늦추거나 포기하게 만드는 요인이 되곤 한다. 나이에 따른 고정관념은 삶의 유연성을 빼앗고, 더 나아가 경제적 준비마저 방해한다.

이로 인해 한국의 10대는 지나치게 치열하고, 20대는 무겁고, 30대는 압박 속에 살고, 40대는 불안정하며, 50대는 불안하고, 60대는 고달프다는 생각을 하게 된다. 한국은 여전히 경제적 성장을 추구하며 열심히 살지만, 그 결과는 OECD 국가 중에서도 최악의 노인 빈곤율로 나타난다. 사회적 압박과 고정된 기대 속에서 개인의 삶의 선택이 제한되고, 그로 인해 준비되지 못한 노후는 불가피한 결과가 된다.

한국 사회에서 '편안한 노후'라는 개념은 소수의 사람들에게만 해당되는 현실이 되어 버렸다. 많은 이들이 자녀 교육, 결혼 준비, 그리고 빚을 갚는 데 몰두하다 보니, 자신의 노후를 위한 준비는 뒷전으로 밀리기 일쑤다.

이러한 사회적 기대와 나이에 대한 고정관념은 사람들의 삶을 틀 안에 가두고, 진정으로 자신이 원하는 삶을 추구하지 못하게 만드는 큰 장애물이 된다. 한국 사회는 각 나이에 맞는 '정답'을 제시하고, 이를 따르지 않으면 실패한 삶으로 간주하는 경향이 있다. 그 결과, 많은 이들이 사회가 제시한 경로를 따르며 자신의 진정한 욕구나 꿈을 탐구할 기회를 놓치게 된다. 이로 인해 개인의 행복과 만족은 점점 멀어지며, 사회 전반적으로 획일화된 삶의 패턴이 반복되는 경향이 더욱 강화된다.

한국인은 개인의 개성과 기호보다는 사회적 기대에 맞춰 자신을 맞추려는 노력이 너무나도 흔하다. 특히, 이들의 가치관과 사고방식이 어떻게 이렇게 유사할 수 있는지 놀라며, 한국 사회가 진정으로 다양성을 존중하지 못하고 있음을 자주 생각하게 된다.

이러한 획일화된 삶과 사고는 모두가 같은 목표를 향해 달려가는 그들만의 리그를 형성할 뿐, 국제적인 경쟁력은 길러지지 않는다. 공부를 잘하는 학생일수록 사회의 기존 틀에 잘 적응하지만, 그 틀에서 벗어난 창의적 사고를 억제당하게 된다. 한국의 10대들이 죽어라 공부해 얻는 지식들은 대부분 성인이 되면 현실에서 크게 쓸모가 없어진다. 10대 시기에 배워야 할 것은 지식과 공식보다는 사고법과 사고력이다. 그러나 한국의 교육은 전형적으로 통찰과 상상력을 확장하는 대신, 규격화되고 편협한 사고방식을 키우는 방향으로 설계되어 있다.

정해진 틀에 맞춰 살아가는 모습은 개인의 행복을 저해할 뿐만 아니라, 사회의 발전까지 저해할 수 있다. 다양성이 결여된 사회는 새로운 아이디어와 변화를 받아들이기 어렵고, 이는 사회의 역동성과 생명력을 약화시키는 원인이 될 수 있다.

한국의 사교육 열기는 그 대표적인 예시다. 한국의 10대들을 볼 때마다, 그들이 겪는 과도한 학업 스트레스와 제한된 선택의 폭에 대해 안타까운 마음을 느낀다. 한국에는 자녀의 성공을 위해 열성적인 부모들이 많다. 경제적 여유가 있는 가정에서는 자녀를 다양한 학원에 보내며 재능을 개발하려 노력한다. 어린 시절부터 영어, 태권도, 음악, 발레, 스포츠 등 다양한 학습 기회를 제공하며, 아이의 재능을 찾기 위해 분주하게 움직인다.

하지만 재능을 발견한 뒤에도, 학업을 소홀히 할 수는 없다. 학업은 무엇보다도 우선시되며, 결국 명문대 진학, 특히 SKY(서울대, 고려대, 연세대)로 이어지는 입시 경쟁에 매몰되는 경우가 많다. 이 과정에서 아이들은 자신의 꿈이나 관심사를 탐색할 여유를 잃고, 오로지 성적과 입시를 위해 에너지를 쏟아야 한다.

2018년 방영된 드라마 〈SKY 캐슬〉은 대한민국의 과열된 사교육 현실을 적나라하게 그려내 큰 화제가 되었다. 제목만 들어도 사교육에 대한 사회적 문제를 직감할 수 있을 정도로, 이 드라마는 학부모들과 학생들이 겪는 치열한 경쟁과 그로 인한 사회적 압박을 생생하게 보여 줬다. 〈SKY 캐슬〉뿐만 아니라 〈공부의 신〉, 〈펜트하우스〉, 〈일타 스캔들〉 등 사교육을 소재로 한 드라마들이 꾸준히 인기를 끌며, 대한민국의 과도한 교육열에 대한 문제를 지적해 왔다. 그러나 이러한 드라마들이 많은 사람들에게 공감을 얻고 사교육의 문제점을 고발했음에도 불구하고, 현실적인 변화는 미미했다.

특히 서울의 특정 지역인 목동과 대치동은 사교육 열풍의 중심지로 꼽힌다. 이곳의 엄마들은 자녀가 남들보다 뒤처지는 것을 견디지 못하고, 학원을 선택할 때나 교육에 드는 비용을 감수하는 데 있어 주저하지 않는다. 학원과 가까운 곳으로 이사하는 '학세권' 개념이 생겨난 것도 이러한 열성적인 교육 환경을 보여 주는 예다. 자녀를 인기 학원에 보내기 위해 긴 대기줄에 서는 것은 일상이며, 때로는 인맥을 동원해 학원 자리를 확보하려는 노력도 마다하지 않는다.

문제는 학생들만의 경쟁이 아니라, 엄마들 간의 경쟁도 치열하다는 점이다. 자녀가 SKY 대학에 입학하기 위해서는 부모의 전폭적인 지원이 필수적이며, 자녀의 성공 여부가 엄마의 자존심으로 연결되기도 한다. 그러나 수많은 학생 중 소수만이 이 경쟁에서 승리하고, 나머지

학생들은 재수를 하거나 기대에 미치지 못한 성과로 인해 부모와 갈등을 겪게 된다. 결국 사교육이 만들어 낸 이 경쟁 구조 속에서, 자녀의 실패는 곧 부모의 실패로 치부되는 악순환이 반복되는 셈이다. 이렇듯 사교육에 대한 과도한 집착과 경쟁은 학생들뿐만 아니라, 부모들까지도 지치게 만든다.

사교육 열기는 부모들의 불안감과 경쟁심에서 비롯된다. 부모들은 자녀가 경쟁에서 뒤처지지 않도록 모든 수단을 동원해 지원하려고 하며, 이로 인해 자녀들은 엄청난 스트레스와 부담을 안게 된다. 사교육 환경은 아이들의 개성과 잠재력을 발휘할 기회를 제한하고, 단지 좋은 대학 입학이라는 목표에만 집중하게 만든다. 이 과정에서 교육의 본질은 왜곡되며, 아이들은 자신이 진정으로 원하는 삶을 찾기 어려워진다. 한국 사회에서 많은 부모와 자녀는 대학 입학 전까지의 시간을 자신의 인생이 아닌 남의 기대와 사회적 기준에 맞춰 살아가고 있다.

한국 사회에는 "행복은 성적순이 아니다"라는 말이 있지만, 이를 진정으로 실천하는 사람은 많지 않다. 자녀들은 10대 시절부터 행복을 성취나 성공과 동일시하며, 이 과정에서 진정한 행복이 무엇인지 생각할 여유조차 갖지 못한다. 행복을 부모의 기대나 사회의 기준에 맞춰 찾으려 하다 보니, 자신이 원하는 삶을 추구하는 대신 타인의 기대 속에서 자신을 잃어버리게 된다. 이처럼 부모와 자식 모두가 경쟁과 압박 속에서 살아가는 현실은, 한국 사회가 직면한 깊은 문제 중 하나다.

누군가 "가장 개인적인 것이 가장 창의적인 것"이라고 말했다. 나 역시 개인적인 창의성이 경쟁력을 만들어 낸다고 생각한다. 이는 자신의 타고난 천성을 잘 단련해 탁월함으로 승화시키는 과정이다. 사람의 경향은 어느 정도 조정할 수 있겠지만, 천성은 근본적으로 바꿀 수 없는 것이다.

탁월함은 타고나는 것이 아니라, 발견하는 것에 더 가깝다. 인간은 끊임없는 탐색과 도전을 통해 위대한 발견을 이루어 냈고, 도전은 탁월함으로 가는 첫걸음이다. 중요한 것은, 도전의 목적이 성공이 아니라 성장이어야 한다는 점이다. 그러나 한국의 10대들은 개인적인 기호를 발견하고, 도전할 기회조차 부족하다. 학습과 입시 경쟁에 얽매여, 그들의 머릿속에는 온통 공부뿐이다.

그럴 만도 한 것이, 많은 부모들이 사교육에 막대한 비용을 들이고 있기 때문이다. 이러한 과도한 사교육비 지출은 일타강사들의 연봉이 상상을 초월하는 수준에 이르게 만들었다. 소위 인기 연예인을 '걸어다니는 중소기업'이라고 표현하지만, 그 위에서 뛰어다니는 중소기업들이 바로 이 일타강사들이다.

일타강사들은 거대한 교육산업의 중심에 서 있으며, 그들의 성공은 오히려 부모들에게 사교육에 대한 불안감을 더욱 심화시킨다. 사교육 경쟁에서 벗어나 아이들의 진짜 관심사를 찾고, 부모들이 더 넓은 시각으로 자녀의 미래를 준비하는 것이 결국 모두에게 더 나은 결과를 가져오지 않을까 싶다.

사교육은 아이들의 인생에 중요한 영향을 미치지만, 그로 인해 아이들이 감내해야 하는 희생과 부작용은 결코 가볍지 않다. 단순히 좋은 대학에 입학하는 것이 목표가 아니라, 아이들이 자신의 꿈과 열정을 발견하고 쉽게 도전할 수 있는 환경을 제공하는 것이 더 중요하지 않을까 생각해 본다.

행복지수가 높은 핀란드, 덴마크, 아이슬란드 등 북유럽 국가들의 10대들은 자신이 무엇을 좋아하고, 어떤 삶의 방식을 추구하는지에 대한 명확한 이해를 가지고 있다. 이들은 삶의 방식에 대해 폭넓은 사고를 지니고 있으며, 이는 우리나라의 관계주의 문화와 북유럽의 개인주의 문화의 차이를 분명하게 드러낸다. 북유럽의 개인주의 문화는 개인의 성향과 선택을 존중하며, 다양한 삶의 방식을 수용하는 경향이 강하다. 반면, 한국의 관계주의 문화는 사회적 인정과 타인의 평가에 중점을 두며, 사회적 트렌드에 맞추려는 경향이 두드러진다.

　북유럽의 10대들은 한국의 10대들과 달리 강의 중심의 교육보다는 토론 중심의 교육에 익숙하다. 이들은 수업 시간에 서로의 의견을 자유롭게 나누고 협력하는 문화를 자연스럽게 습득한다. 개인의 의견을 존중하고 비판적 사고를 장려하는 교육 방식 덕분에, 학생들은 자신의 목소리를 자유롭게 내며 토론을 통해 상호 작용하는 경험을 쌓는다. 이러한 교육 방식은 북유럽 청소년들이 자아 형성과 주체적인 사고를 빠르게 발달시키는 데 기여한다. 이들은 주체적인 행복과 자신만의 삶을 살아가는 것에 대한 깊은 이해를 일찍부터 습득하며, 이는 독립적이고 자율적인 삶을 추구하는 데 중요한 역할을 한다.

　이런 교육 과정 덕분에 한국과 북유럽은 비교에 대한 인식에서도 매우 상반된 태도를 보인다. 한국에서는 타인과의 비교가 일상적이며, 그 결과로 자존감이 흔들리거나 불쾌감을 느끼는 경우가 많다. 사회적 평가와 경쟁이 중요한 한국 문화에서는 남들과의 비교에서 나 자신이 뒤처진다는 평가에 민감하게 반응하는 경향이 있다. 반면, 북유럽 사람들은 비교 과정 그 자체에 더 초점을 맞추며, 서로 다른 삶의 방식을 비교하고 평가하는 것이 타당한지에 의문을 제기한다. 그들에게는 개인의 자율성과 다양성을 존중하는 것이 더 중요하며, 어떤 기준으로 평가하느냐에 불쾌감을 느끼는 경우가 많다. 이는 북유럽 문화에서 비교보다는 각자의 삶의 방식을 존중하는 문화적 특성을 반영한 것이다.

이러한 차이는 개인의 행복에 큰 영향을 미친다. 행복의 정의는 사람마다 다를 수 있지만, 중요한 공통점은 자신이 무엇을 좋아하는지 알고, 그것을 얼마나 자주 실천하느냐에 달려 있다. 북유럽 사람들은 남들의 기준에 휘둘리지 않고, 자신이 진정으로 좋아하는 것에 집중하는 삶을 산다.

"행복은 큰 성과가 아니라, 일상 속 작은 즐거움의 누적이다"라는 말처럼, 일상에서 자주 느끼는 소소한 기쁨과 애호가 결국 더 큰 행복을 만든다. 주체적으로 좋아하는 체험들이 쌓여 삶을 풍요롭게 하며, 이러한 순간들이야말로 진정한 행복의 원천이 된다.

5화

한국의 20대는 분발한다

10대를 학업에 매진하며 보낸 후, 대학에 들어가면 상황이 나아질까? 부모의 감시와 입시 스트레스에서 벗어나 비로소 자신이 하고 싶은 것을 할 수 있는 자유를 얻었다고 느낄 수도 있다. 그러나 실제 문제는 오히려 이 시점에서 시작된다. 대학에 들어간 많은 학생들은 자신이 무엇을 좋아하고, 무엇을 잘하는지, 그리고 미래에 무엇을 해야 할지 명확히 알지 못하는 경우가 많다. 이런 불확실성 속에서 결국 많은 학생들은 대기업 입사를 목표로 삼고, 학점 관리, 자격증 취득, 어학 공부 등 끊임없는 스펙 경쟁에 또다시 휘말리게 된다.

더구나 학비와 생활비를 충당하기 위해 아르바이트를 병행하며, 부족한 자금은 학자금 대출로 메우는 상황에 놓이게 된다. 이는 학생들을 더 치열한 경쟁 속으로 몰아넣는다. 결국, 대학 생활도 10대 시절과 다를 바 없이, 사회가 요구하는 기준에 맞추기 위해 자신을 몰아붙여야 하는 시간으로 채워진다.

20대는 취업과 경력을 쌓기 위해 분투해야 하는 시기다. 이러한 현상은 한국의 나이 문화, 특히 장유유서의 전통과 밀접한 관련이 있다. 바쁜 부모와 위계적인 사회 속에서 아이들은 어릴 때부터 자신의 생각을 자유롭게 표현하고 탐구할 기회를 충분히 갖지 못한 채 성장한다. 가정과 학교에서도 이미 정해진 틀 안에서 생각하고 행동하게 되는 경우가 많다. 이런 환경은 개인의 자율적 사고 능력을 약화시키며, 결국 경쟁 중심의 사회에서 끊임없이 앞으로 달려가야 하는 현실에 맞닥뜨리게 한다.

만약 어릴 때부터 자유롭게 의견을 표현하고 자신의 생각을 당당하게 말할 수 있는 환경이 주어졌다면, 20대에 진로 문제로 고민하기보다는 10대 때부터 자신의 미래에 대해 충분히 고민하고 준비할 수 있었을 것이다. 이렇게 된다면 10대와 20대는 인생에서 가장 활기차고 만족스러운 시기가 될 가능성이 높다. 결국, 이러한 문제의 근원은 한국 사회의 바쁜 일상, 과도한 경쟁, 그리고 나이 문화에서 비롯된다고 볼 수 있다.

물론 한국에서도 나이 문화의 문제점을 인식하고 변화하려는 움직임이 나타나고 있다. 약 10년 전부터 이러한 변화가 더욱 눈에 띄기 시작했다. 예를 들어, 한국의 인기 예능 프로그램 〈아는 형님〉은 오랜 시간 동안 방영되며, 나이와 상관없이 모든 출연자가 고등학생처럼 친구로서 반말로 대화하는 콘셉트를 통해 자연스럽게 나이의 장벽을 허무는 모습을 보여 준다.

이 프로그램은 예능이지만, 한국 사회에서 나이와 반말 문화로 인해 발생하는 세대 간 갈등을 잘 반영하고 있다고 생각한다. 나이나 존댓말 때문에 동등한 위치에서 진솔한 소통이 어려운 문제를 이 프로그램이 자연스럽게 드러내고 있는 것이다. 이를 통해 우리는 나이 문화와 세대 간 소통 문제를 고민하게 되고, 수평적인 관계에서 진정한 대화를 나누는 것이 얼마나 중요한지를 다시금 인식하게 된다.

프로그램의 애청자로서, 그리고 오랫동안 강호동을 지켜본 시청자로서, 나는 그가 이 프로그램에서 보여 주는 이미지와 포지션이 상당히 달라졌다는 것을 느꼈다. 많은 출연자들이 강호동이 예전보다 부드러워졌다는 소감을 자주 말하는데, 나는 이것이 반말이 주는 효과이자, 시대적 변화의 한 단면이라고 생각한다.

이는 단순히 강호동의 개인적 변화라기보다는, 한국 사회 전반에서 소통 방식이 변화하고 있음을 보여 준다. 특히 반말이라는 소통 방식이 이러한 변화를 가속화시키고, 친밀감을 형성하는 데 큰 역할을 했다. 과거에는 권위적이고 강압적인 이미지도 받아들여졌지만, 오늘날에는 부드럽고 유연한 소통이 더 환영받는 시대가 되었다. 이는 강호동이 시대의 흐름에 맞춰 자신의 소통 방식을 변화시켰음을 보여 주는 예라 할 수 있다.

그렇다면 직장에서의 변화는 어떨까? 사실, 예능 프로그램에서 나타나는 변화보다 먼저 한국의 나이 문화를 바꾼 것은 벤처기업들이었다. 카카오와 네이버 같은 IT 기업들은 한국에서 새로운 기업 문화를 정착시키며, 기존 대기업과는 다른 독특한 특징을 보여 주었다. 이들 기업은 스타트업 열풍과 함께 전통적인 기업 문화를 변화시키는 데 큰 역할을 했다.

IT 기업들은 삼성, 현대, LG, SK 같은 재벌 대기업들의 전통적인 기업 문화와는 확연히 다른 방향으로 발전했다. 서울대 83학번 출신인 김범수(카카오), 이해진(네이버), 이재웅(다음), 김정주(넥슨) 등의 1세대 IT 거물들은 기존의 기업 문화를 탈피하고, 보다 자유롭고 수평적인 조직 문화를 추구했다. 특히, 네이버에서는 상사에 대한 뒷담화를 익명으로 나눌 수 있는 채팅방이 있었는데, 이는 훗날 블라인드와 같은 스타트업 창업으로 이어졌다. 이와 유사하게 카카오는 영어 이름을 사용하고, 모든 직원이 반말로 대화하는 문화를 도입하여 수평적이고 자유로운 소통을 장려하고 있다.

이러한 변화는 배달의 민족, 야놀자, 토스, 무신사, 당근마켓 등 다양한 앱 기반 스타트업들이 유니콘 기업으로 성장하면서 더욱 가속화되었다. 이들 기업은 전통적인 기업 문화에서 벗어나, 혁신과 창의성을 중시하는 권위적이지 않은 조직 문화를 구축했다. IT 업계를 중심으로 한 새로운 기업 문화는 직원들의 자율성과 창의성을 극대화하는 방향으로 자리 잡았으며, 한국의 스타트업 생태계에서 중요한 역할을 했다. 특히 젊은 세대에게 큰 호응을 얻으며 빠르게 확산되었고, 이는 전통적인 대기업 문화에까지 어느 정도 영향을 미쳤다.

사실, 이러한 변화의 배경에는 실리콘밸리의 창업 생태계와 기업 문화가 큰 영향을 미쳤다. 카카오의 기업 문화 변화도 구글 출신 인사가 대대적인 개혁을 주도하면서 이뤄졌다. 카카오는 구글에서 배운 수평적이고 자유로운 문화를 적극 도입하며 기업 문화를 개조했다.

세계적인 기업 문화의 흐름을 보면, 많은 기업이 직원의 창의력과 행복을 장려하며 더 나은 삶을 위한 비전을 제시하고 있다. 그러나 한국 경제는 여전히 대기업이 주도하는 수직적인 기업 문화가 지배적이며, 실리콘밸리 같은 창의적이고 혁신적인 스타트업 생태계가 완전히 자리 잡기까지는 많은 시간이 필요할 것으로 보인다.

글로벌 기업에서 한국인의 업무 능력을 어떻게 평가할까? 한국인은 근면성실하고, 높은 실행력과 효율성을 자랑하는 사람들이라고 평가받는다. 그러나 창의성과 비전의 측면에서, 많은 사람들이 주어진 틀 안에서 사고하는 경향이 있다는 점에서 한계를 보인다. 이는 한국의 교육과 기업 문화에서 기인한 바가 크다. 어릴 때부터 정해진 목표에 맞춰 성과를 내기 위해 노력하는 교육을 받아 온 한국인은 주어진 일을 완벽하게 수행하는 능력은 뛰어나지만, 스스로 새로운 길을 개척하거나 혁신적인 해결책을 찾는 데는 어려움을 겪는다.

이로 인해 많은 한국인들은 일에서 행복감을 느끼기보다는 단순히 주어진 과제를 수행하는 데에 집중하게 된다. 이러한 문화는 직원들이 자율적이고 창의적인 활동을 통해 진정한 행복을 찾는 데 방해가 될 수 있다.

한국의 20대는 미래에 대한 불확실성과 경제적 압박으로 인해 가장 불안한 시기를 보내고 있다. 많은 이들이 치열하게 일하지만, 기대했던 만큼의 성과를 얻지 못하고 오히려 빚만 늘어나는 경우가 흔하다. 이로 인해 인생에서 가장 활기차고 낭만적인 시기가 되어야 할 20대가, 경제적 현실에 짓눌려 연애조차 포기하는 상황에 처하는 경우가 많다.

이 시기의 청년들은 학자금 대출 상환, 취업 경쟁, 치솟는 집값과 생활비라는 삼중고에 시달리며 경제적 자립이 어려워지고 있다. 설령 취업에 성공하더라도, 직장 내 성과 압박과 상사와의 갈등, 끝없는 업무

스트레스로 인해 정신적 피로는 지속된다. 이러한 상황 속에서, 연애는 많은 20대들에게 사치처럼 느껴지거나, 아예 감당할 수 없는 일이 되어 버린다. 20대의 황금기를 보내는 청년들이 꿈꾸던 삶과 현실 사이의 간극은 점점 커지고, 그 결과 많은 이들이 경제적 자립과 미래에 대한 불안감에 시달리며, 사랑과 행복을 뒤로 미룬 채 살아가고 있다.

이들은 자신이 진정으로 원하는 삶을 살기보다는 생존을 위해 현재를 희생하는 상황에 놓여 있으며, 이는 20대 한국인들이 행복을 찾기 어려운 현실을 더욱 부각시키고 있다.

인간의 중요한 특징 중 하나는 의미를 찾고, 각자 고유한 기호를 형성하며 살아간다는 점이다. 이 기호 탐구는 새로운 예술과 기술을 창조하는 원동력이 되며, 이를 통해 사람들은 자신의 삶에 의미를 부여한다. 예를 들어, 패션은 외부에서 비효율적이라고 평가될 수 있지만, 그 안에 담긴 개인의 취향과 기호는 매우 소중한 가치를 지닌다. 남들이 보기엔 비효율적일지라도, 자신이 진정으로 열정을 느끼는 일을 존중하고, 그 기호를 직업이나 비즈니스로 연결하는 것은 큰 의미와 가치를 지닌 자산이 될 수 있다.

시대가 변했다. 좋아하는 일을 즐기며 살아가는 사람들에게 돈과 사람들이 자연스럽게 모이는 시대가 열렸다. 한국인이 중요하게 여기는 돈, 효율성, 혹은 행복을 위해서라도, 이제는 경쟁과 사회적 기준에서 잠시 벗어나 자신의 기호에 집중하는 것이 더 유리한 시대가 되었다. 이는 단순한 자기 탐구가 아닌, 개인적 성장을 위한 필수 과정이 되었다.

개인의 기호에서 비롯된 동기 부여는 인간만이 가진 독특하고 강력한 힘이다. 자신이 진정으로 좋아하고 중요하게 여기는 것들을 탐구하고 발전시키는 것이야말로 진정한 성장과 행복의 원천이 아닐까? 단순히 외부에서 요구하는 스펙이나 자격증을 쌓는 것이 아니라, 내면에서 솟아나는 열정과 기호를 깊이 탐구하는 과정이야말로 개인의 역량을 진정으로 강화하는 길이다. 세상의 평가나 기준에 얽매이기보다는, 나만의 관점에서 세상을 바라보고 그 안에 내재된 기호를 발전시키는 것이 중요하다. 진정한 혁신도 이와 같은 기호 탐구에서 비롯된다. 진정한 행복 역시, 남이 제시하는 삶의 틀을 따르기보다 나에게 맞는 삶을 살아가는 데서 온다.

6화

한국의 30대는 부담이다

 통계적으로 한국은 더 이상 세계에서 가장 많이 일하는 국가로 분류되지 않지만, 여전히 많은 20대와 30대 한국인들은 일에 대부분의 시간을 쏟고 있다. 일부 스타트업과 IT 기업에서는 칼퇴근 제도와 같은 근무 복지 개선 정책을 도입하고 있지만, 현실에서 많은 이들은 여전히 긴 근무 시간과 과도한 업무에 시달린다. 특히, 일은 단순한 생계 수단을 넘어 개인의 성취와 자아실현과 깊이 연결되어 있기 때문에, 업무에서 오는 스트레스와 압박은 개인의 삶 전반에 부정적인 영향을 미친다.

 이로 인해 여가 시간이 줄어들고, 가족이나 친구와의 관계를 유지하는 것도 어려워지는 상황이 빈번하다. 일과 삶의 균형이 무너진 현실 속에서, 많은 한국인들이 행복을 느끼기 힘들어한다. 결국, 일을 통해 성취감을 얻지 못하고 스트레스만 가중될 경우, 개인의 삶에서 의미를 찾기 어려워지고, 행복은 점점 더 멀어지게 된다.

한국 직장인들 사이에서 흔히 '3대 영양소'로 불리는 니코틴, 카페인, 알코올은 스트레스 해소의 상징처럼 여겨진다. "잠은 죽어서 자면 된다"는 농담이 일상적으로 들리는 것은, 그만큼 과도한 업무와 압박 속에 놓여 있는 한국인들의 현실을 반영한다. 일은 한국 사회에서 삶의 중심에 자리 잡고 있으며, 많은 직장인들은 업무로 인한 극심한 피로와 긴장감을 일상적으로 겪고 있다.

또한 한국 사회에서는 30대가 결혼 적령기로 여겨진다. 30대가 되면 안정적인 직업을 가지고, 차를 소유하며, 서울에 전셋집을 마련할 정도의 경제력을 갖출 것이라는 기대가 있다. 그러나 현실은 기대와 크게 다르다. 차는 여전히 할부금이 남아 있고, 빚을 갚고 나면 남는 돈은 적으며, 급등하는 전셋값으로 서울에서 집을 마련하는 것은 점점 어려워지고 있다. 이러한 경제적 안정성을 확보하기 어려운 상황에서 결혼은 많은 사람들에게 부담스러운 선택으로 다가오고 있으며, 이에 따라 결혼을 미루거나 아예 포기하는 비중이 늘어나고 있다.

이러한 상황에서 많은 사람들이 경제적 자유를 더욱 중시하게 되었고, 돈이 행복의 필수 요소로 자리 잡았다. 나 역시 그러한 생각에 사로잡혀, 20대에 자본을 추구하며 선택한 마지막 직업은 바로 영업이었다. 특히 큰 금액이 오가는 수익형 부동산 영업을 택한 것은 빠르게 경제적 성공을 이루고 싶었던 마음의 반영이었다.

한국에서 부동산은 단순한 주거 공간 이상의 의미를 지닌다. 많은 한국인이 내 집을 마련하는 것을 인생의 중요한 목표로 삼으며, 서울에서 집을 소유하는 것은 경제적 자유와 사회적 성공의 상징으로 여겨진다. 한국 사회에서 집은 개인의 경제적 성취와 안정된 삶을 상징하는 중요한 요소가 되었고, 이는 주거 안정뿐만 아니라 사회적 지위까지 반영하는 지표로 작용하고 있다.

특히 기성세대는 이러한 부동산에 대한 집착이 강하다. 불안정한 경제 상황과 사회적 변화 속에서, 부동산이 유일하게 안정감을 제공할 수 있는 자산이라는 믿음이 자리 잡고 있다. 이는 1970~1980년대 고금리 시대를 경험한 세대들에게 더더욱 이해할 수 있는 부분이다. 당시 은행 이자가 20%에 달하는 경우도 있었으며, 짜장면 한 그릇이 200원에 불과했던 시절, 강남의 은마아파트 한 채가 2천만 원이 채 되지 않는 가격으로 분양되었다는 사실은 오늘날의 상황과 비교해 보면 더욱 극명하게 드러난다.

세월이 흐르며 물가가 30배 이상 상승했지만, 은마아파트와 같은 부동산 가치는 130배 이상 올랐다. 이를 경험한 기성세대는 저축을 통해 부동산을 구입하는 것이 부를 쌓는 확실한 방법이라는 믿음을 가지게 되었다. 이러한 사고방식은 밀레니얼 세대에도 이어져, 한국 사회에서 부동산이 중요한 자산으로 자리 잡았다. 사회적 불안정과 미래에 대한 불확실성이 커질수록, 부동산은 안정성과 가치를 보장하는 자산으로서 더욱 큰 의미를 지니게 된다. 이는 세대를 넘어 부동산에 대한 집착이 깊이 뿌리내리게 된 배경이다.

한국에서는 부동산 외에도 다양한 방법으로 부를 쌓을 수 있지만, 결혼을 제외하면 사업과 재테크가 주요 수단으로 여겨진다. 그러나 IMF 경제 위기를 겪은 세대는 사업의 리스크를 크게 인식하게 되었고, 이로 인해 한국에서는 다른 국가들에 비해 사업에 대한 선호도가 상대적으로 낮은 경향이 있다.

반면, 가까운 중국은 상업과 비즈니스에 강한 문화를 가지고 있어, 창업에 대한 거부감이 상대적으로 적다. 특히 개혁개방 이후 중국의 급속한 경제 성장은 창업과 기업가 정신을 더욱 강조하게 만들었다. 중국은 거대한 내수 시장과 정부의 강력한 지원을 바탕으로 많은 스타트업이 급성장했고, 젊은 세대 사이에서도 창업에 대한 열정이 매우 높다.

이와 비교해 보면, 비록 한국도 현재 스타트업에 대한 관심이 높아지고 정부의 지원도 활발하지만, IMF 경제 위기 이후 창업에 대한 두려움과 실패에 대한 부담은 여전히 큰 것으로 나타난다. 실패했을 경우 재도전이 어렵다는 사회적 인식도 창업을 꺼리게 만드는 주요 요인 중 하나다. 많은 한국인이 창업보다는 안정적인 직업을 선호하며, 창업의 리스크를 감수하는 것을 부담스러워하는 경향이 강하다. 이러한 이유로 한국에서는 창업보다는 재테크나 안정적인 직장 생활을 통해 경제적 안정을 추구하려는 경향이 뚜렷하다.

많은 한국인들이 부자가 되기를 원하지만, 일반적인 재테크 방법과 직장 생활만으로는 경제적 여유를 얻기 어려운 현실에 직면해 있다. 이러한 경제적 불안은 결혼 적령기에 있는 남녀에게 큰 영향을 미치며, 결혼 준비 과정에서 더 큰 스트레스를 안겨 준다. 특히 결혼은 두 사람의 일임에도 불구하고, 부모들이 경제적 부담을 함께 짊어지거나 심지어 더 큰 걱정을 하게 되는 경우가 많다. 자식들은 이러한 부모의 기대와 압박을 무시하기 어려워, 더 큰 부담을 느끼게 된다.

결혼을 미루거나 하지 않는 경우, 부모의 기대를 충족시키지 못했다는 생각에 자식들은 불효라는 죄책감까지 느끼며 고통받는다. 비혼주의가 확산되고 있음에도 불구하고, 부모 세대는 여전히 결혼을 당연한 인생의 과정으로 여기며, 경제적 여건과는 무관하게 결혼이 필수적인 일이라고 믿는다.

또한, 한국에서 결혼은 단순히 한 쌍의 남녀가 함께 사는 문제가 아니라, 가족과 가족의 결합으로 인식된다. 부모들은 자식의 결혼에 깊이 관여하며, 결혼식조차 신랑 신부보다 부모님이 주목받는 경우가 많다. 결혼식에서 신랑 신부의 하객보다 부모님의 하객이 더 많은 경우가 흔하고, 결혼식의 주인공이 신랑 신부가 아닌 부모님인 듯한 느낌을 받기도 한다. 이는 부모 세대가 결혼을 개인의 선택이 아닌 가족 전체의 중요한 문제로 인식하기 때문이다.

부모들은 자식의 배우자 선택에 강한 의견을 내며, 그 과정에서 자식의 결혼에 깊이 개입하기도 한다. 이로 인해 자식들은 결혼에 대한 더 큰 심리적 부담을 느끼게 되고, 이러한 압박감은 때로는 결혼을 포기하게 만드는 주요 요인으로 작용하기도 한다.

이와 같은 문화적 배경 속에서, 이효리-이상순, 원빈-이나영과 같은 연예인 커플이 보여 준 스몰웨딩은 일시적으로 결혼에 대한 부담을 덜어 주는 듯 보였다. 하지만 일반인들에게는 여전히 현실과 거리가 있다. 한국의 많은 신혼부부는 결혼 비용을 축의금으로 충당하고, 결혼식 참석을 통해 축의금을 돌려받는 구조에 익숙하기 때문이다. 스몰웨딩은 축의금이 줄어들어 오히려 경제적 부담이 더 커질 수 있다. 결국, 결혼에서조차 돈과 경제적 이해관계가 중요한 역할을 하며, 결혼식의 규모와 형태는 경제적 상황에 크게 좌우되는 현실을 반영한다.

결혼 자체가 큰 경제적 부담으로 다가오고, 부모와의 복잡한 관계와 기대가 결혼을 더욱 어렵게 만들면서, 젊은 세대는 결혼을 망설이거나 아예 포기하는 경향이 강해지고 있다. 이는 결혼을 기피하게 만들 뿐만 아니라, 결혼 후에도 자녀를 낳는 것을 부담스러워하는 요인이 되어 저출산 문제로 이어진다.

현재 한국의 출산율과 베이비부머 세대의 출산율을 비교해 보면, 참으로 아이러니하다는 생각이 든다. 과거 한국은 "한 집에 한 명만 잘 키우자"는 슬로건 아래 출산을 제한하고, 다자녀 가정에는 벌금을 부과하던 시절이 있었다. 그러나 시대가 변하며 출산과 관련된 가치관과 사회적 환경도 급격히 변화했고, 이는 현재의 저출산 문제를 더욱 심화시키는 원인이 되었다.

물론 선진국 대부분이 출산율 저하를 겪고 있지만, 한국의 경우는 출산율 하락이 너무 급격하게 진행되었다는 점에서 그 심각성이 더욱 두드러진다. 실제로 한국의 출산율은 세계적으로도 최저 수준을 기록하고 있다.

이는 한국의 급격한 경제 발전과도 깊은 연관이 있다. 한국은 전 세계에서 가장 빠르게 발전한 나라 중 하나로, 50년이 넘는 기간 동안 개발도상국에서 선진국으로 진입한 유일한 사례로 꼽힌다. 우리는 이를 흔히 '한강의 기적'이라고 부르지만, 그 뒤에는 여러 가지 부작용이 숨어 있다. 앞서 언급한 결혼 문제부터 세대 갈등이 그 대표적인 예다.

빠른 경제 성장은 물리적, 경제적 측면에서는 눈부신 성과를 이루었지만, 그에 따른 사회적 가치와 문화적 변화는 상대적으로 느리게 따라오면서 불균형을 초래했다. 이러한 불균형은 세대 간의 갈등을 심화시키고, 젊은 세대가 결혼과 출산을 꺼리게 되는 주요 요인이 되었다.

특히 전통적 가치관인 장유유서, 연공서열, 효(孝)와 같은 보수적 문화는 변화하는 시대와 충돌하며 젊은 세대의 사고방식과 큰 차이를 보이고 있다.

경제적 성공을 이루었음에도, 문화적·사회적 변화가 이를 따라가지 못하면서, 젊은 세대는 전통적 가치관과 현대적 가치관 사이에서 혼란을 겪고 있다. 이는 결국 세대 갈등을 더욱 심화시키고, 한국 사회에서 다양한 문제들을 초래하는 중요한 요인이 되고 있다.

한국 사회에서 핵가족화가 진행되면서 부모와 자식 간의 관계는 점점 더 상호 의존적인 형태로 변화해 왔다. 전통적으로 가족은 서로를 돌보고 지원하는 것이 미덕으로 여겨졌지만, 현대 사회에서는 이러한 관계가 지나치게 걱정과 부담을 초래하는 경우가 많다. 부모는 자식의 경제적 성공과 결혼에 지나치게 관여하고, 자식은 부모의 기대를 충족시키기 위해 자신의 삶을 제대로 살아가지 못하는 상황에 직면하게 된다.

경제적 부담이 가족 관계를 악화시키는 데 큰 원인이라는 인식도 있지만, 사실 돈만으로 해결할 수 없는 심리적 압박이 더 큰 문제다. 지나친 경제적 기대와 성공에 대한 집착은 가족 간의 진정한 유대감을 약화시키고, 결국 부모와 자식 모두가 불만족스러운 관계 속에서 소원해지는 결과를 초래한다.

결혼 문제도 비슷한 양상을 띤다. 결혼을 무조건 해야 한다거나 하지 말아야 한다는 단순한 이분법적 사고는 본질적인 문제를 해결하지 못한다. 결혼은 사랑하는 상대와 함께 미래를 그리는 일이지, 외부의 압력이나 관습에 따라 결정할 문제가 아니다. 결혼 상대가 있고 그와 함께하는 미래를 원한다면, 결혼을 고려할 수 있다. 하지만 만약에 진심으로 사랑하는 상대가 결혼을 원하지 않거나, 두 사람의 결혼에 대한 생각이 다르다면, 그때는 어떻게 할까? 무조건 결혼을 하거나 안 하겠다는 입장을 고수할 수 있을까?

많은 한국인들은 결혼을 할지 말지, 아이를 낳을지 말지, 비혼주의자인지 아닌지를 먼저 고민하는 경향이 있다. 이러한 접근 방식은 결혼을 사랑과 관계의 자연스러운 흐름으로 보기보다는 하나의 목표나 과업으로 인식하게 만든다. 그로 인해 결혼에 대한 고민이 깊어지고, 결혼과 가족에 대한 부담감이 커진다. 결혼과 가족이라는 주제가 행복의 원천이 되어야 할 때, 오히려 불안과 갈등의 원인이 되기도 한다. 결혼을 선택이 아닌 꼭 해야만 하는 일로 여기면서 그 본래의 의미가 왜곡되고, 많은 이들이 결혼과 가족을 통해 행복보다는 부담을 느끼는 것이다.

결혼과 행복은 지나치게 의식하기보다는 자연스럽게 받아들이는 것이 때로 더 나을 수 있다. 결혼을 해야 할지 말아야 할지를 고민하기보다는, 누구와 함께할 때 행복을 느끼는지가 더 중요한 문제다. 결혼에 맞는 사람이 있으면, 맞지 않는 사람도 있는 것이 자연스럽다. 또한, 결혼이 자신에게 맞지 않다고 생각해도, 어느 날 운명적인 사랑을 만나면 그 생각이 바뀔 수도 있다. 인생은 계획대로 흘러가지 않는 반전이 많기에, 그 예측 불가능성이 인생을 더욱 흥미롭게 만든다. 우리는 사랑도 행복도 언제, 어디서 어떻게 찾아올지 정확히 예측할 수 없다.

사랑이 자연스럽게 결혼으로 이어지듯, 행복도 마찬가지로 그 과정에서 자연스럽게 따라오는 것이다. 사랑하는 사람과 함께할 때, 좋아하는 음식을 먹을 때, 좋아하는 일을 할 때 우리는 행복을 느낀다. 행복을 목표로 삼기보다는 그 과정에서 자연스럽게 경험되는 것이 더 자연스럽다.

"결혼하면 행복할까? 결혼하지 않으면 불행할까?"라는 질문은 잘못된 전제에서 출발한다. 행복은 결혼이나 사회적 성취 같은 특정 조건에 의해 결정되는 것이 아니기 때문이다. 중요한 것은 결혼에 대한 강박에서 벗어나, 행복에 대한 인식의 폭을 넓히는 일이다. 자신에게 맞는 삶이 무엇인지 깊이 성찰하고, 진정으로 원하는 방향을 설정하는 것이야말로 행복을 향한 진정한 출발점이 될 것이다.

7화

한국의 40대는 불혹이 아니다

공자는 "30 이립, 40 불혹, 50 지천명, 60 이순"이라 했고, 김승호 회장은 "30대는 종자, 40대는 흙, 50대는 꽃, 60대는 소금"이라고 표현했다. 공자의 불혹은 40대가 유혹에 흔들리지 않는 시기라는 의미라면, 김승호 회장의 흙은 40대는 본격적으로 무언가를 시작하는 시기라는 의미다.

나는 수익형 부동산 영업을 하면서 많은 고객들과 상담했는데, 계약률이 가장 높은 연령대는 40대와 50대의 아줌마들이었다. '아줌마'라는 말은 한국 사회에서 단순한 나이 든 여성을 넘어 독자적인 사회적 정체성을 지닌다. 결혼 전 여성들이 얌전함을 요구받았다면, 결혼과 출산 이후에는 더 현실적이고 직설적인 역할을 맡는다. 또한, 이들은 점차 '누구의 엄마'로 불리며, 개인의 이름 대신 가족 중심의 정체성을 형성하게 되고, 이를 통해 '아줌마'라는 사회적 역할이 고유한 개념으로 자리 잡게 된다.

'아줌마'는 가정의 경제를 실질적으로 관리하며, 소비 결정의 핵심 주체로 자리 잡고 있다. 그들은 가정 내에서의 헌신을 넘어 경제적 주체로서 지역사회와 사회적 네트워크를 구축하며, 영향력을 발휘하고 있다. '아줌마'라는 정체성은 결혼과 출산을 통해 형성된 새로운 사회적 위치를 반영하며, 전통적인 성별 구분을 넘어 그들만의 독자적인 역할과 가치를 보여 준다.

특히, 부동산 투자에서 여성들이 주도권을 가지는 경우가 많아지며, 한국 사회가 전통적인 가부장적 구조에서 변화하고 있음을 시사한다. 또한 한국 사회는 여성 대통령을 배출한 경험을 통해 여성의 사회적 위치가 점점 상승하고 있음을 보여 준다. 이에 따라 가정 내에서 남성의 주도권이 약해지거나, 때로는 여성에게 양보되는 경우도 점점 늘어나고 있다.

그러나 40대 남성들은 변화하는 가정 내 역할에 적응하는 과정에서 자신만의 공간이 줄어들었다고 느끼기도 한다. 예전에는 아버지들이 집 안에서 담배를 피우거나 베란다에서 휴식을 취하는 장면이 흔했지만, 이제는 집 안의 대부분 공간이 아내와 아이들의 영역으로 변했고, 남성들은 집 안에서 화장실만이 유일한 개인 공간으로 남아 있다는 농담이 현실처럼 느껴지기도 한다.

이러한 변화는 의외로 많은 한국 남편들이 자신을 좋은 남편이라고 생각하게 만든다. 그들은 아내와 아이들에게 많은 양보와 배려를 하고 있다고 느낀다. 가끔 집에 일찍 들어가거나, 집안일을 돕고 요리를 하며, 담배는 집 밖에서 피우는 등의 행동을 통해 스스로를 긍정적으로 평가한다. 이는 그들이 어린 시절 경험했던 가부장적인 아버지의 모습을 무의식적으로 떠올리며, 자신도 모르게 그 기준과 비교해 더 나은 남편이라고 생각하기 때문이다. 그러나 이러한 자기 인식은 종종 부부 간의 갈등을 불러일으킬 수 있다.

'주도권'이라는 단어는 한국 부부 사이에서 종종 가벼운 농담으로 사용되지만, 실제로는 부부간 갈등의 중요한 요인으로 작용하기도 한다. 아이의 교육, 재테크, 생활 방식 등과 관련해 부부는 서로 주도권을 가지려 하며, 자신이 더 나은 결정을 내리고 있다고 믿기 때문에 상대방의 의견을 쉽게 수용하지 못하는 경우가 많다. 이는 가정 내에서 더 많은 영향력을 얻기 위한 다툼으로 이어지며, 결국 관계에 긴장을 더하고 큰 갈등으로 비화할 수 있다.

특히 아이 교육과 재테크는 한국 가정에서 중요한 의사 결정 요소로 작용하는데, 한국은 선진국임에도 불구하고 금융 문맹국으로 분류될 정도로 금융 지식이 부족하다. 10대 시절 대부분의 학생이 입시 위주의 교육을 받기 때문에, 경제적 사고력이나 금융 이해도를 키울 기회가 거의 없으며, 이는 성인이 된 후 가정에서 재테크에 대한 의사 결정 과정에서 부부간 갈등의 원인이 되기도 한다.

물론, 코로나19 팬데믹 동안 주식이 유행처럼 번지며 많은 사람들이 주식 투자에 관심을 가졌다. 특히, MZ 세대를 중심으로 주식과 코인 투자에 뛰어들면서 재테크에 대한 인식이 변화하기도 했다. 그러나, 금리 인상과 주식 시장의 하락이 이어지면서, 다시 "주식해서 돈 번 사람은 없다"는 인식이 확산되며, 위험을 감수하는 재테크보다는 안전한 자산을 선호하는 경향이 강해졌다.

사실 이런 결과는 놀라운 일이 아니다. 재테크를 제대로 이해하고 주식을 공부한 후에 투자하는 것이 아니라, 한국의 관계주의 문화답게 지인의 정보에 의존해 투자를 하기 때문에 이러한 결과가 나타난다. 한국에서 부동산이든 주식이든, 많은 경우 직접 발품을 팔거나 공부하기보다는 지인이 추천하는 투자 정보나 '알짜 정보'에 의존하는 경우가 대부분이다.

이러한 투자 방식은 개인의 독립적인 판단 능력을 저해하고, 리스크 관리 능력을 떨어뜨려 더 큰 손실로 이어질 가능성을 높인다. 신뢰할 수 없는 정보에 의존해 투자를 하다 보니 실패 확률이 높아지고, 결국 "주식해서 돈 번 사람은 없다"는 인식이 반복되며 악순환이 계속된다.

나는 가끔 한국인이 금융에 대한 조기 교육을 제대로 받는다면, 유대인처럼 세계 경제에서 중요한 역할을 하는 리드 민족이 될 수도 있지 않을까 생각한다. "한국인과 유대인은 어느 나라에 던져 놓아도 자기 밥그릇은 챙긴다"는 말이 있다. 그렇다면 한국인과 유대인을 동시에 같은 외국에 던져 놓으면 어떻게 될까? 여기서 짧은 이야기를 하나 해 보겠다.

어느 날, 유대인과 한국인이 채소 시장에서 장사를 하게 되었다. 채소는 주로 아침 일찍 팔리기 때문에, 누가 더 일찍 나와 좋은 자리를 차지하느냐가 관건이었다. 두 사람은 경쟁 관계였고, 유대인이 7시에 나오면 한국인은 6시 30분에, 유대인이 6시에 나오면 한국인은 5시 30분에 나오는 식으로 점점 시간을 앞당기며 경쟁했다.

그런데 결국 유대인이 두 손 두 발 다 들고 말았다. 그 이유는 한국인이 아예 그 자리를 차지하고 밤새워 자리를 지켰기 때문이다. 이 이야기는 한국인의 근성을 유머러스하게 표현한 '국뽕'이 섞인 이야기지

60

만, 어느 정도 고개를 끄덕이게 만드는 면이 있다.

사실, 한국인과 유대인은 여러 면에서 공통점이 많다. 두 민족은 비슷한 역사적 아픔을 겪었으며, 생존력이 강하고, 높은 지능과 성실함을 바탕으로 부지런하게 살아간다. 심지어 종교적 배경에서도 유사한 점을 찾을 수 있다. 그러나 교육 방식에서는 상당한 차이가 존재한다.

유대인들이 세계적으로 큰 영향력을 발휘하게 된 중요한 요인 중 하나는 금융 산업에서의 성공이다. 역사적으로 유대인들은 오랜 기간 동안 특정 직업군, 특히 금융업에 종사할 수밖에 없었던 배경이 있다. 중세 유럽에서 유대인들은 토지 소유가 금지되었고, 금융업과 같은 특정한 분야에 종사하게 되었다. 이를 통해 금융 지식과 네트워크가 유대인 사회에 축적되었고, 시간이 지나면서 글로벌 금융계에서의 영향력으로 이어졌다.

유대인들은 어린 시절부터 자녀들에게 경제 교육을 강조하며, 돈과 자산 관리에 대한 개념을 배우게 한다. 유대인들의 전통적인 성인식인 바르 미츠바(남성)와 바트 미츠바(여성)는 이를 상징적으로 보여 준다. 이때 많은 유대인 가정에서는 자녀에게 성인으로서의 책임감을 강조하며, 친척과 가족들로부터 사업 자금이나 투자금이 선물로 주어진다. 이를 통해 자녀들은 실질적인 자산 관리를 경험하게 되고, 경제적 독립의 중요성을 일찍부터 체득하게 된다.

유대인들이 금융업을 기반으로 여러 분야에서 두각을 나타내는 것은 단순한 경제적 성취를 넘어, 그들의 전반적인 학문적 성취와 사회적 영향력을 보여 준다. 이스라엘이 '스타트업 네이션'으로 불릴 만큼 기술 혁신과 창업에서 성과를 내고, 법률, 예술, 과학, 정치 등 다양한 분야에서도 유대인들이 중요한 역할을 하고 있다는 점은 특히 주목할 만하다. 노벨상 수상자 중 유대인의 비율이 높다는 사실은 그들의 학문적 깊이를 잘 증명한다.

나는 한국인들도 유대인처럼 이러한 잠재력을 충분히 지니고 있으며, 경제와 금융에 대한 조기 교육이 이루어진다면 세계적인 무대에서 크게 성장할 가능성이 충분하다고 생각한다. 금융 교육은 단순히 돈을 다루는 기술을 넘어, 자산 관리, 투자, 경제 구조의 이해 등 미래를 예측하고 준비하는 능력을 길러 주는 중요한 요소다.

이는 단순히 경제 성장에 그치지 않고, 금융 지식을 바탕으로 한 사회적 발전을 의미한다. 금융과 경제에 대한 조기 교육이 사회 전반에 장려된다면, 한국인들의 경제적 사고와 미래 대비 능력은 더욱 강화될 것이며, 이는 더 나은 미래로 나아가는 중요한 발판이 될 것이다.

그러나 현실을 살펴보면, 많은 부모들이 자녀 교육과 재테크 사이에서 혼란을 겪고 있다. 자녀에게 경제적 안정을 물려주고 싶은 마음에 재테크에 도전하지만, 정작 부모들 스스로 경제 지식이 부족한 경우가 많다. 이로 인해 주식이나 부동산 투자에서 실패를 경험하며 더 큰 스트레스를 받고, 이러한 상황은 자녀 교육을 넘어 가정불화로까지 이어지기도 한다.

사실상 부모가 자녀에게 가장 큰 영향을 미치는 첫 번째 교육자라는 점에서, 돈에 대한 접근 방식과 재테크에 대한 태도가 처음부터 잘못 설정된 부모가 과연 자녀에게 무엇을 가르칠 수 있을지 의문이 들 수밖에 없다. 이러한 점에서 한국이 경제와 금융에 대한 조기 교육이 부족하다는 점이 안타깝게 느껴진다.

미국과 한국의 재테크 방식을 비교하면, 두 나라의 투자 성향에서 뚜렷한 차이를 볼 수 있다. 미국인들은 장기적인 투자에 대한 신뢰가 높고, 주식이나 부동산을 오랜 기간 보유하며 자산을 꾸준히 늘리는 경향이 강하다. 이들은 어릴 때부터 리스크 관리에 대한 교육을 받아, 단기적인 변동성에 크게 흔들리지 않고 꾸준히 투자하는 습관을 길렀다. 주식 투자를 단기적 이익이 아닌 장기적인 재정 안정과 노후 대비를 위한 필수적인 활동으로 여기며, 이는 한국인이 연금을 붓는 것과 유사하다.

반면, 한국인들은 단기적인 성과를 중시한다. 빠르게 수익을 내고자 하는 경향이 강하며, 특히 부동산이나 주식에서 한 번의 큰 수익을 기대하는 경우가 많다. 이러한 조급한 태도는 리스크를 충분히 고려하지 못하게 만들 수 있으며, 투자 실패가 곧 삶의 실패로 여겨지기도 한다.

결국, 재테크에 대한 미국인과 한국인의 접근 차이는 그들의 삶의 태도와 행복에 대한 인식에도 깊이 연결되어 있다. 미국인들은 재테크를 장기적인 안정과 삶의 일부로 받아들이며, 꾸준한 성장을 중시하는 반면, 한국인들은 단기적인 성공과 성과에 집중해 재테크 자체를 삶의 목표로 삼는 경우가 많다. 이러한 차이 때문에, 재테크 실패가 한국인들에게 더 큰 정신적 충격을 주며, 이는 결국 삶의 행복에도 부정적인 영향을 미친다.

한국 사회에서 가장 많이 고민하는 주제가 돈이라는 사실은 많은 이들이 공감할 수 있다. 주택 문제, 자녀 교육비, 노후 준비 등 경제적 불안이 한국인들의 일상 깊숙이 자리하고 있기 때문이다. 이러한 상황에서 재테크에 대한 올바른 이해와 지식은 중요해질 수밖에 없다. 어릴 때부터 체계적인 재테크 교육이 이루어진다면, 분명 한국인의 성실성과 결합해 더 나은 경제적 안정을 이룰 수 있을 것이다.

재테크는 단순히 돈을 벌기 위한 수단이 아니라, 삶의 질을 높이고 풍요로운 삶을 영위하기 위한 도구로 활용되어야 한다. 물론 빠른 수익을 목표로 하는 재테크 방법도 있지만, 이러한 방식은 높은 위험을 수반하며, 일반 사람들이 성공할 수 있는 방식은 아니다. 단기적인 성과에 지나치게 집착할 경우, 장기적인 안목을 잃게 만들고 오히려 지속 가능한 행복을 놓칠 위험이 있다. 재테크든 행복이든 단기적 이익보다는 안정성과 지속 가능성을 염두에 두어야 한다.

8화

한국의 50대는 불안하다

50대에 접어들면 권고 퇴직이나 정년퇴직을 맞이하면서, 본격적으로 노후 준비에 대한 고민이 시작된다. 과거처럼 평생직장이 보장되지 않는 시대에 살고 있기 때문에, 언제 퇴직할지 모르는 불확실성 속에서 대비하는 것이 필수적이다. 젊은 시절에는 직장 생활과 자녀 교육에 집중하느라 노후에 대해 깊이 생각할 시간이 없었을 수 있지만, 이제 은퇴 후의 삶이 현실로 다가오면서 진지한 계획이 필요하다.

이 시기 많은 사람들은 퇴직금과 모아 둔 자산을 어떻게 활용할지 고민하게 된다. 일반적으로 식당이나 카페를 창업하거나, 부동산 투자로 월세 수익을 얻으려는 계획을 세운다. 그러나 이러한 선택은 생각보다 쉽지 않다.

식당이나 카페 창업은 높은 진입 장벽과 치열한 경쟁 속에서 성공하기가 어렵다. 한국농수산식품유통공사(aT)에 따르면, 외식업 창업 후 3년 내 폐업률이 약 70%에 달하는 만큼, 이 업종에서 성공하기 위해서는 철저한 준비와 경험이 필수적이다. 경험이 부족한 사람들에게는 특히 더 큰 리스크가 따른다.

수익형 부동산 투자 또한 신중해야 한다. 공실이 생길 경우 매달 융자금, 관리비 등의 고정 비용을 감당해야 하며, 이는 큰 경제적 부담으로 이어질 수 있다. 오피스텔이나 빌라와 같은 소형 부동산은 상대적으로 초기 투자금이 적어 부담이 덜할 수 있지만, 상가 투자의 경우 초기 자본이 많이 들고 공실이 발생하면 유지비용이 크게 증가한다. 상가는 경제 상황이나 지역 상권의 변화에 따라 수익성이 크게 좌우되기 때문에, 무턱대고 투자했다가는 '돈 먹는 애물단지'가 될 위험이 있다.

아파트 투자에 필요한 충분한 자금이 있다면 비교적 안정적인 상황에서 시작할 수 있다. 그러나 자금이 부족할 때, 많은 사람들이 전세금을 담보로 갭투기를 시도하곤 한다. 갭투기란 매매가와 전세가의 차이를 이용해 적은 자본으로 다수의 부동산을 소유하는 투자 방식인데, 이는 부동산 시장이 상승할 때는 수익을 낼 수 있지만, 하락세로 전환되면 큰 리스크를 감수해야 한다. 시장 상황이 나빠지면 갭투자자들은 매매가 하락으로 인한 손실을 감당하기 어렵게 되고, 이는 결국 경매로 이어지는 사례가 빈번하게 발생한다.

사실, 퇴직금을 포함한 자금을 어떻게 활용할지는 신중한 계획과 철저한 준비가 필요하다. 사업이든 투자이든 가장 중요한 것은 자신이 진정으로 하고 싶은 일이 무엇인지, 또는 잘할 수 있는 일이 무엇인지 명확히 파악하는 것이다. 이를 모른다면 최소한 충분한 공부와 준비가 선행되어야 한다. 그러나 많은 사람들이 빠른 수익을 기대하거나, 일확천금을 노리다 실패의 위험에 직면하게 된다.

투자는 개인의 재정 상태와 목표를 기반으로 신중하게 접근해야 한다. 단순히 남들이 하는 투자나 사업을 그대로 따라 하는 것은 위험을 높일 뿐이다. 특히, 다른 사람들보다 늦었다는 조급함은 잘못된 결정을 내리게 만드는 주요 원인이 된다. 준비가 충분하지 않은 상태에서 성급하게 투자에 나서면 실패할 확률이 더 크다는 사실을 잊지 말아야 한다. 더불어, 자신의 판단보다는 주변의 조언이나 영업사원의 유혹에 휘둘리는 것도 매우 위험하다.

나는 한때 수익형 부동산 업계에 종사했기 때문에, 특히 50대 고객들의 심리와 그들이 어떤 식으로 결정을 내리는지를 잘 알고 있다. 놀라운 점은 많은 한국인들이 부동산에 큰 관심을 가지고 있음에도 불구하고, 실질적으로는 부동산에 대한 이해가 부족하다는 것이다. 부동산을 잘 모르는 사람들은 흔히 지인의 추천이나 모델하우스 영업사원의 말을 듣고 투자 결정을 하게 된다. 많은 사람들이 "나는 절대 속지 않는다"라고 생각하지만, 현실은 다르다.

50대에 돈이 있고 부동산 투자에 관심을 가진 사람들이 모델하우스에 발을 들이는 순간, 그들은 이미 투자 결정을 내린 것이나 다름없다. 이유는 간단하다. 경험이 많은 영업사원들은 고객의 감정을 교묘하게 자극하며, 세련된 모델하우스와 '프리미엄' 가치라는 그럴싸한 설명으로 고객이 신중한 결정을 내리는 것을 방해하기 때문이다. 영업사원들은 홈쇼핑에서 흔히 사용하는 마감 스킬과 부동산 전문가로서의 이미지를 강조해, 고객이 청약금이나 계약금을 내도록 유도한다. 고객은 집에 돌아가서야 후회하며 환불을 고민하지만, 다시 모델하우스에 가면 같은 전략에 쉽게 말려들곤 한다. 심지어 처음에는 한 채로 시작한 투자가 두 채, 세 채로 확대되기도 한다.

부동산 영업에서는 큰 금액이 오가는 만큼, 세밀하고 정교한 영업 기술이 필수적이다. 흥미로운 점은, 부동산 영업을 하는 사람들이 대부분 부동산에 대한 깊은 지식을 갖추고 있지 않다는 사실이다. 실제로 많은 부동산 영업인들이 부동산에 대한 전문적 지식이 부족한 경우가 많다. 이는 은행 직원들이 다양한 펀드 상품을 판매할 때와 유사하다. 2020년 기준으로 한국에는 약 1만 개 이상의 펀드가 존재한다고 알려져 있으며, 주식형, 채권형, 부동산형 등 매우 다양한 종류가 있다. 하지만 이를 판매하는 직원들이 각 펀드의 세부적인 운용 방식이나 위험성을 모두 정확히 알고 있는 것은 불가능하다. 그들은 주어진 목표와 가이드라인에 따라 고객에게 펀드를 추천할 뿐이다.

부동산 영업 역시 이와 비슷하다. 영업사원들은 부동산 전문가라기보다는, 부동산 판매를 위한 영업 기술을 사용하는 사람들이다. 이들은 고객에게 해당 부동산이 최고의 선택이라고 설득하기 위해, 전문성을 연기하거나 극적인 상황을 연출하여 신뢰를 이끌어 낸다. 여기서 중요한 것은 부동산에 대한 깊은 지식이 아니라, 고객에게 신뢰할 만한 전문가로 보이는 능력이다. 서울 수도권에는 수없이 많은 부동산 매물이 있고, 영업사원이 그 모든 물건에 대해 깊이 있는 이해를 갖추는 것은 현실적으로 불가능하다. 대신 그들은 자신이 판매하는 물건이 가장 적합하다는 이미지를 만들고, 고객에게 신뢰를 주는 설득에 집중한다.

나는 그 업계에서 일하며 대행사 대표님과 함께 직원 80명 규모까지 회사를 성장시켰고, 그 과정에서 수많은 사람들과 교류했다. 그 경험을 통해 이 업계에 얼마나 양심 없는 사기꾼들이 많은지 뼈저리게 느꼈다. 솔직히 말해, 이곳에서는 정직함만으로는 살아남기 힘든 현실이 있다. 이런 환경 속에서 일하면서 사람에 대한 환멸을 느끼는 일이 한두 번이 아니었고, 결국 일을 그만둔 후에는 그 업계 사람들만 봐도 구역질이 날 정도로 거부감이 들었다. 사실 나처럼 이 업계에서 환멸을 느끼고 떠난 사람들도 적지 않다.

특히 부동산 업계 사람들은 당신이 돈을 얼마나 어렵게 벌었는지, 얼마나 많은 노력을 기울였는지에는 전혀 관심이 없다. 그들이 관심 있는 것은 오로지 당신이 대출을 얼마나 받을 수 있는지, 그리고 그 대출을 통해 자신들이 얼마나 많은 수수료와 수당을 챙길 수 있는지다. 이로 인해 많은 이들이 잘못된 투자로 인해 빚더미에 앉을 위험에 처하게 된다.

부동산 투자를 잘하려면 무엇보다 스스로 공부하고 직접 발로 뛰어야 한다. 그러나 많은 한국인들은 돈을 쉽게 벌고 싶어 하며, 지인이나 친구의 말을 맹신하는 경향이 있다. 심지어 남편이나 아내에게 알리지 않고 비밀리에 투자하는 경우도 적지 않은데, 이는 관계주의 문화에서 비롯된 문제라고 볼 수 있다.

지인의 추천으로 부동산에 투자하게 되면, 부동산 영업사원들은 지인을 통해 새로운 고객을 확보하고, 이런 연쇄적이고 반복되는 추천 과정에서 막대한 수익을 얻게 된다. 문제는, 지인들조차 영업사원으로부터 금전적 대가를 받고 추천을 해 주는 경우가 적지 않다는 사실이다. 물론 대부분의 경우 지인도 현혹당한 것이지만 말이다. 당신은 이러한 구조를 알고도 여전히 지인의 추천을 믿고 부동산에 투자할 것인가?

이러한 부동산 추천 방식은 연쇄적으로 이어지며, 투자자들이 실질적인 정보나 분석 없이 지인의 말만 믿고 결정을 내리는 경우가 많다. 그 결과 나이 50에, 친구도 잃고, 돈까지 잃는 상황에 놓이게 된다. 요즘은 이런 경향이 많이 줄었지만, 한국의 관계주의 문화는 여전히 사회 곳곳에서 작용하고 있다.

한국에서 주식과 부동산에 대한 인식은 상당히 다르다. 흔히 "부동산은 투자, 주식은 투기"라는 말이 있을 정도로, 부동산은 안정적이고 믿을 만한 자산으로 여겨지는 반면, 주식은 위험하고 불확실한 것으로 인식된다. 연예인 부동산 자산 순위는 뉴스에 자주 등장하지만, 주식 부자에 대한 기사는 상대적으로 드물다. 특히, 한국의 연예인 주식 부자들은 대개 회사의 오너나 임원으로, 직접 투자를 통해 부자가 되기보다는 소속된 회사가 한류 열풍으로 성장하면서 자연스럽게 주식 부자로 자리 잡은 경우가 많다.

하지만 부동산은 연예인들 사이에서도 적극적인 투자 대상으로 여겨진다. 일반인들이 부동산에 집착하는 것처럼, 연예인들 역시 부동산 투자를 선호한다. '건물주 연예인'이나 '비싼 아파트에 사는 연예인'이라는 타이틀은 한국에서 성공의 상징으로 자주 언급된다. 이러한 타이틀은 연예인의 성공을 보여 주는 지표처럼 보일 수 있지만, 때로는 다소 저급하거나 유치하다는 인상을 줄 때도 있다. 그러나 한국 사회에서 부동산은 단순한 자산 이상의 의미를 가지고 있으며, 연예인들 또한 그 영향을 벗어나기 어렵다.

한국의 부동산 시장은 전 세계적으로 전례를 찾아보기 어려운 독특한 구조를 가지고 있다. 예를 들어, '전세'라는 주거 형태는 한국에서만 존재하는 독특한 제도다. 이를 영어로 번역할 방법이 마땅치 않아, 그저 'jeonse'라고 그대로 사용한다. 전세는 한국 특유의 주거 문화를 반영하는 한 부분이다. 일부에서는 한국의 부동산 시장이 일본의 부동산 버블 붕괴를 따라갈 것이라는 우려를 제기하지만, 실제로는 한국만의 독특한 양상이 전개되고 있다.

먼저, 한국에서는 주택 소유율이 상대적으로 낮고, 특히 젊은 세대에서는 내 집 마련이 점점 어려워지고 있다. 통계에 따르면, 많은 국민들이 여전히 집을 소유하지 못한 채 전세나 월세로 거주하고 있다. 이와 대조적으로, 중국은 경제적으로 한국보다 어려운 상황에서도 대부분의 가구가 주택을 소유하고 있다. 이는 중국 정부가 적극적으로 추진한 대규모 주택 건설과 주택 소유를 장려하는 정책의 결과이다.

반면, 일본은 경제적으로 한국보다 부유한 나라임에도 불구하고, 주택 소유에 대한 압박이 덜하다. 일본에서는 월세로 사는 것이 일반적이며, 내 집 마련에 대한 부담이 크지 않다. 이는 일본의 주택 시장이 안정적이고, 장기적으로 주택 가격이 크게 오르지 않는 구조적인 특징에 기인한다. 또한, 일본 사회는 주택을 소유하지 않더라도 안정적인 삶을 유지할 수 있는 사회적 안전망이 잘 갖추어져 있기 때문이다.

한국의 부동산 시장은 주변국과 달리 주택 소유에 대한 사회적 압박이 매우 강하다. 특히 50대가 부동산 때문에 행복을 느끼지 못하는 이유는 이 같은 압박과 밀접하게 연관되어 있다. 한국에서는 집을 소유하는 것이 단순한 자산 축적의 수단을 넘어 사회적 지위와 성공의 상징으로 여겨진다. 이러한 압박은 자녀 교육비, 주택 대출 상환, 노후 준비를 동시에 해야 하는 50대에게 큰 부담이 된다.

수도권을 중심으로 급등하는 주택 가격과 상대적으로 낮은 소득 증가율은 내 집 마련을 더욱 어렵게 만들며, 중산층조차 집을 소유하기 어려운 현실에 직면하고 있다. 이로 인해 50대가 주택을 통해 안정된 노후를 계획하는 것조차 어려워지며, 경제적 불안과 심리적 압박이 커진다.

부동산 문제는 경제적 부담을 넘어 가정 내 갈등의 원인이 되기도 한다. 주택 가격 상승으로 가계 재정이 압박을 받게 되면, 이는 부부간의 갈등을 야기할 수 있다. 50대가 부동산과 관련된 스트레스를 지속적으로 받으면 일상생활의 질이 떨어지고, 자녀 독립 문제까지 겹치면서 부동산 문제는 더욱 심각한 부담으로 작용하게 된다.

이젠 한국인들도 부동산에 대한 집착을 내려놓을 때가 되지 않았나 생각해 본다. 부동산은 오랜 세월 동안 안정적인 자산으로 여겨져 왔지만, 그로 인해 우리는 삶의 다른 중요한 가치들을 간과해 왔다.

소크라테스는 "행복의 비밀은 더 많이 구하는 것이 아니라, 적은 것에서 만족을 찾는 능력을 기르는 데 있다"고 말했다. 또한 그는 "자신이 가진 것에 만족하지 못하는 사람은, 자신이 원하는 것을 얻더라도 결코 만족할 수 없다"고도 했다. 이 말은 오늘날 한국인들이 부동산에 지나치게 집착하는 모습을 돌아보게 만든다. 한국 사회에서는 집을 소유하는 것이 곧 행복의 전제 조건처럼 여겨지지만, 역설적으로 이러한 집착이 사람들을 오히려 행복에서 멀어지게 한다.

사실, 수도권에서 집을 소유하려는 욕심을 내려놓고 시골이나 지방으로 눈을 돌리면, 저렴한 주택들이 많이 존재한다. 특히, 최근 지방 도시에서는 빈집이 급격히 늘어나고 있으며, 주택을 소유하지 않아도 삶의 만족도를 높일 수 있는 방법들이 많다. 과연, 평생에 걸쳐 한 채의 집을 소유하기 위해 건강을 희생하고, 행복을 뒤로 미루는 것이 진정으로 의미 있는 일일까?

집을 소유하는 것보다 중요한 것은 삶의 질과 정서적 만족이다. 집 소유가 아닌, 삶의 질과 정서적 만족에 더 집중할 때, 행복은 부동산과 무관하게 찾아올 수 있다. 행복은 결국 소유의 양이 아닌, 감사함의 깊이에서 비롯된다고 할 수 있다. 많은 것을 가졌더라도 그것에 대한 감사를 느끼지 못하면 행복은 멀어지지만, 반대로 적은 것을 소유하더라도 그 안에서 진정한 감사를 느낄 수 있다면, 그 사람은 이미 충분한 행복을 누리고 있는 것이다.

9화

한국의 60대는 불쌍하다

한국인의 삶을 돌아보면, 50대까지는 끝없는 경쟁과 가족을 위한 헌신으로 가득 차 있다. 가족을 위해 자신을 희생하며 살아가는 동안, 개인적인 행복이나 여유를 누리기란 거의 불가능에 가깝다. 그렇게 시간이 흘러 60대에 이르렀을 때, 남은 것은 겨우 집 한 채뿐일 때가 많다. 그러면 그동안의 노력이 과연 어떤 의미가 있었는지에 대한 회의감이 생기기 마련이다. 자신의 욕구나 자아를 억누르며 살아온 삶이, 때로는 스스로를 지나치게 희생하는 모습으로 비춰질 수 있다.

사회적 인정과 가족의 행복을 위해 끊임없이 노력하는 것이 한국인들의 삶의 중심에 있지만, 과연 그런 노력 속에서 진정한 행복을 찾을 수 있는지는 의문이다. 앞서 말했듯이, 한국 사회에서 '아줌마'라는 단어는 단순히 나이가 든 여성을 지칭하는 것이 아니라, 한 여성이 자신만의 이름과 정체성을 잃고, '누구의 엄마', '누구의 아내'로만 불리며 살아가는 현실을 반영한다. 그 결과, 자신의 자아와 개별성마저 서서히 사라져 버리는 느낌을 받게 되는 경우가 많다.

　또한, 한국의 결혼 생활에서 여성의 존재감을 약화시키는 요인 중 하나는 스킨십의 부재다. 한국은 스킨십이 인색한 나라로 잘 알려져 있다. 많은 한국인들은 어린 시절 부모가 서로 스킨십을 나누는 모습을 거의 본 기억이 없을 것이다. 설령 한국 부부들이 스킨십을 나눈다 하더라도, 사회적 통념과 문화적 압력으로 인해 아이들 앞에서는 행동을 자제하는 경향이 있다. 이러한 정서는 그 가정에서 자란 자녀들에게도 영향을 미쳐, 그들 역시 자신의 결혼 생활에서 비슷한 문제를 겪을 가능성이 크다.

　결국, 스킨십의 부재는 부부 사이의 정서적 유대감을 약화시키며, 결혼 생활에서 서로의 존재감을 느끼기 어렵게 만드는 중요한 요인이 될 수 있다. 실제로 한국에는 섹스리스 부부들의 비율이 높은데 이를 반영하는 농담도 있다. 신혼 3년 동안 섹스할 때마다 동전을 돼지 저금통에 넣고, 그 이후에는 섹스할 때마다 동전을 하나씩 빼자고 약속한 부부가 평생 저금통의 동전을 다 비우지 못했다는 이야기는, 부부 사이의 스킨십이 시간이 지남에 따라 얼마나 줄어드는지를 잘 보여준다.

　물론, 여기서 단순히 섹스리스에 대한 문제를 언급하려는 것은 아니다. 오히려 일상 속 스킨십의 부재가 더 심각한 문제로 다가온다. 특히 아이를 낳은 후, 부부간 스킨십의 빈도는 급격히 줄어들고, 시간이 지나 60대에 이르면 스킨십뿐만 아니라 서로 눈빛조차 주고받지 않는 상황이 흔해진다. 이러한 스킨십의 부족은 단순히 육체적 접촉의 문제를 넘어서, 부부간의 감정적 유대감을 약화시키고, 긴 결혼 생활 끝에 오히려 서로를 낯설게 느끼게 만드는 결과로 이어진다.

스킨십은 감정과 애정을 교류하는 중요한 수단이며, 이를 통해 부부는 서로의 존재를 인정하고, 관계 속에서 안정감을 찾는다. 그러나 이러한 감정적 유대감이 약화되면서, 부부 관계는 점차 무미건조해지고, 삶의 의미나 서로에 대한 기대감 역시 희미해질 수 있다.

이러한 현상 때문일까? 최근 들어 황혼 이혼율이 급격히 증가하고 있다. 2024년에는 황혼 이혼율이 역대 최고치를 기록했다. 특히 60대 여성들은 자신이 여성으로서, 그리고 엄마로서의 역할이 점차 희미해지면서 존재감을 상실한 듯한 느낌을 받는다. 이 시점에서 그들은 자신의 오랜 헌신에 대해 회의감을 느끼고, 정체성에 혼란을 겪는 경우가 많다.

결국, 많은 여성들이 이제라도 오랫동안 묻어 두었던 하고 싶은 일을 다시 찾고, 자신만의 삶을 살겠다는 결심으로 황혼 이혼을 선택한다. 이는 단순히 결혼 생활에서 벗어나는 것이 아니라, 자신의 이름과 정체성을 되찾으려는 늦은 각성의 결과로 해석할 수 있다. 오랜 세월 동안 가정과 남편, 자녀를 위해 헌신해 온 여성들이 이제는 자신을 돌아보고, 자신을 위한 삶을 선택하는 것이다. 나는 이러한 결심이 늦었더라도, 오히려 다행이라고 생각한다. 그것은 스스로의 삶을 찾아가는 용기 있는 선택이기 때문이다.

결혼 후 많은 여성들이 가정 내에서 자신을 온전히 희생하며, 꿈과 욕구를 포기하고 가족을 위해 헌신하는 삶을 살아간다. 한국 사회에서는 이러한 헌신이 미덕으로 여겨지는 경우가 많지만, 그 과정에서 본인의 정체성과 행복은 종종 뒤로 밀린다. 사회의 기대와 가족의 요구에 얽매인 채 살아가는 한국인의 모습은, 진정한 자유와 행복과는 거리가 멀어 보인다.

이처럼 평생을 경쟁과 헌신 속에서 살아온 한국인의 60대 경제력은 어떨까? 통계적으로 한국은 OECD 국가 중 노인 빈곤율이 가장 높은 나라다. 한국의 노인 두 명 중 한 명이 빈곤한 상태에 놓여 있으며, 이는 심각한 사회적 문제로 대두되고 있다. 이러한 빈곤 문제는 전통적으로 연대의식이 강한 한국 사회에서 자식들에게도 큰 부담을 준다. 자식들 또한 생계를 유지하기 위해 바쁜 가운데, 부모의 노후까지 책임져야 하는 상황은 큰 스트레스를 동반한다. 부모가 자신을 위해 많은 것을 포기해 왔다는 사실은 자식들에게 효도해야 한다는 압박감을 더하게 되고, 이는 그들의 삶의 질을 떨어뜨리는 주요 요인이 된다. 부모 역시 이러한 상황에서 자식을 바라보며 마음이 편할 수 없으며, 부모와 자식 간 서로에 대한 걱정은 결국 최고조에 이르게 된다.

반면, 일본의 노인 빈곤율은 약 20%로, 이는 OECD 평균 수준에 해당한다. 일본과 한국은 빠르게 고령화 사회로 진입하고 있지만, 두 나라의 상황은 확연히 다르다. 일본은 고령화 문제를 오래전부터 인식하고, 다양한 사회적 안전망과 인프라를 구축해 왔기에 많은 노인들이 비교적 안정된 노후를 보내고 있다. 반면, 한국은 급격한 경제 성장에도 불구하고 노후 대비가 부족한 상태다. 젊은 시절 치열한 경쟁 속에서 살아온 한국의 노인들은 정작 은퇴 후에 필요한 사회적 지원과 안전망이 미흡해 경제적으로 큰 어려움을 겪고 있다.

한국의 노인 빈곤율이 높은 이유는 구조적인 문제에서 비롯된다. 불충분한 국민연금 제도, 급격한 고령화와 저출산, 비정규직과 자영업의 높은 비율, 그리고 가족 부양 체계의 변화와 주택 문제 등 여러 요인이 복합적으로 작용하고 있다. 이러한 문제들을 해결하지 못한다면, 한국 사회의 전체적인 삶의 질과 지속 가능성에 심각한 위협이 될 수 있다. 노후 빈곤은 단순히 노인의 문제가 아니라, 한국 사회 전반에 걸쳐 지속 가능한 발전을 저해하는 중요한 사회적 도전 과제다.

한국인의 10대부터 50대까지의 삶은 곧 한국 사회가 '한강의 기적'을 이루어 낸 원동력이라고 할 수 있다. 이러한 성과는 한국인의 강한 위기의식과 끊임없는 노력 덕분에 가능했다. 한국인의 무의식에는 언제나 위기 상황에 대비하려는 경향이 자리 잡고 있는데, 이는 자주 비교하고 걱정하며 끊임없이 경쟁하려는 태도로 나타난다. 이러한 심리는 한국의 역사와 밀접한 관련이 있다. 한국은 오랜 세월 동안 중국, 일본, 러시아 같은 강대국들에 둘러싸여 수많은 침략과 압박을 견뎌야 했고, 그 과정에서 생존을 위해 위기의식이 자연스럽게 발달했다.

그러나 이제 한국은 과거와 같은 위협에 직면한 약소국이 아니다. 군사력, 경제력, 기술력뿐만 아니라, 문화적 영향력과 외교적 위상까지 강대국의 반열에 올라섰다. K-콘텐츠는 전 세계적으로 큰 인기를 끌며, 한국의 소프트 파워를 증대시키고 있다. 또한, 국제 사회에서의 적극적인 외교 활동과 혁신을 통해 한국은 글로벌 무대에서 중요한 위치를 차지하고 있다. 물론, 역사적 배경이 한국인의 유전자에 깊이 각인된 것은 사실이지만, 주변국을 지나치게 의식하며 억눌릴 필요가 없다.

한국이 상대적으로 왜소해 보이는 이유는 주로 주변 강대국들과의 비교에서 기인한다. 이제는 한국도 스스로를 비교하는 태도를 내려놓고, 더 여유 있는 삶의 자세를 가질 필요가 있다. 언제까지 경제 성장과 GDP에만 집착하며 국가의 성공을 평가할 것인가? 이제는 경제적 성과를 넘어서 삶의 질과 행복을 중요한 기준으로 삼아야 할 때다. 국가의 성공은 단순한 경제적 지표로만 측정될 수 없으며, 삶의 질, 사회적 안정, 그리고 개인의 행복 같은 다양한 요소들이 함께 고려되어야 한다.

한국인은 특히 삶에 대한 태도에서 여유를 찾을 필요가 있다. 많은 한국 부모들은 아이가 시험에서 100점을 받아도 칭찬보다는 "자만하지 말라"는 말을 더 자주 한다. 이는 아이가 더 나은 성과를 이루기를 바라는 마음에서 비롯된 것이지만, 정작 아이에게는 성취의 기쁨을 충분히 누릴 기회를 주지 못하며 오히려 더 큰 부담을 안겨 줄 수 있다. 또한, 아이가 실수를 했을 때, 예를 들어 접시를 깨뜨렸을 때 부모의 첫 반응이 "괜찮냐"는 걱정보다 "왜 조심하지 않았냐"는 질책으로 이어지는 경우가 많다.

이러한 반응은 아이에게 실수에 대한 두려움을 심어 주며, 아이는 점차 실수를 피하려고만 하는 공포 속에서 자라나게 된다. 더 나아가, 아이는 사랑하고 배려하는 법을 배우기보다는, 실수하지 않는 방법을 먼저 배우게 되면서 도전적인 삶 대신 안정만을 추구하는 경향을 가지게 된다. 이러한 엄격함은 결국 삶의 여러 방면에서 창의성을 억누르고, 새로운 시도를 꺼리게 하며, 스트레스와 불안감까지 유발한다.

이러한 엄격함과 부담감은 명절과 같은 사회적 상황에서도 나타난다. 명절에 가족들이 모이면, 반가움보다도 음식 준비와 손님 접대에 대한 부담이 더 크게 느껴진다. 여기에 더해 친척들 간의 비교가 시작되면, "아직도 취직 안 했어?", "결혼은 언제 할 거야?", "아이 성적은 어때?"와 같은 질문들이 자연스럽게 이어지게 된다. 이러한 질문들은 단순한 관심을 넘어서, 결혼, 취직, 자녀 교육이라는 사회적 기준으로 작용하며, 가족들 사이에 경쟁과 비교를 유발한다.

결국, 명절은 휴식의 시간이 아니라 또 다른 의무와 평가의 장으로 변질되며, 이는 가정 내 엄격함과 사회적 압박이 결합되어 사람들에게 지속적인 스트레스를 준다. 또한, 한국인들은 여행을 떠날 때조차 진정한 휴식보다는 '뽕을 뽑으려는' 마음으로 빽빽한 일정을 계획해, 최대한 많은 명소를 방문하려 애쓴다. 이러한 여행은 때로 진정한 휴식을 위한 시간이 아닌 또 다른 '업적 달성'의 일환으로 여겨지기도 한다.

한국인의 열정과 성실함은 분명한 장점이지만, 그 이면에는 지나친 경쟁과 비교, 그리고 자신을 끊임없이 몰아붙이는 문화가 자리 잡고 있다. 이러한 문화는 한국인들로 하여금 항상 '더 나은 것'을 추구하게 만들지만, 그 과정에서 현재의 소소한 행복을 놓치는 일이 많다.

평생을 그렇게 치열하게 살아왔음에도 불구하고, 60대에 이르러 안정적인 노후를 준비하지 못했다면, 공허함과 행복하지 않음은 어쩌면 당연한 결과일지도 모른다. 그리고 설령 노후 준비가 잘 되어 있다고 하더라도, 평생 남을 위해 살아왔고 사회적 기준에 맞춰 살아온 60대가 과연 진정으로 행복할 수 있을까? 나는 종종 한국의 60대 분들이 하루하루를 무의미하게 보내며, 마치 죽음을 기다리는 사람처럼 살아가는 모습을 보곤 한다.

서양의 많은 국가들에서는 60대가 삶에서 가장 행복한 시기로 여겨진다. 이는 그들이 이미 경제적으로 안정된 상태에서 자유로운 시간을 누리며, 자신의 관심사나 취미를 즐기기 때문이다. 서양에서는 개인주의적 문화가 발달해 있어, 자신의 삶에 더 집중하고 자기만족을 추구하는 경향이 강하다. 퇴직 후에는 사회적 활동이나 봉사, 취미 생활 등을 통해 삶의 의미를 찾는 것이 중요한 삶의 일부로 여겨진다.

서양의 60대들은 자신만의 시간을 가지며, 가족과 적절한 거리를 유지하면서 독립된 삶을 살아간다. 이러한 자유로운 삶의 태도와 개인의 가치를 중시하는 문화가 삶의 만족도를 높이는 중요한 요인으로 작용하는 것이다.

반면, 한국의 많은 60대들은 가족에게 더 이상 도움을 줄 수 없거나 필요하지 않은 존재로 여겨지며 무력함과 공허함을 느끼는 경우가 많다. 평생 가족을 위해 헌신하고 희생해 왔던 이들이, 이제는 자신의 역할이 끝난 듯한 느낌을 받으며 소외감을 느끼는 것이다. 이는 그동안의 삶이 주로 가족 중심으로 돌아갔기 때문이다.

물론, 반드시 서양인의 삶을 그대로 모방할 필요는 없다. 다만, 끊임없이 무언가를 성취하려는 욕망에서 벗어나, 시간을 갖고 천천히 사유하는 것이 더 중요할 수 있다. 하고 싶은 것이 없다는 상태도 자연스러운 인간의 모습이며, 그것이 결코 문제일 수는 없다. 우리는 평생 무언가를 이루어야 한다는 압박 속에서 살아왔기 때문에, 의미의 부재를 부정적으로 생각할 수 있지만, 오히려 그 상태를 있는 그대로 받아들이는 법을 배우는 것이 진정한 여유를 느끼는 첫걸음이 될 수 있다.

새로운 도전이 없다고 해서 삶의 의미가 사라지는 것은 아니다. 의미란 외부로부터 주어지는 것이 아니라, 스스로 부여할 수 있는 것이다. 우리는 작은 일상 속에서 반드시 의미를 찾아내기보다는, 그저 존재 자체를 음미하며 순간을 살아가는 법을 배울 수 있다. 가벼운 산책,

마음에 드는 음식을 천천히 즐기는 것, 그리고 그날의 작은 기쁨에 충실하는 것만으로도 삶은 충분히 풍요로울 수 있다.

만약 공허함이 찾아온다면, 그 공허함은 피해야 할 부정적인 감정이 아니라, 인간 존재의 자연스러운 일부다. 오히려 우리는 공허함 속에서 스스로에게 질문을 던져야 한다. 이때 그 질문을 통해 답을 찾으려 하지 않아도, 질문 그 자체가 우리를 더 깊이 이해하는 계기가 될 수 있다. 그렇게 내면을 탐구하다 보면, 60대에 내가 해야 할 일들이 자연스럽게 떠오를지도 모른다.

지금 이 순간을 있는 그대로 받아들이고 음미하는 법을 배우는 것이야말로 참된 행복의 시작일 것이다. 행복은 먼 곳에서 오는 것이 아니라, 이미 우리 곁에 존재하는 작은 순간 속에 숨어 있다. 60대에 이르러 한국인은 비로소 일상의 소소한 기쁨에서 행복을 발견하는 법을 배울 수 있지 않을까?

결국, 60대라는 시기는 더 이상 과거의 성과나 미래의 목표에 얽매이지 않고, 삶의 단순한 순간들을 받아들이고 즐기는 지혜를 배워 가는 또 하나의 새로운 시작일지도 모른다.

10화

행복이란 무엇일까?

현대인은 정보의 홍수 속에서 살아가고 있기 때문에 진실과 거짓을 구별하는 능력이 그 어느 때보다 중요하다. 통계, 그래픽, 과학, 수학 등 다양한 분야에서 잘못된 정보가 흔히 존재하며, 통계학을 어느 정도 이해하는 사람이라면 그래프의 왜곡, 부정확한 데이터 해석, 표본 오차 등이 우리의 판단을 얼마나 쉽게 흐릴 수 있는지 잘 알 것이다.

특히 통계에서 중요한 개념 중 하나는 표본의 대표성이다. 표본이 모집단을 얼마나 잘 대표하는지가 결과의 신뢰도를 결정하며, 질 높은 표본을 추출하는 일은 결코 쉬운 일이 아니다. 표본의 크기가 클수록 결과의 신뢰성이 높아지지만, 그만큼 표본을 선택하는 과정에서 다양한 편향이 개입될 수 있다.

예를 들어, 선택 편향은 설문조사의 장소나 방식에 따라 결과가 크게 달라질 수 있고, 출판 편향은 흥미로운 결과만이 보고되는 경우를 말한다. 이 외에도 기억 편향이나 생존 편향 같은 왜곡된 표본도 결과에 영향을 미칠 수 있다. 이러한 편향은 인공지능에도 적용된다. AI는 학습하는 데이터의 질과 양에 따라 성능이 달라지며, 이는 우리가 인공지능의 결과를 무조건 신뢰하기 어려운 이유가 된다. 따라서 정보를 접할 때는 누가 제공한 정보인지, 그들의 의도는 무엇인지, 정보의 출처는 어디인지를 스스로 질문하며 비판적인 사고를 기르는 것이 중요하다.

행복지수에서 한국은 57위를 기록하고 있지만, 자살률은 세계 1위로 나타나고 있다. 이러한 통계는 서로 다른 측면을 반영하고 있어, 각각의 신빙성과 의미를 분석해 볼 필요가 있다.

행복지수는 주로 설문조사를 통해 각국 국민들의 삶의 만족도를 평가하는데, 이 지수는 주관적인 감정을 반영하며 사회적 지원, 기대 수명, 자유, 부정부패 수준 등 다양한 요소를 포함한다. 그러나 한국의 문화적 특성상 개인의 감정을 솔직하게 표현하기보다는 사회적 이미지나 타인의 시선을 고려해 긍정적으로 답변하는 경향이 있을 수 있다. 또한, 서울과 같은 대도시와 제주도와 같은 지역에서의 생활 만족도가 다를 수 있는데, 수도권으로 평균화된 지수는 이러한 차이를 반영하지 못할 수 있다.

반면, 자살률 통계는 보다 객관적인 데이터를 기반으로 하며, 한국 사회의 구조적, 경제적, 문화적 문제들을 반영하는 중요한 지표다. 그러나 자살률이 높다고 해서 그것이 곧 한국인의 전반적인 행복도를 완전히 대변하는 것은 아니다. 한국 사회는 가족애와 집단주의 문화가 강하기 때문에, 많은 사람들이 극도의 어려움 속에서도 자살을 선택하지 않고 견디는 경우도 많을 것이다.

K행복 NO행복

이는 자살률 통계가 한국 사회의 일부 현실을 보여 주지만, 전체적인 삶의 질이나 행복 수준을 온전히 설명하지는 못한다는 의미이다. 자살이라는 극단적인 선택을 하지 않더라도, 내면의 고통이나 삶의 어려움을 겪고 있는 사람들이 여전히 존재하기 때문이다. 결론적으로, 행복지수 57위와 자살률 1위라는 통계는 각각 한국 사회의 다른 측면을 반영하고 있지만, 어느 한쪽도 한국인의 실제 행복 상태를 온전히 설명하지 못한다. 내가 말하고 싶은 것은, 통계는 특정 사실을 전달하는 도구일 뿐, 그것이 곧 진실을 의미하는 것은 아니라는 점이다.

한국인의 행복도는 실제로 더 낮을 수도 있다. 한국에서 생활하면서, 진정으로 행복한 사람을 만나 본 적은 거의 없었지만, 행복한 척하는 사람들은 많이 봐 왔다. 이는 한국 사회가 보여 주고자 하는 외면과 개인이 느끼는 내면의 괴리를 반영하는 현상이라고 할 수 있다. 한국인은 사회적 이미지와 체면을 중시하는 문화 속에서, 실제 감정을 억누르고 겉으로만 행복한 모습을 유지하려는 경향이 강하다.

내가 느낀 한국인들은 행복에 대한 이해가 깊지 않지만, 행복을 맹목적으로 추구하는 것 같았다. 그렇다면, 행복이란 과연 무엇일까?

어떤 사람들은 소소한 쾌락의 빈도를 늘리고, 인간관계만 원활하게 유지하면 행복해질 수 있다고 주장한다. 이는 하버드 대학교의 장기 연구 결과와도 일맥상통하는데, 하버드 성인발달 연구에 따르면, 인간의 뇌는 사회적 관계를 잘 맺고 유지하기 위해 설계되었으며, 이는 인간이 본질적으로 사회적 존재임을 보여 준다. 많은 감정들이 사실상 타인과의 관계 속에서 발생하며, 이러한 사회적 연결이 우리 삶의 질에 중요한 역할을 한다는 것이 연구의 결론이다.

이는 우리가 호모 사피엔스이기 때문이기도 하다. 호모 사피엔스가 다른 인류 종들보다 최종적으로 살아남은 이유 중 하나가 바로 사회적 유대와 협력 덕분이다. 사회성이 뛰어난 우리는 복잡한 사회적 구조를 형성하고, 협력과 의사소통을 통해 공동체의 힘을 발휘해 생존했다. 즉, 인간의 본성은 사회적 존재로서, 타인과의 관계 속에서 자신의 위치와 의미를 찾아가는 데 있다.

음식과 같은 소소한 쾌락이나 작은 기쁨이 중요한 이유는, 그것들이 타인과의 관계 속에서 호모 사피엔스의 삶을 더욱 풍요롭게 만들어 왔기 때문이다. 호모 사피엔스는 혼자서 사냥하고 음식을 독차지하기보다는, 사회적 관계망 속에서 음식을 나누고 협력하며 생존해 왔다. 이러한 협력과 나눔 속에서 소소한 쾌락을 누리는 것이 인간에게 자연스럽고 익숙한 삶의 방식이 되어 왔다.

현대인도 마찬가지로, 작은 쾌락을 통해 삶의 의미를 찾고 만족을 느끼는 것이 본성에 가깝다. 소소한 행복은 우리의 일상 속에서 작은 순간들이 모여 만들어지는 감정이다. 예를 들어, 친구와 나누는 대화에서의 유대감, 따뜻한 음료 한 잔이 주는 평온함, 가족과 함께하는 식사에서 느끼는 안정감 등은 모두 작은 사회적 연결을 통해 얻어지는 행복의 형태다. 이러한 작은 순간들이야말로 인간 본성에 부합하는 행복의 모습이라 할 수 있다. 결국, 인간은 이러한 일상적인 소소한 쾌락과 관계 속에서 자신을 발견하고 삶을 더욱 풍요롭게 만드는 것이다.

또 어떤 이들은 행복의 5가지 구성 요소로 성취, 쾌락, 의미, 몰입, 그리고 양호한 인간관계를 꼽는다. 이 구성 요소들은 시대적 배경과 개인의 성향에 따라 다르게 느껴질 수 있다. 예를 들어, 윗세대는 사회적 성공을 통해 얻는 성취와 쾌락을 행복의 주요 요소로 여기는 경향이 있다. 그들에게는 직업적 성취나 물질적 풍요가 삶의 만족도와 행복을 결정짓는 중요한 요소였다.

반면, 요즘 세대는 인간관계의 질과 삶의 의미, 그리고 몰입을 더욱 중시하며, 이를 행복의 핵심으로 여긴다. 성취나 물질적 성공보다는, 의미 있는 삶을 살고, 인간관계에서의 정서적 만족을 추구하는 경향이 강하다. 이는 현대 사회에서 개인의 자아실현과 사회적 연결이 더욱 강조되면서, 행복의 정의가 개인의 내면적 경험으로 더 옮겨 가고 있음을 보여 준다.

심리학자 미하이 칙센트미하이는 행복한 삶을 살기 위해서는 삶의 순간순간에 몰입하는 것이 중요하다고 주장했다. 그는 몰입을 "자신이 하는 일에 완전히 집중하고 몰두하여 시간이 흐르는 것도 잊어버리는 상태"로 정의하며, 이러한 몰입된 삶이 곧 행복한 삶이라고 강조했다.

몰입은 개인의 성취감을 높이고, 삶의 의미를 부여하는 중요한 요소로 작용한다. 특히 몰입의 순간은 우리가 외부의 스트레스나 불안에서 벗어나, 자신의 능력을 최대로 발휘할 수 있는 심리적 안정감을 제공한다. 몰입된 상태에서는 결과보다 과정에 집중하게 되며, 이 과정 속에서 진정한 만족감과 행복을 느끼게 된다.

행복의 구성 요소는 시대적 흐름에 따라 조금씩 변하기도 하며, 사람마다 느끼는 행복의 종류나 정도도 각기 다를 수 있다. 어쩌면 행복은 이런저런 특정 요소가 아니라, 변화하는 것일지도 모르겠다.

행복은 늘 변화하지만, 우리는 종종 고정불변한 행복을 바라고 붙잡으려 하다 보니 점점 행복과 멀어지는 게 아닐까? 어쩌면 행복은 어떤 목적지가 아니라, 지속적으로 변화하고 흐르는 감정일지도 모른다. 우리는 붙잡을 수 없는 것을 목표로 삼고, 그것을 소유하려고 애쓰면서 스스로를 불행하게 만드는 것은 아닐까?

일부 사람들은 인간이 본질적으로 원초적인 욕구를 즐기는 동물이라는 관점에서, 행복이란 욕구의 충족이라고 생각한다. 이러한 시각은 매슬로의 욕구 5단계 이론에서도 잘 드러난다. 매슬로는 인간의 욕구가 피라미드 형태로 계층화되어 있으며, 가장 기본적인 생리적 욕구에서 시작해 자아실현의 욕구로 발전한다고 설명한다.

이 이론에 따르면, 인간의 욕구는 생리적 욕구, 안전의 욕구, 애정과 소속감의 욕구, 자존의 욕구, 자아실현의 욕구로 구분된다. 가장 기본적인 생리적 욕구는 생존에 필수적인 음식이나 수면과 같은 것을 말한다. 두 번째는 신체적 안전, 경제적 안정, 건강 등을 포함하는 안전의 욕구가 자리 잡고 있다. 그다음으로는 가족, 친구, 연인과의 관계에서 느끼는 애정과 소속감의 욕구가 따른다. 그 위로는 타인으로부터 인정받고 존중받는 자존의 욕구가 위치하며, 마지막으로 자신의 잠재력을 최대한 발휘하며 창의적이고 의미 있는 삶을 살고자 하는 자아실현 욕구가 있다.

매슬로의 이론은 인간의 욕구를 이해하는 기본 틀을 제공하지만, 이를 개인의 상황에 맞게 유연하게 적용하는 것이 중요할 수 있다. 예를 들어, 자아실현이 삶에서 가장 중요한 목표라고 생각하더라도, 생리적 욕구나 안전의 욕구가 해결되지 않으면 자아실현을 추구하기 어렵다. 그러나 그렇다고 해서 자아실현의 욕구를 무시하거나 미루는 것이 옳다는 뜻은 아니다.

자아실현은 인간이 느끼는 가장 깊은 만족과 행복을 가져다주는 요소 중 하나이며, 다른 욕구가 충족되지 않은 상황에서도 자아실현을 위한 작은 노력은 삶의 질을 크게 향상시킬 수 있다. 이는, 비록 현실적 필요가 우선적일지라도, 자아실현을 삶의 목표에서 완전히 배제할 수 없음을 시사한다.

결국, 사람에 따라 자아실현을 삶의 중요한 목표로 삼되, 현실적인 필요와 상황을 고려하여 균형을 잡아 가는 것이 중요할 수 있다. 행복은 단순한 목표가 아니라, 현실적 필요와 내적 성장 사이에서 균형을 맞추는 과정에서 더 깊이 느낄 수 있는 것이다.

누군가는 찰스 디킨스의 책에서 스크루지가 보여 준 것처럼 행복한 삶을 위한 공식은 대의와 목적의식을 가지고, 우선순위를 정해 생산적으로 살아가는 것이라고 말한다. 이러한 삶은 단순한 효율성 이상의 가치를 지닌다. 목표에 몰입하면서 성취감과 보람을 얻을 수 있고, 이를 통해 더 깊은 행복에 도달할 수 있다는 것이다.

중요한 것은 당장 오늘 무엇을 하는지가 아니라, 매일 지속적으로 할 수 있는 일이 무엇인지이다. 맹목적으로 열심히 하는 것보다, 몰입할 수 있는 일을 찾는 것이 더 중요하다. 그리고 그 몰입할 수 있는 일은 지속적일수록 좋기 때문에, 거룩한 목표, 위대한 과업, 사회적 선한 영향력 같은 대의를 가진 목적의식일수록 더 의미가 깊을 것이다.

또한, 단순히 내가 아닌 우리가 되는 것으로, 삶의 의미와 행복은 더 커질 수 있다. 이런 목적의식에 대해 확신을 가졌다면, 그때부터는 전략을 세워 시간을 효율적으로 활용하고, 중요도에 따라 우선순위를 정해 꾸준히 해 나가는 것이야말로 가치 있는 삶에서 최고의 생산성을 발휘할 수 있는 방법일 것이다.

이렇게 대의를 가지고 일관되게 행동하는 것은 삶의 깊이와 의미를 더해 주며, 결과적으로 더 큰 행복을 가져올 수 있다. 지속 가능한 목표와 공동체적인 대의를 바탕으로 한 꾸준한 몰입은 진정한 만족과 의미 있는 성취를 불러일으킬 것이다.

인간을 어떻게 바라보느냐에 따라 행복의 본질은 크게 달라질 수 있다. 과학적 관점에서 보면, 우주와 생명, 그리고 인간 자체는 단지 물리적 법칙과 화학적 반응의 결과로 발생한 것일 뿐이다. 이러한 과정에는 본질적인 목적이나 이유가 존재하지 않는다고 할 수 있다. 그러나 인간은 그 속에서 스스로 의미와 목적을 찾아내고, 그것에 의미를 부여하는 존재이기도 하다.

인간은 세상의 모든 것에 이유와 목적이 있다고 느끼지만, 실제로는 그 의미를 스스로 만들어 내고 있는지도 모른다. 인간은 끊임없이 새로운 것을 창조하고, 무생물이나 가상의 존재에도 의미를 부여함으로써 그것들이 마치 생명력을 가진 것처럼 인식하게 된다.

행복 역시 이러한 의미 부여와 깊이 연관되어 있다. 우리가 어떤 것에 얼마나 큰 의미를 부여하느냐에 따라, 그것이 우리에게 얼마나 큰 행복을 가져다줄지가 결정된다. 따라서 행복은 인간이 스스로 창조하고 부여하는 의미에 의해 형성되는 것이기도 하다. 이런 관점에서 보면, 인간은 자신의 행복을 스스로 만들어 내는 존재라고도 할 수 있다. 즉, 인간의 창조적 능력이 행복을 만들어 가는 과정의 중요한 요소가 될 수 있다.

사실, 행복에 관한 이야기를 하면서도, 내 삶의 목적이 단순히 행복을 추구하는 것이라고 생각하지 않는다. 오히려 행복은 더 높은 가치를 추구하고 달성하기 위해 필요한 요소라고 본다. 사람은 높은 목적의식만으로도 희망을 품게 되고, 가치 있는 일을 추구할 때 삶에 몰입하게 된다. 아무도 하지 않지만 누군가는 반드시 해야 할 일이 있다면, 그것은 삶의 목적으로 삼기에 충분하며, 그런 삶은 의미 있고 행복한 삶이 될 것이다.

삶의 목적이 반드시 행복을 추구하는 것일 필요는 없다. 오히려 진정한 행복은 가치를 추구하는 과정에서 자연스럽게 따라오는 것이며, 이는 단순한 쾌락이나 일시적인 만족을 넘어서는 깊이 있는 만족감을 가져다준다. 가치 있는 삶을 향해 나아갈 때, 비로소 삶은 더욱 충만해지고, 그 과정에서 오는 행복은 지속적이고 의미 있는 경험이 될 것이다.

행복은 궁극적인 목적이 아니라 가치 있는 삶을 완성하는 부수적인 결과일 수 있다. 가치 있는 삶이 우리를 진정으로 몰입하게 하고, 그 몰입 속에서 우리는 깊고 지속적인 행복을 느끼게 되는 것이다.

삶에서 정말 중요한 것들은 대부분 눈에 보이지 않고, 수치로 측정하기도 어렵다. 하지만 사람들은 종종 눈에 보이고 양적으로 측정할 수 있는 비교 기준을 찾게 된다. 재산, 외모, 나이, 직업 같은 것들은 사람을 구성하는 근본적인 요소가 아니다. 진정한 정체성, 사상, 깨달음, 가치관 등이야말로 그 사람의 근본에 더 가깝다. 이와 같은 것들은 쉽게 보이지 않으며, 수치로 표현할 수 없는 것들이다. 인간의 근본은 숫자나 편리함으로 측정되지 않는다.

결국, 삶에서 진정으로 중요한 근본적인 것들을 추구하다 보면, 행복은 자연스럽게 따라오는 것이 아닐까? 설령 행복이 따라오지 않더라도 그것이 큰 문제는 아니라고 본다. 행복은 생각보다 얻기 어려운 것이 아니며, 그것을 일부러 추구하지 않아도 되는 것이다. 행복은 삶을 살아가는 데 꼭 필요한 연료와 같지만, 그 연료 자체가 목표일 필요는 없다. 돈을 버는 것 그 자체보다 그 돈을 어떻게 쓰느냐가 더 중요한 것처럼, 돈을 벌기 위해 인생을 살지는 않듯이, 행복을 얻기 위해서만 삶을 살아가는 것도 바람직하지 않다.

"모든 것은 행복하기 위한 것이다"라는 생각은 상당히 한국인다운 발상이라고 할 수 있다. 한국 사회는 오랫동안 경제적 성장과 성공을 행복의 기준으로 삼아 왔으며, 성과 중심의 사고방식이 깊이 뿌리내려 있다. 행복을 최종 목표로 설정하고, 이를 위해 열심히 일하고 성취를 이루려는 문화적 태도는 한국 사회에서 흔히 볼 수 있다. 그러나 이러한 생각은 행복을 외부 조건에 의존하게 만들고, 결과 중심의 사고를 강화시키는 경향이 있다.

좋은 삶이란, 중요한 가치를 실현하는 과정에서 자연스럽게 행복이 찾아오는 삶이며, 행복이란, 자신의 가치와 의미를 실현하는 과정에서 자연스럽게 느끼는 깊은 만족감이다.

11화

행복한 사람은 어떤 사람일까?

행복에 대한 탐구는 끊임없이 이어지고 있으며, 인간의 본질이 복잡하고 모순적이기에 행복을 정의하는 일은 그리 간단하지 않다. 각 개인이 느끼는 행복은 천차만별일 수밖에 없고, 이로 인해 행복의 본질을 단일한 틀로 규정하기는 어려울 것이다. 그럼에도 불구하고, 나는 행복한 사람들에게는 몇 가지 공통된 특징이 존재한다고 생각된다.

행복한 사람은 넓은 인간관계를 가지지 않더라도, 그 관계가 원활하고 의미 있는 경우가 많다. 이들은 자신이 좋아하는 일을 꾸준히 할 수 있으며, 그것을 평생 동안 지속할 수 있다는 점에서 큰 만족감을 느낀다. 또한, 말과 행동이 솔직하고 자연스러워, 주변 사람들과의 관계에서 진정성을 드러낸다. 특히, 고정관념에 얽매이지 않는 이들은 자주 감사함을 느끼며, 그에 대한 보답을 할 줄 아는 덕목을 갖추고 있다.

이러한 사람들은 이타적인 마음을 가지고 있어, 다른 사람들을 돕는 것을 즐긴다. 이러한 요소들이 조화롭게 어우러진 사람을 볼 때, 나는 그가 진정으로 행복한 삶을 살고 있다고 판단하게 된다. 물론 이 기준이 완벽하지는 않겠지만, 많은 사람들이 이견 없이 동의할 수 있는 행복한 사람의 모습이지 않을까 생각한다.

행복한 사람인지 판단할 때, 내가 자주 묻는 세 가지 질문이 있다. 원래 이 질문들은 사람을 깊이 알아가기 위해 유용하다고 생각해서 사용했지만, 어느 순간 행복을 판단하는 기준으로도 적합하다는 것을 발견하게 되었다.

첫 번째 질문은 "당신의 하고 싶은 일(꿈)은 무엇인가?"이다. 이 질문을 통해 그 사람이 '미래'에 어떤 방향으로 성장하고 성공할 가능성이 있는지 알아볼 수 있다. 꿈에 대한 대답을 통해 그 사람이 현재 삶에서 꿈과 얼마나 가까운 위치에 도달했는지를 파악할 수 있다. 꿈을 이야기할 때 드러나는 열정과 동기, 그리고 그 꿈을 실현하기 위한 현재의 행동이 얼마나 일치하는지를 통해 그 사람의 삶의 방향과 의도를 엿볼 수 있다. 이는 또한 그 사람이 자신을 얼마나 깊이 이해하고 있는지도 드러낸다.

또한, 꿈에 대해 묻는 질문은 그 사람의 가치관과 시간의 우선순위를 파악하는 데 도움이 된다. 어떤 꿈을 가지고 있느냐에 따라 그 사람이 무엇을 중요하게 생각하고, 어디에 시간을 투자하며, 삶을 어떻게 바라보는지가 드러난다.

그리고, 꿈에 대한 질문은 그 사람의 대인관계나 사회적 관계에 대한 단서를 제공하기도 한다. 예를 들어, 꿈이 타인과의 협력이나 사회적 기여와 관련된 경우, 그 사람의 사회적 책임감이나 이타적인 성향을 엿볼 수 있다. 반면, 꿈이 개인적이거나 내향적인 경우, 그 사람의 독립성이나 자기 개발에 대한 열망을 반영할 수 있다.

한국인과 서양인의 차이를 가장 두드러지게 구별하는 요소 중 하나가 바로 '꿈'에 대한 태도다. 서양인들은 처음 만난 사람에게도 거리낌 없이 자신의 꿈을 자연스럽게 이야기하는 반면, 한국인은 꿈에 대해 말하는 것을 다소 어려워하고 머뭇거리는 경향이 크다.

또한, 많은 한국인들은 진정한 꿈이 없으면서도, 형식적으로 꿈을 만들어 말하는 경우가 많다. 그러나 진정한 꿈이 있는 사람은 그 꿈이 진짜인지 아닌지 바로 알 수 있다. 이 질문에서 가장 중요한 것은 그 사람이 자신의 꿈에 얼마나 확신을 가지고 있느냐다. 확신이 있는 사람은 방황이 줄어들고, 불안감이 사라지며, 몰입된 삶을 살게 된다.

꿈을 어떻게 바라보고 어떤 조건을 중요한 기준으로 삼느냐에 따라 그 가치와 의미는 크게 달라질 수 있다. 꿈에는 몇 가지 기본적인 조건이 존재한다고 생각한다. 우선, 꿈은 미래지향적이어야 하고, 개인의 열망에서 출발해야 한다. 또한, 성취 가능성이 있거나 설령 없더라도 도전할 만한 가치가 있어야 한다. 마지막으로, 그 꿈은 개인에게 의미를 부여하는 것이어야 한다. 꿈은 그 자체로 삶의 목적과 가치를 정의하며, 그 꿈을 향해 나아가는 과정에서 동기 부여와 성취감을 이끌어낸다. 이러한 조건들이 충족될 때, 꿈은 단순한 환상을 넘어서 행동으로 이어지는 원동력이 된다.

좋은 꿈은 개인의 이익을 넘어선다. 우리는 자연과 사회 속에서 다른 생명체와 상호 연결되어 있으며, 우리의 행동과 선택이 타인과 환경에 영향을 미친다. 우리의 소비 습관이 환경에 영향을 주고, 인간관계가 서로의 삶에 변화를 일으키는 것처럼, 꿈 역시 이 연결성을 고려해야 한다.

진정한 꿈은 나 자신뿐만 아니라 공동체와 환경에도 긍정적인 영향을 미치는 방향으로 나아가야 그 의미가 더 깊어진다. 인간이 세상과 연결되어 있다는 사실을 인식할 때, 그 꿈은 더 큰 책임과 가치를 얻게 된다. 결국, 좋은 꿈이란 자신만을 위한 것이 아니라, 모두와 함께 연결되고, 세상에 사랑과 유대감을 퍼뜨리는 꿈이라고 생각한다.

두 번째 질문은 "당신이 존경(멘토)하는 사람은 누구인가?"이다. 이 질문은 '과거'의 경험을 바탕으로 현재의 자아와 가치관이 어떻게 형성되었는지를 이해하는 데도 도움이 된다. 존경하는 인물은 그 사람의 사고방식과 삶의 철학을 반영하며, 그가 어떤 방향으로 자신의 삶을 이끌어 왔는지 엿볼 수 있는 창이 된다. 어떤 철학자나 작가, 사업가, 혹은 사회 공헌자를 존경하는지에 따라, 그 사람의 인생에 대한 기준이 무엇인지, 중요하게 여기는 요소가 무엇인지 알 수 있다. 또한, 존경하는 인물은 그 사람이 어떤 인간상을 이상적으로 생각하는지, 그리고 어떤 삶을 지향하는지를 보여 준다.

이 질문에서 중요한 점은 자아다. 그 사람이 존경하는 인물을 통해 자신을 어떻게 정의하고, 삶의 어떤 부분에서 영감을 얻는지를 이해하는 것이다. 존경하는 인물이 그 사람에게 어떤 의미를 가지며, 그 인물을 통해 추구하는 가치와 목표를 어떻게 설정했는지를 알게 되면, 그 사람의 진정한 자아도 유추할 수 있다. 자아가 제대로 형성된 사람은 자신과의 관계에서 조화를 이루며, 이는 타인과의 관계에서도 건강하고 균형 잡힌 소통 능력으로 이어진다.

한국인들에게 존경하는 인물을 물으면, 종종 아버지나 경제적으로 성공한 사람을 언급하는 경우가 많다. 이는 한국 사회에서 전통적으로 가족과 경제적 성취가 중요한 덕목으로 여겨지는 경향이 반영된 결과일 수 있다. 하지만 가끔 존경과 부러움이 혼동되는 경우도 있다. 이는 자아가 충분히 형성되지 않은 상태에서 나타나는 반응일 가능성이 있다. 자아가 확립되지 않으면 외부의 성공 기준이나 타인의 기대에 쉽게 영향을 받아, 진정으로 존경하는 것과 단순한 부러움을 구분하기 어려워진다.

자아가 확실히 형성된 사람은 자신에게 중요한 가치와 일, 그리고 자신이 좋아하는 것과 그렇지 않은 것을 명확히 구분할 수 있다. 이는 곧, 외부의 기준이 아닌 내면의 가치에 따라 존경의 대상을 선택할 수 있다는 뜻이다.

자아란 과연 무엇일까? 자아는 철학, 심리학, 과학 등 다양한 분야에서 다르게 접근되고 정의된다. 심리학적 관점에서 자아는 개인의 정체성과 의식, 자신을 어떻게 바라보는지와 관련된 복합적인 개념이다. 예를 들어, 프로이트는 자아를 원초적 본능(이드)과 도덕적 원리(초자아) 사이에서 균형을 유지하는 중재자로 보았다.

한편, 과학적 관점에서 자아를 착각으로 보는 견해도 존재한다. 특히, 신경과학과 진화생물학에서는 자아가 뇌의 복잡한 신경 활동이 만들어 낸 환상이라고 설명하는 경우가 많다. 이는 자아라는 개념이 뇌가 세상과 타인을 이해하고 자신의 생존을 최적화하기 위해 만든 정신적 구성물이라는 주장이다. 리처드 도킨스와 같은 진화론자들은 자아란 생존과 번식을 위한 도구일 뿐, 실체가 없는 진화적 산물로 본다.

그러나 나는 자아가 단순히 착각이나 환상이라고만 보기는 어렵다고 생각한다. 자아는 기억을 넘어서 더 깊은 차원의 가치관, 신념, 그리고 내면적 깨달음을 통해 형성되고 성장하는 존재라고 본다. 만약 기억이 사라진다면, 그 사람은 그 사람이 아니게 되고 자아도 소멸하는 것일까? 그렇지 않다. 자아는 기억을 기반으로 형성되지만, 기억 그 자체만으로 자아를 정의할 수는 없다.

자아에 대한 질문은 오랜 시간 철학적, 심리학적으로 논의된 주제다. 자아를 어떻게 정의하느냐에 따라 인간의 본질을 보는 관점은 크게 달라진다. 자아가 고정된 실체인지, 아니면 변화하는 과정인지는 생각해 볼 문제다. 자아는 끊임없이 변화하고 발전하지만, 그 과정에서 가치관과 신념을 쌓아 가며 자기 정체성을 확립해 나간다. 자아는 삶에서 얻은 경험, 깨달음, 그리고 신념을 통해 끊임없이 발전해 나가는 내면적 존재다.

자아는 때때로 평범한 나를 구원하는 영웅과 같다는 생각이 든다. 마치 슈퍼맨이 클락 켄트라는 일상적 인물의 이면에 숨겨진 영웅적 정체성을 지니고 있듯, 우리 역시 겉으로 드러나는 모습과 내면의 자아가 함께 존재한다. 그러나 진정으로 우리를 지탱하는 힘은 겉모습이 아니라, 내면 깊숙이 자리한 자아에서 비롯된다. 자아는 우리 삶의 '영웅'과도 같으며, 무한한 잠재력과 에너지를 품고 있다. 이 자아의 힘은 우리에게 삶의 의미를 부여하고, 때로는 행복으로 다가오며, 더 넓은 세상을 바라볼 수 있는 눈을 열어 준다. 자아는 우리 내면의 성장을 이끌고, 그 성장은 우리가 끊임없이 세계를 확장하고, 새로운 가능성을 창조하는 여정의 중심에 서 있게 만든다.

세 번째 질문은 "평소에 자주하는 것(습관)은 무엇인가?"이다. 이 질문은 그 사람의 '현재'를 이해하는 데 중요한 역할을 한다. 확실한 꿈과 올바른 가치관이 있다 하더라도, 그것을 실행에 옮기지 않으면 그 의미는 퇴색되고 만다. 실행력이 뒷받침되지 않는다면 모든 것은 공허한 말에 그치며, 그 사람의 신뢰성마저 의심받을 수 있다.

결국, 과거와 미래는 이 현재의 습관을 통해 연결된다고 볼 수 있다. 습관은 단순한 반복 행위가 아니라, 그 사람의 삶의 방향을 나타내는 중요한 요소다. 습관이 결국 사람을 만들고, 나아가 성공과 행복으로 이어지게 한다고 생각한다. 꾸준히 실천하는 습관을 통해 그 사람의 꿈과 가치관은 현실이 되고, 이는 삶의 질과 성취감에도 깊은 영향을 미친다.

좋은 습관을 가진 사람은 배울 점이 많고, 인간적으로도 긍정적인 영향을 미칠 가능성이 크다. 습관은 그 사람이 어떤 가치관을 가지고 있는지, 그리고 삶을 어떻게 살아가는지를 반영하는 구체적인 표현이다. 반면, 나쁜 습관을 가진 사람은 그 습관이 부정적인 결과를 초래하는 요소가 될 수 있다. 이는 그 사람의 정체성과 가치관을 형성하는 데 중요한 역할을 하기 때문이다.

습관은 또한 그 사람이 시간을 얼마나 효율적이고 의미 있게 사용하는지를 보여 주는 지표가 된다. 시간을 잘 경영하는 사람은 인생도 잘 경영할 수 있다고 말할 수 있다. 이 질문에서 중요한 것은 그 사람이 얼마 동안 그 습관을 꾸준히 실천하고 있는지다. 이는 그 사람의 정체성과 지속적인 노력의 척도가 되며, 그 사람의 성실성과 자기 관리 능력을 보여 준다.

한국인에게 좋은 습관이 무엇인지 물으면, 많은 이들이 주로 운동이나 건강을 챙기는 음식을 꼽곤 한다. 물론, 이러한 요소들은 건강한 삶을 유지하는 데 있어 중요한 부분이다. 그러나 이러한 습관들이 얼마나 오랫동안 지속되고 있는지에 대해서는 의문이 들 때가 있다. 또한, 이런 대답은 다시 한번 한국인의 다양성의 부족함을 느끼게 한다.

좋은 습관이란 단순히 건강과 관련된 것뿐만 아니라, 개인의 기호, 삶의 원칙, 신념과 밀접하게 연결된 것이어야 한다. 그리고 그것은 단기간에 그치는 것이 아니라 평생 이어갈 수 있는 지속적인 것이어야 한다. 흔히 말하듯, "행복은 자주 하는 것에서 온다"는 말처럼, 습관은 우리의 행복에 중요한 역할을 할 수 있다.

습관은 그 사람의 삶의 방식과 태도를 반영한다. 결국, 지속 가능한 습관을 형성함으로써 우리는 삶의 질과 만족도를 높일 수 있다. 이는 습관이 단순한 행동이 아니라, 삶의 철학과 행동이 연결되어 행복에 도달하는 길임을 시사한다.

사실 꿈, 멘토, 습관에 관한 세 가지 질문은 과거, 현재, 미래를 각각 연결하며, 이 세 요소가 서로 밀접하게 얽혀 있다는 점을 보여 준다. 과거의 멘토는 한 사람이 어떤 가르침을 받고 어떤 경험을 했는지를 말해 주며, 이는 현재의 습관과 미래의 꿈에 큰 영향을 미친다.

한 사람의 습관은 그 사람의 가치관과 꿈을 반영하기도 하며, 과거에 습득한 신념과 경험들이 습관을 통해 드러나기도 한다. 동시에, 그 사람의 진정한 꿈을 알면, 현재 어떤 습관과 가치관을 지니고 있으며 앞으로 어떻게 성장할지를 자연스럽게 질문할 수 있다.

그러나 한국인들에게 '꿈', '멘토나 가치관', '습관'에 대한 질문은 다소 낯설게 들릴 수 있다. 특히 '꿈'이 그렇다. 한국 사회는 오랜 기간

K행복 NO행복

동안 경쟁과 성공을 중심으로 하는 구조 속에서 개인의 목표와 미래에 대한 질문을 현실적인 성과에 맞추어 다루어 왔다. 따라서, '꿈'이라는 개념은 때로 이상적이거나 비현실적인 것으로 치부되어, 이에 대한 대화를 회피하거나 부담스러워하는 경향이 생겼다.

한국 사회는 삶의 가치나 목표에 대해 자유롭게 고민하고 이를 표현할 수 있는 문화적 여건이 부족한 것이다. 이런 문화적 압력은 꿈에 대한 진지한 성찰을 사치스러운 일로 여기게 만들고, 그 결과 사람들은 자아실현보다는 사회의 기준에 맞춰 살아가는 경향을 보인다.

하지만 내가 아는 행복한 사람들은 대개 이타적인 꿈을 품고 있으며, 자아성찰에 많은 시간을 투자하여 자신의 가치관을 명확히 다듬는다. 이들은 돈을 목적으로 살기보다는, 가치 있는 삶을 위해 다양한 본받을 만한 습관을 지닌 사람들이다. 이런 사람들은 단순히 외적 성공을 추구하지 않고, 내면의 성찰을 통해 자신의 행동과 선택이 다른 사람들에게 미치는 영향을 깊이 고민한다. 이러한 이타적 꿈과 삶의 의미를 찾는 과정은 이들에게 행복을 가져다주는 중요한 원천이며, 그들의 삶의 방식은 지속 가능하고 의미 있는 방식으로 진화해 간다.

12화

JYP의 여정과 한국인의 행복

박진영은 꿈, 멘토, 습관에 대한 나의 세 가지 질문에 완벽한 답이 될 뿐만 아니라, 그에 걸맞은 행보를 보여 준 인물이다. 내가 본 연예인들 중에서도 그는 가장 자연스럽고 진정성 있는 모습을 드러낸다.

박진영의 삶은 단순한 외적 성공에 그치지 않고, 내면의 충실함과 균형 잡힌 습관을 통해 진정한 행복을 추구하는 모습으로 빛난다. 그는 연예인으로서의 역할을 넘어, 자신만의 가치와 꿈을 실현하며 자아실현과 행복을 동시에 이루는 삶을 살아간다. 이 점에서 박진영은 내가 생각하는 행복한 사람의 대표적인 사례로 떠오른다. 그의 삶의 태도는 꿈, 가치관, 습관이 어떻게 일관된 삶을 형성하고, 궁극적으로 행복으로 이어질 수 있는지를 잘 보여 주는 본보기다.

박진영은 처음 가요계에 데뷔했을 때, 인생의 최고 목표로 20억 원을 버는 것을 공공연히 이야기했다. 그는 20억 원만 있으면 자신이 진정으로 하고 싶은 음악을 하며 자유롭게 살 수 있을 것이라고 믿었고,

놀랍게도 그는 이십 대 중반에 그 목표를 이루게 되었다.

하지만 그때, 박진영은 20억 원을 벌고 나서, 자신이 진정으로 원했던 것이 단순히 돈이 아니라는 사실을 알게 되었다. 20억을 벌어도 하고 싶은 일을 하려면 여전히 다른 사람의 도움이 필요하다는 현실을 마주하면서, 자신의 목표가 불완전하다는 것을 인식하게 된 것이다. 이후, 그는 명예의 중요성을 깨닫고 새로운 목표를 설정했다. 그의 새로운 목표는 빌보드 차트에 순위권 곡을 올리는 최초의 한국 작곡가가 되고, K팝을 최초로 미국 시장에 진출시키는 것이었다. 박진영에게 진정한 명예란 1등이 아니라, 최초의 성과를 이루는 것이었다.

그는 2003년에 미국으로 건너가 모든 것을 걸고 이 목표를 위해 노력했다. 그러나 2008년 겨울, 리먼 브라더스 사태로 인한 전 세계적 금융 위기가 닥쳤고, 이로 인해 음반 출시 계획이 전부 무산되고 말았다. 박진영은 이 과정에서 음반사 직원들의 대규모 해고를 목격하면서 큰 충격을 받았다.

그는 모든 시간, 돈, 노력을 바쳐 K팝을 미국에 진출시키려 했지만, 결국 음반을 출시하지도 못하고 큰 좌절을 겪었다. 박진영은 자신이 모든 것을 준비했음에도 외부 요인에 의해 꿈을 이루지 못한 이 상황을 마치 권투 선수가 오랜 시간 링에 오를 날만을 기다리며 훈련했지만, 경기가 취소되어 그 꿈을 이루지 못한 채 허무함을 느끼는 것과 같았다고 회상했다.

그는 최선을 다해 준비했지만 원하는 결과가 나오지 않자, 깊은 고민에 빠졌고, 무엇이 잘못되었는지를 끊임없이 자문하게 되었다. 그러던 중 그는 자신의 꿈이 잘못 설정되었다는 것을 깨닫게 되었다. 이 꿈은 이루어지면 허무하고, 이루어지지 않으면 슬픈 것이었다.

　박진영은 인생의 진정한 목표가 단순히 어떤 위치나 결과를 얻는 것이 아니라, 그 과정에서 가치 있는 무언가를 추구하는 것임을 이해하게 되었다. 박진영은 꿈이 단순한 목표나 성공의 위치가 아니라, 무엇을 위해 사는지에 대한 근본적인 질문에서 출발해야 한다는 것을 깨달았다. 이 중요한 깨달음은 그의 삶의 방향을 재정립하는 계기가 되었고, 이후 그가 추구하는 꿈과 성공의 기준이 크게 바뀌는 전환점이 되었다.

　박진영은 인생의 초반기에 성공을 목표로 삼았다. 그는 사회에서 인정받고 싶었고, 그 목표를 이뤄 냈다. 그의 성공은 많은 사람들에게 인정받았고, 외적으로는 완벽해 보였다. 그러나 어느 날 그는 자신의 한편이 왜 여전히 외롭고 허전한지에 대해 고민하기 시작했다. 모든 것을 이루었으니 마음이 가득 차야 할 것 같은데, 왜 이렇게 공허한지 의문을 갖게 된 것이다.

　박진영은 성공과 존경이 다른 것임을 인식하게 되었다. 그는 사람들이 단순히 성공했기 때문에 누군가의 이야기를 듣고 싶어 하는 것이 아니라, 그들의 삶 속에서 존경할 만한 부분이 있기 때문에 그들의 이야기에 귀를 기울인다는 점을 인식한 것이다. 박진영은 만약 자신이 편법이나 불법을 통해 성공했다면, 사람들에게 성공의 외형은 보여 줄 수 있었겠지만, 그들에게 존경받지는 못했을 것이라는 점을 깊이 깨달았다.

　그는 성공이란 단순히 성능 좋은 확성기를 갖는 것과 같아서, 목소리는 클 수 있지만 존경을 잃는다면 아무도 그의 이야기를 진지하게 들지 않을 것이라는 결론에 이르렀다. 그래서 그는 단순히 성공하는 것보다, 자신의 삶의 모습이 남들에게 믿음을 줄 수 있는 사람이 되는 것이 더 중요하다고 생각하게 되었다. 그는 그 이후로 더는 쓸쓸하거나 허무하지 않게 되었고, 종종 한 번씩 느끼던 공허함도 사라지게 되었다고 말한다.

박진영의 곡 작업 과정이나 인생 설계를 보면, 마치 하나의 단어에서 출발해 그 단어 주위를 끊임없이 탐구하고 질문하며, 그 질문에서 새로운 단어와 의미들이 파생되어 확장되는 모습을 연상케 한다. 이러한 과정을 통해 그는 각기 다른 단어와 의미들을 다시 엮어내어, 하나의 멜로디와 인생의 청사진을 완성해 가는 듯하다.

꿈, 성공, 존경, 위치, 가치, 과정, 성실, 진실, 겸손 등의 단어들은 그의 철학과 삶의 태도를 형성하고, 이를 반영한다. 이러한 단어들은 단순한 개념에 머무르지 않고, 박진영의 삶에서 구체적인 행동과 결정으로 이어지며, 그의 음악과 삶의 방향성을 지탱하는 기둥이 되어 왔다.

박진영이 소속 가수들에게 자주 강조하는 세 가지 중요한 가치는 진실, 성실, 그리고 겸손이다. 그는 "연예인은 조심할 것이 없는 사람이 되어야 한다"며, 앞뒤가 같은 진실된 삶을 살아야 함을 역설한다. 가요계에서 오랜 시간 살아남는 비결은 실력이 아닌 성실함에 있으며, 겸손은 인생의 위기와 실수 앞에서 마치 보험처럼 그들을 보호해 주는 덕목이라 말한다. 박진영의 이러한 가르침은 단순한 연예인 교육을 넘어, 삶의 본질에 대한 철학적 통찰을 담고 있다.

박진영은 2010년 이후로 욕설을 사용하지 않겠다고 결심했고, 이를 철저히 지켜 왔다. 그는 삶과 일에서 진실함을 가장 중요한 가치로 삼으며, JYP 엔터테인먼트에서 인성 교육을 강조한 덕분에 소속 연예인들이 사건사고가 빈번한 업계에서 비교적 안정된 모습을 유지할 수 있었다.

또한, 박진영은 유기농 식단을 고수하고, 아침 운동부터 잠들기 전까지 수십 가지의 일상 루틴을 20년 가까이 꾸준히 실천하며 성실함을 몸소 보여 주고 있다. 그의 이러한 생활 방식은 건강과 자기 관리에 대한 철학을 반영하며, 성실한 삶이 곧 꿈과 연결된다는 믿음을 바탕으로 한 실천적 태도를 잘 드러낸다.

박진영은 부끄러움 많은 사람에게 특별한 호감을 느낀다고 말한 적이 있다. 이는 그가 중시하는 겸손과 깊은 연관이 있다. 그는 부끄러움을 자주 느끼는 사람에게서 진정한 겸손함을 발견하며, 그 속에서 인간적인 매력을 본다. 박진영은 권위적인 태도를 경계하고, 스스로를 권위적으로 만들지 않으려고 노력하는 인물로도 잘 알려져 있다.

그는 대표나 사장이라는 타이틀을 좋아하지 않으며, JYP의 신사옥을 설계할 때도 모든 설계를 신입 직원들이 편안하게 느낄 수 있도록 하는 데 초점을 맞추었다고 한다. 이는 그가 단순히 JYP의 대표로서가 아니라, 가수와 프로듀서로서도 타인과의 관계에서 배려와 겸손을 우선시하는 사람임을 보여 준다.

JYP 사옥의 작곡가 작업실에는 박진영이 음악적으로 큰 영향을 받은 아티스트들의 이미지가 걸려 있다. 박진영이 언급한 아티스트들 중에는 마이클 잭슨, 스티비 원더, 프린스, 그리고 퀸시 존스와 같은 전설적인 음악가들이 포함되어 있다. 이들은 박진영의 음악 스타일과 프로듀싱 철학에 큰 영향을 끼쳤으며, 작업실에 이들의 이미지를 배치함으로써, 박진영은 그들로부터 받은 영감을 계속해서 작업에 반영하고자 한다.

이들 아티스트들은 각기 다른 장르에서 독보적인 성과를 이루어 낸 인물들로, 그들의 영혼과 가치관은 박진영의 음악뿐만 아니라 삶의 태도에도 깊이 스며들어, 그의 작업과 인생 전반에 걸쳐 중요한 기준이 되어 왔다.

박진영의 일상적인 습관을 보면, 그는 한국 사회에서 흔히 볼 수 있는 '열심히 사는' 사람들보다 훨씬 더 철저하고 깊이 있는 삶을 살아가는 듯하다. 그는 누구보다 열정적으로 자신의 길을 걸으면서도 지치지 않고 꾸준히 발전해 나가며, 무엇보다 스스로 행복하다고 말한다. 많은 한국인들이 사회적 압박과 경쟁 속에서 살아남기 위해 애쓰지만, 박진영은 오로지 자신의 내면에 충실한 삶을 추구한다. 그는 자신만의 확고한 신념을 바탕으로, 열정적으로 음악을 탐구하고 창조하는 데 몰두한다.

아마도 많은 이들이 박진영의 피나는 노력과 그로 인한 성공에 주목할 것이다. 그러나 내가 주목한 것은 그의 꿈이었다. 박진영은 단순한 물질적 성공을 넘어, 자신의 가치관과 철학을 담아낸 의미 있는 꿈을 꾸며, 이를 통해 스스로를 끊임없이 성장시키고 있다는 점이 특히 인상적이었다. 그의 꿈은 그저 목표가 아닌, 내면의 성찰과 자아실현을 이끄는 중요한 동력으로 작용하고 있었다.

박진영은 어린 시절부터 흑인 음악에 깊은 열정을 품고, 무대에 서는 꿈을 키워 왔다. 그에게 '딴따라'라는 단어는 단순한 직업을 넘어, 그의 근본적인 자아 정체성과 꿈의 결정체였다. 그는 무대 위에서 긴장감을 거의 느끼지 않았다고 말한 적이 있는데, 이는 그가 음악에 대한 진정한 열정과 사랑을 품고 있었기 때문이며, 이 강렬한 감정이 무대에서의 긴장감을 뛰어넘을 수 있게 해 준 원동력이었다.

박진영의 음악에 대한 열정은 단순한 연예인의 영역을 넘어, 철학적 성찰로 이어졌다. 그는 끊임없이 "어떻게 살아야 하는가?", "무엇을 위해 살아가는가?", "인생의 진리는 무엇인가?"라는 질문을 스스로에게 던지며, 그 답을 찾기 위해 삶을 진지하게 탐구해 왔다. 박진영에게 있어 꿈, 철학적 탐구, 자기 성찰은 떼려야 뗄 수 없는 중요한 요소들이며, 이는 그를 보통의 한국인들과 근본적으로 구별 짓는 중요한 차이점이라 할 수 있다.

그는 자신의 꿈을 단순한 성공이나 인기를 위한 수단이 아닌, 삶의 의미와 철학적 가치를 실현하는 여정으로 바라보며, 이를 통해 음악과 삶의 본질에 대한 깊은 이해를 쌓아 왔다.

박진영의 이런 삶의 태도는 내면의 평온과 외적 성과를 조화롭게 이루어 내며, 그에게 진정한 행복을 가져다준 원동력으로 작용해 왔다. 그의 삶은 단순한 성공을 넘어, 가치 있는 삶을 추구하려는 깊은 열망과 철학적 성찰이 반영된 여정이었다. 누구보다도 몰입하여 음악에 열정을 쏟았음에도 불구하고, 그는 지친 기색 없이 그 과정 속에서 행복을 발견한 인물이다.

박진영의 삶은 한국 사회에서 흔히 강조되는 '열심히 사는 삶'에 대한 새로운 시각을 제시한다. 특히, 그의 삶은 동양과 서양의 가치를 조화롭게 통합한 모습이 돋보인다. 그는 자유로움과 겸손을 동시에 지니고 있으며, 바쁜 일상 속에서도 여유와 평온을 잃지 않는다. 이러한 태도는 한국 특유의 근면함과 서양적 개방성을 절묘하게 결합한 결과로, 성실함과 자기표현의 자유를 자연스럽게 융합한 그의 모습은 많은 사람들에게 영감을 주는 삶의 모델로 자리 잡는다.

물론 박진영은 자신의 삶의 방식이 모든 이에게 정답이 될 수 없음을 인지하고 있다. 그는 자신만의 답을 찾는 과정이 중요하며, 그 답은 각자의 삶에서 찾아야 한다고 강조한다. 이 과정은 스스로에게 던지는 끊임없는 질문에서 시작된다고 그는 설명한다.

따라서, 나 역시 많은 한국인들에게 행복한 삶을 꿈꾼다면, 타인의 기대나 사회적 기준에 얽매이지 않고, 스스로에게 진정으로 맞는 삶을 찾기를 권하고 싶다. 진정한 행복은 결국 스스로 주도하는 삶에서 비롯된다는 점을 박진영의 삶을 통해 우리는 배울 수 있다.

원하는 삶과 좋아하는 삶의 차이는 깊이 있는 삶의 선택을 이해하는 데 중요한 역할을 한다. 많은 경우 성공은 우리가 원하는 것으로 여겨지지만, 그 과정에서의 즐거움이 없는 경우가 많고 허무함을 느낄 가능성이 크다. 이는 부러움이나 욕망에서 비롯된 경우가 많으며, 쟁취한 후에는 금방 질리거나 더 큰 욕망을 찾는 경향이 있다. 반면에 좋아하는 삶은 소유에 얽매이지 않으며, 그 과정 자체가 지속적으로 기쁨을 주고, 소유의 여부와 상관없이 행복한 삶을 살아가는 원동력이 된다.

예를 들어, 어린아이가 새로운 장난감을 원할 때 그 기대는 주로 소유의 기쁨에서 비롯된다. 하지만 장난감을 손에 넣고 나면 곧바로 새로운 것을 원하게 되는 모습은, '원하는 것'이 일시적임을 잘 보여 준다. 반면, 진정으로 좋아하는 것은 단순한 소유를 넘어, 그 자체로 삶에 지속적인 기쁨과 의미를 부여하는 가치로 남는다. 이러한 맥락에서 박진영이 말한 성공과 존경, 결과와 과정, 위치와 가치의 차이는 '원하는 것'과 '좋아하는 것'의 차이처럼 극명하며, 그 중요성 또한 돋보인다.

사실, '좋아하는 것'과 '원하는 것'의 차이는 철학적 논의에서 매우 중요한 주제이며, 특히 인간의 동기와 행복의 근원에 관한 사색으로 이어질 수 있다. 좋아하는 것은 인간의 본성에서 자발적으로 솟아나는 감정이며, 이는 마음속 깊은 곳에서 시작된다. 이 감정들이 모여 이루어지는 것이 바로 '꿈'일 수 있으며, 이 꿈은 특정한 목적이나 외부의 요구에 의해 형성되는 것이 아닌, 개인의 내면적 욕구와 열망에서 자라나는 것이다.

좋아하는 것은 외부의 압력이나 사회적 기준에 얽매이지 않고, 내적 만족과 성취감을 스스로에게 부여한다. 이는 칸트의 '목적론적 인간' 개념과 깊이 맞닿아 있다. 칸트는 인간이 단순히 어떤 결과나 수단을 위해 존재하는 것이 아니라, 그 자체로 목적을 지니는 고유한 존재라고 보았다. 인간이 자신의 본래 가치와 감정에 충실하게 행동할 때, 그 과정은 결과를 넘어 진정한 의미를 창조하며, 궁극적으로 자율적이고 가치 있는 삶을 이끌어 간다.

반면, 원하는 것은 종종 외부의 기준과 타인의 기대에 의해 형성되며, 현대 자본주의 사회에서는 이것이 성공의 척도로 여겨지곤 한다. 이는 에리히 프롬이 구분한 '소유'와 '존재'의 철학과 일맥상통한다. 프롬은 '소유'가 외부의 것을 차지하는 욕망이라면, '존재'는 내면에서 우러나는 자아의 실현이라고 설명한다. 원하는 것은 소유와 맞닿아 있고, 좋아하는 것은 존재에 가깝다. 좋아하는 것을 추구하는 삶은 내적 자아를 실현하는 '존재'로의 삶을 향하게 한다.

따라서, 좋아하는 것을 지속적으로 탐구하고 그 과정에서 얻어지는 깨달음과 성장은 단순한 성취 이상의 기쁨을 제공한다. 진정한 행복은 결과가 아닌 과정 속에서 발견되는 것이며, 이는 자발적이고 지속적인 내적 성장을 통해 가능하다. 칸트가 말한 목적론적 인간과 프롬이 강조한 '존재'의 삶은, 궁극적으로 우리에게 삶의 깊이와 진정한 행복이 어디에 있는지를 깨닫게 해 준다.

13화

한국인은 자아 성찰이 절실하다

　박진영의 삶을 돌아보면, 그의 모든 성취는 음악이라는 꿈에서 비롯되었다고 볼 수 있다. 어린 시절부터 그는 자신이 진정으로 좋아하는 것이 무엇인지를 명확히 인식했고, 그 꿈을 이루기 위해 끊임없이 정진해 왔다. 그러나 많은 한국인들에게 어린 시절부터 자신의 진정한 꿈을 발견하는 일은 결코 쉽지 않다. 성인이 되어서도 꿈을 찾는 일은 여전히 도전적인 과제로 남아 있으며, 그 과정에서 자신을 진정으로 이해하고 꿈을 향해 나아가는 일은 더욱 어렵게 느껴진다.

　진정한 꿈을 발견하는 데는 시간이 걸리며, 이를 위해서는 깊은 자기 성찰과 탐구가 필요하다. 이 과정은 단순히 노력만으로 이루어지지 않고, 때로는 운에 따라 좌우되기도 한다. 박진영은 자신이 인생에서 이루어 온 많은 것들이 "지독한 운"의 결과라고 말한 적이 있다. 그는 자신이 30대 후반에 이르러 돌아본 삶 속에서, 그동안 쌓아 온 성과들이 자신의 역량을 넘어서 과분하게 느껴졌다고 밝혔다. 이에 따라 그는 자신의 인생에서 운이 크게 작용했음을 자각했고, 자신이 겪었던 '운이 좋았던' 사건들을 기록했다.

그는 1972년에 한국에서 태어나 부모님 밑에서 자란 것부터, 어릴 적 억지로 피아노를 배우게 된 일, 7살 때 미국에 가서 영어를 배우고 마이클 잭슨의 음악을 접한 경험 등을 운이 좋았던 일로 꼽았다. 또한, 공부를 잘할 수 있는 머리와 순간 집중력이 타고난 것, 아날로그와 디지털의 경계에서 태어나 아날로그 감성을 디지털 방식으로 표현할 수 있었던 점도 중요한 운으로 여겼다.

더불어 김형석 작곡가와 방시혁 같은 뛰어난 사람들과의 만남, 수많은 가수들과의 협업을 통해 얻은 음악적 영감, 그리고 각종 사고와 질병으로부터 보호받았던 경험들까지도 모두 자신의 운이 좋았던 결과물로 여겼다. 특히, 그가 16년 동안 음악을 하며 꾸준히 이어졌던 악상들조차도 운의 결과라고 생각하게 되었으며, 이러한 경험들 중 하나라도 없었더라면 지금의 자신이 존재할 수 없었을 것이라고 말했다.

김승호 회장 역시 인생에서 운이 중요한 요소라고 강조한 바 있다. 그는 운이 인생 전반에 걸쳐 작용하며, 심지어 태어난 달조차 야구선수가 될 확률에 영향을 미칠 수 있다고 주장한다. 그의 예로 들 수 있는 상대적 연령 효과 이론은 같은 학년 내에서 더 일찍 태어나 상대적으로 나이가 많은 아이들이 신체적으로 더 발달하여 스포츠에서 유리할 수 있다는 개념을 제시한다. 이러한 관점은 사회적으로 크게 성공한 사람들이나 행복한 사람들의 의견과도 일맥상통한다. 그들 대부분은 자신의 성공이 순전히 능력 덕분이 아니라, 운이 중요한 역할을 했다고 말하는 경향이 있다.

처음에는 나 역시 이들의 발언을 단순히 겸손이나 사회적 예의로 받아들였다. 성공한 인물들을 떠올릴 때 우리는 흔히 명품을 휘감고, 허세를 부리며, 거만한 모습을 보이는 사람들을 떠올리기 때문이다. 그러나 점차 깨달은 것은, 그런 사람들은 단지 부유하거나 유명할 수는 있어도, 진정으로 성공하거나 행복한 사람들은 아니라는 점이다. 진정으로 성공한 사람들은 절제를 알고 겸손하며, 자신의 성공이 단지 개인의 능력뿐 아니라, 다양한 외부 요소들, 특히 운에 의해 영향을 받았음을 인정하는 태도를 보인다.

30대 초반까지의 박진영은 성실하고 솔직한 사람으로 비쳤지만, 겸손함보다는 자신감 넘치는 모습으로 대중에게 인식되었다. 그의 화술은 남다른 능력이었고, 자신의 성과를 자랑스러워하며, 사회적 부조리나 불합리에 대한 반항적인 태도도 드러냈다. 이는 그의 노래 가사, 다양한 인터뷰 발언, 그리고 독특한 패션 선택에서 쉽게 확인할 수 있다. 예를 들어, 비닐 바지 사건이나 청와대 강연에서 망사 옷을 입고 등장한 일은 그가 관습과 규범을 뛰어넘는 과감함을 표현한 상징적인 사건이었다.

하지만 시간이 흐르면서, 박진영은 자신의 성공이 단순히 노력만의 결과가 아님을 알게 되었다. 그가 자아 성찰을 통해 '운'이 자신의 성공에 중요한 역할을 했다는 사실을 인식하면서, 겸손함과 감사함을 배우게 된 것이다. 이러한 깨달음은 그의 성격을 더욱 깊고 성숙하게 만들었다. 박진영이 자주 언급한 '성실, 진실, 겸손'이라는 덕목들은 결국 이러한 자아 성찰을 바탕으로 얻어진 삶의 가치관이었다.

나는 박진영이 언급한 운이 참으로 재미있고 역설적이라는 생각을 한다. 그는 아날로그 감성을 디지털 방식으로 표현할 수 있는 시대에 태어난 것을 자신의 운이라 여겼지만, 그 당시에는 박진영처럼 개성 있는 외모를 가진 사람이 성공하기 어려운 시대이기도 했다. 그래서일까, 그는 가수로 데뷔하기 전 여러 기획사의 오디션에 도전했지만 번번이 실패를 겪었고, 마지막으로 SM 엔터테인먼트에서도 탈락했었다. 결국, 그를 받아 준 유일한 신생 기획사에서 데뷔할 기회를 얻었으나, 불행하게도 그 회사는 사업 실패로 부도를 맞았다. 그의 데뷔곡 〈날 떠나지 마〉는 상업적으로 큰 성공을 거두었음에도 불구하고, 그는 수익을 전혀 얻지 못했다.

그러나 운의 역설은 이러한 순간에서 작용하는 듯하다. 이 사건은 박진영 인생의 전환점이 되었고, 그는 더 이상 소속사의 지원을 기대하지 않고 스스로 회사를 차리기로 결심했다. 당시에는 깡패들이 기획사를 운영하는 경우가 많았고, 진정으로 음악에 열정과 지식을 가진 사람은 드물었다. 이수만이나 자신처럼 음악에 열정과 지식을 가진 사람들이 기획사를 설립하는 것이 승산이 있다고 판단한 박진영은 새로운 길을 개척하게 된 것이다.

이렇게 탄생한 회사가 바로 JYP 엔터테인먼트였다. 박진영은 1인 기획사를 운영하며 〈그녀는 예뻤다〉와 〈허니〉 같은 히트곡을 발표해 큰 성공을 거두었고, 그로 인해 전체 수익을 독립적으로 얻을 수 있었다. 젊은 나이에 큰 재산을 모은 그는 청담동에 JYP 사옥을 마련할 수 있었고, 이어 자신과 회계사 외에 방시혁을 세 번째 멤버로 영입하며 기틀을 다졌다. 이후 박진영은 수많은 인기가수와 히트곡을 배출하며, 단순한 사업가를 넘어 한국 엔터테인먼트 업계에서 문화와 가치를 창출하는 중요한 인물로 자리 잡았다.

만약 박진영이 당시 다른 소속사에 합격하거나 이수만에게 발탁되었다면, 지금의 박진영과는 다른 인생을 살았을지도 모른다. 아마도 그는 JYP 엔터테인먼트를 설립하지 않았을 것이고, 한국 음악 산업에서 지금처럼 큰 영향력을 발휘하지 못했을지도 모른다.

마윈(잭 마)의 이야기는 성공이 외모나 초기 실패에 의해 결정되지 않음을 보여 주는 '운의 역설'을 잘 드러낸다. 그는 작은 키와 평범한 외모로 인해 무려 30번이나 취업에서 실패했으며, 특히 KFC 면접에서는 면접자 24명 중 유일하게 탈락하는 고배를 마셨다. 그러나 이 일련의 실패는 그를 좌절시키지 않았다. 35세에 친구들과 함께 알리바바를 창업한 그는, 작은 스타트업을 세계적인 기업으로 성장시키는 데 성공했다. 마윈은 자신의 실패를 "재밌는 실패"라고 회상하며, 그때의 좌절이 알리바바 창업으로 이어진 중요한 전환점이 되었다고 말한다. 그는 여러 인터뷰에서 운이란 단순히 좋은 일이 일어나는 것이 아니라, 실패와 어려움 속에서 새로운 기회를 찾아내고, 그 기회를 활용할 수 있는 능력이라고 강조한다. 마윈의 경험은 운이란 단순한 행운이 아니라, 역경을 대하는 태도에 따라 새롭게 정의될 수 있음을 보여 준다.

두 사람 모두 초기 수많은 실패가 창업으로 이어지면서 큰 성공을 거두었으며, 이들의 이야기는 실패가 오히려 성공으로 가는 운이 될 수 있음을 보여 주는 대표적인 사례라고 할 수 있다.

찰리 채플린이 "인생은 길게 보면 희극이고, 짧게 보면 비극"이라고 말한 것처럼, 인생을 길게 보면 행운의 연속이지만, 짧게 보면 불운처럼 보일 수 있다고 생각한다. 이런 관점에서 중요한 것은 우리가 삶을 대하는 태도다. 매일의 일상 속에서 감사함을 느낄 수도 있지만, 이를 당연하게 여길 수도 있다. 마찬가지로, 긍정적인 태도로 어려움을 받아들이느냐, 부정적인 태도로 좌절하느냐에 따라 인생의 방향은 달라질 수 있다.

니체의 말처럼, 우리는 삶에서 일어나는 사건을 통제할 수 없지만, 그 사건에 대한 우리의 태도는 스스로 선택할 수 있다. 이는 우리가 처한 외부 상황보다 더 중요한 것은 그 상황에 대해 어떻게 반응하는지에 달려 있음을 시사한다. 그러나 단순히 긍정적인 태도를 유지하는 것을 넘어서, 이를 진정으로 체화하고 삶에 적용하기 위해서는 깊은 자아성찰이 필요하다.

긍정적인 태도는 얕은 낙관주의와 다르다. 단순히 고통을 회피하거나 억지로 긍정적인 감정을 끌어내는 것이 아니라, 우리의 내면을 이해하고, 그 속에서 의미와 가치를 찾아가는 과정이 필요하다. 이 과정에서 중요한 역할을 하는 것이 바로 자아성찰이다. 자아성찰을 통해 우리는 단순한 반응을 넘어, 우리의 경험과 사회적 맥락을 재해석하게 된다. 이것은 단순히 외부에서 오는 신호를 받아들이는 것이 아니라, 나만의 철학과 가치 체계를 세워 삶의 방향을 긍정적으로 전환하는 힘을 제공한다.

이러한 내적 기준은 우리가 어려움에 직면할 때도 흔들리지 않는 나침반이 되어, 세상과 더 깊이 상호 작용하게 하고, 진정한 긍정의 태도를 삶에 적용할 수 있는 근본적인 토대를 마련해 준다.

자아성찰은 단순히 개인의 노력만으로 이루어지지 않는다. 그것은 우리가 경험하는 삶의 다양한 요소들과 복합적으로 얽혀 있으며, 여러 경험과 학습, 그리고 만남을 통해 끊임없이 형성되고 변화한다. 특히 인간관계 속에서의 만남은 자아성찰의 중요한 촉매가 되며, 이러한 만남을 통해 우리는 자신을 더 깊이 이해하고, 나아가 인생에 중요한 영향을 받게 된다.

박진영의 삶을 보면, 그의 예술적 성장과 인생에서 여러 만남들이 중요한 전환점이 되었음을 알 수 있다. 마이클 잭슨과의 인연은 그의 무대 퍼포먼스와 춤에 지대한 영향을 미쳤으며, 음악적 멘토인 김형석과의 만남은 그를 탁월한 작곡가로 성장하게 하는 계기가 되었다. 또한, 가수로서 무대에 설 수 있게 한 김창완과의 만남 역시 박진영의 예술적 여정에서 빼놓을 수 없는 중요한 순간이었다. 이 만남들은 단순한 사건이 아니라, 그의 예술적 자아를 깊이 탐구하게 만든 중요한 계기였다.

박진영의 삶과 예술에서 나타나는 긍정적 태도는 단순한 낙관주의와는 결이 다르다. 그는 외부 세계와 맞서 싸우고, 도전을 받아들이며, 때로는 좌절을 겪으면서도 그 과정을 통해 스스로를 성찰하고 변화시켜 왔다. 그의 자아성찰은 겪어 온 모든 경험과 만남, 그리고 외부와의 관계 속에서 차곡차곡 쌓여 형성된 깊이 있는 삶의 결과물이라 할 수 있다.

그가 비닐 바지를 입고 무대에 오른 사건은 단순한 패션 선택이 아니라, 당시 보수적인 무대 의상 규제와 문화에 대한 예술적 저항을 상징한다. 또한, 2집 앨범 제목을 〈딴따라〉로 정한 것은 그에게 가해진 사회적 편견에 대한 반박이었다. 한 PD가 "너는 명문대 출신이니 다른 딴따라들과는 다르지 않냐"라고 했을 때, 박진영은 그 단어를 부정적 의미에서 벗어나 긍정적 상징으로 재해석하고자 했다. 그는 '딴따라'라는 용어를 예술가로서의 자유와 자부심을 담아 새롭게 정의하고, 이를 통해 예술적 표현의 자유를 추구하는 자신의 정체성을 분명히 드러냈다.

그의 긍정적 태도는 단순한 성격의 결과가 아니라, 오랜 경험과 깊은 내면 탐구를 통해 후천적으로 형성된 것이다. 박진영의 삶은 어려움을 단순히 넘어서기보다는, 그 과정에서 새로운 가능성을 발견하고 이를 자신의 성장으로 연결하는 힘을 보여 준다.

박진영의 삶은 우리에게 중요한 철학적 질문을 던진다. 우리는 왜 행복을 미래의 어느 순간에 놓고, 후회하지 않기 위해 끊임없이 앞으로만 나아가려 하는가? 이는 삶을 마치 목표를 향해 달리는 경주로 인식하게 만든다. 하지만 역설적으로, 진정한 행복과 만족은 끊임없이 달리는 데서 오는 것이 아니라, 때때로 멈춰 서서 스스로를 돌아보고 깊이 이해하는 데서 시작된다.

철학적으로 보면 행복은 오히려 우리가 스스로를 깊이 이해하는 과정에서 따라오는 부수적인 결과일 뿐이다. 플라톤의 "너 자신을 알라"는 바로 이 점을 명확히 한다. 플라톤은 인간이 자신의 본질을 이해하지 못한 채 외적인 성취만을 추구할 경우, 진정한 삶의 의미를 발견할 수 없다고 보았다. 그는 자기 자신을 깊이 이해하고 탐구하는 것이야말로 의미 있는 삶의 핵심이라고 강조했다.

자아성찰이 행복을 따르게 하는 원리는 간단하다. 우리가 끊임없이 외적인 성취를 추구하면서도 진정한 만족을 얻지 못하는 이유는, 그

성과가 내면의 깊은 이해와 연결되지 않기 때문이다. 스스로를 알아가는 과정, 즉 자아성찰은 내면의 욕구와 가치를 깨닫고, 외부로부터 기대되는 기준을 넘어서서 진정으로 자신이 원하는 삶을 향해 나아가게 한다.

박진영의 삶은 이 철학적 통찰을 생생하게 보여 준다. 그는 외부의 기대나 성과에 얽매이지 않고, 끊임없이 자신의 내면과 마주하며 진정한 행복을 발견했다. 궁극적으로, 자아성찰은 우리가 행복을 추구하는 것이 아니라, 행복이 자연스럽게 삶의 일부로 나타나게 하는 가장 본질적인 길임을 그의 삶이 증명하고 있다.

14화

가리킨다는 말은 틀렸다

한국 사회를 관찰해 보면, 많은 사람들이 나이가 들었음에도 불구하고 자아 형성이 충분히 이루어지지 않은 듯한 인상을 받는다. 20대뿐만 아니라 30대, 40대에도 그러한 경향이 있으며, 50대와 60대에 이르러서도 비슷한 느낌을 주는 경우가 많다. 이는 사회적 요구와 틀에 맞춰 살아가는 동안 자아 탐구가 충분히 이루어지지 못한 결과일 수 있다.

물론, 최근의 10대와 20대 초반 세대는 이전 세대에 비해 자아에 대한 관심이 많으며, 자신을 표현하는 데 익숙한 모습이 두드러진다. 이는 이들이 다양한 정보와 기회에 더 많이 노출되었고, 자아 탐구의 중요성을 일찍이 인식하게 되었기 때문이다. 과거 세대가 주로 외부의 기대와 사회적 기준에 맞춰 살아갔다면, 최근 세대는 스스로 자아를 탐구하고 자기표현을 중요한 가치로 여긴다.

그러나 한국 사회에서는 여전히 '행복'이라는 단어가 자주 등장하며,

마치 절대적 진리처럼 여겨지는 경향이 있다. 이는 행복하지 않은 사람들이 끊임없이 행복을 추구하는 과정에서 나타나는 현상일 수 있다. 역설적으로, 진정으로 행복한 사람들은 행복에 집착하지 않는다. 그들은 삶을 자연스럽게 살아가며, 행복을 특별한 목표로 삼기보다는 그저 일상 속에서 자연스럽게 느끼는 여유로움을 보여 준다. 마치 "행복이란 별거 아니지, 언제든지 느낄 수 있는 것 아니냐?"는 태도를 가진 듯하다.

이는 행복을 자주 경험하면, 그것을 특별한 상태로 인식하지 않고 일상의 일부로 받아들이기 때문이다. 반면, 행복을 지나치게 강조하고 끊임없이 언급하는 사람들은 오히려 실제로 행복하지 않을 가능성이 높다. 행복을 과하게 추구하는 태도는 그 자체로 행복을 멀게 만드는 요인이 될 수 있기 때문이다.

한국에서는 "행복해?"라는 질문 외에도 "이상형이 뭐야?"라는 질문을 자주 한다. 그럴 때면 나는 언제나 "자연스러운 사람이 좋다"고 답한다. 사실 나는 이상형뿐만 아니라 성별에 상관없이 자연스러운 사람에게 끌린다. 내가 생각하는 자연스러운 사람은 자신이 무언가를 애써 이끌려고 하지 않더라도, 자연스럽게 따라오게 만드는 힘을 가진 사람이다.

이들은 행복을 애써 추구하지 않아도 그 속에서 행복이 자연스럽게 스며들고, 진지한 삶을 살면서도 결코 지루하지 않다. 억지로 웃음을 주려 하지 않아도 그들의 존재 자체로 사람들에게 즐거움을 준다. 솔직하게 말해도 미움을 받지 않으며, 특별히 예의를 차리지 않더라도 그들의 편안함 속에서 친근함이 느껴진다. 명품을 입지 않아도 그들의 인품 자체가 사람들의 눈길을 끌어당기며, 순수함과 확고한 원칙을 동시에 지닌다. 이들은 세상을 편견 없이 바라보지만, 동시에 자신만의 기준을 명확히 가지고 있어, 다른 사람들에게 안정감과 신뢰를 준다. 이런 사람들은 그들의 존재만으로도 주변에 긍정적인 영향을 미치며, 그들의 자연스러움 속에서 인간적인 매력이 발현된다.

내가 박진영을 계속 언급한 이유가 여기에 있다. 한국 연예계는 여러 제약이 있어 자연스럽게 행동하기가 쉽지 않은데도 불구하고, 박진영은 내가 본 연예인 중 가장 자연스러운 사람 중 한 명이다. 그는 자신의 본연의 모습을 유지하면서도, 그 속에서 독특한 매력을 발산한다. 박진영의 자연스러움은 그의 음악과 퍼포먼스뿐만 아니라, 대중과의 소통 방식에서도 드러난다. 이는 그를 더욱 특별한 인물로 만들어 준다.

박진영은 내가 존경하는 인물 중 한 명으로, 나에게 인생의 중요한 전환점을 마련해 준 인물이다. 그의 삶과 철학은 내가 꿈과 행복을 바라보는 방식을 근본적으로 변화시켰다. 과거 어른들에게 배운 행복은 주로 한 분야에서 성공하고, 안정된 가정을 이루는 것이었다. 박진영 역시 그러한 조언을 따르며 때때로 행복을 느꼈지만, 그 안에는 여전히 채워지지 않는 무언가가 있었다고 고백했다. 그 결핍은 오랜 시간 동안 그를 괴롭혔고, 이를 찾기 위해 그는 깊은 자기 탐구의 여정을 걸어왔다.

박진영의 자연스럽고 진정성 있는 말과 행동은 나에게 깊은 울림을 주었으며, 그의 경험은 내게 꿈과 행복에 대한 새로운 성찰을 열어 주었다. 그를 통해 나는 외적인 성공이나 성취만으로는 진정한 행복에 도달할 수 없음을 깨닫고, 내면의 만족과 자아실현이 얼마나 중요한지 고민하게 되었다. 박진영은 단순한 연예인이 아니라, 한때는 나의 인생의 중요한 시점마다 깊은 가르침을 준 스승과 같은 존재로 자리 잡았다.

서른이 넘어 마지막으로 다니던 부동산 대행사를 그만두었을 때, 나는 모든 것을 멈추고 3주간 해외여행을 떠났다. 잠시의 휴식을 기대하며 떠난 여행이었지만, 돌아오는 비행기에서 마스크를 쓴 사람들을 보고 코로나 사태의 시작을 알게 되었고, 이 사건은 내 삶에 예상치 못한 전환점이 되었다.

코로나 시기는 나에게 내 삶을 깊이 성찰할 기회를 주었다. 무엇보다도 그 시기에 독서를 통해 새로운 관점과 지식을 쌓으며 점차 내면의 평화를 찾기 시작했다. 많은 사람들이 독서를 경제적 자유나 성공과 연결 짓지만, 내게 독서는 꿈을 찾기 위한 여정의 시작이었다. 당시 나에게 가장 절박했던 것은 돈이나 성공이 아니라 꿈이었고, 그 꿈이 없다는 사실이 나를 계속 괴롭혔다. 그래서 나는 꿈을 찾기 위해 독서를 시작했고, 그 과정에서 내면의 목소리를 듣게 되었다. 박진영의 삶과 그가 던진 질문들이 내게 큰 영향을 미친 것처럼, 나도 꿈을 찾고 진정한 가치 있는 삶을 추구하는 과정에서 새로운 나를 발견하게 되었다.

많은 사람들은 자신이 무엇을 진정으로 좋아하고 잘하는지조차 모르는 경우가 많으며, 설령 그것을 발견한다고 해도, 사회적 성공이나 경제적 안정과 같은 외적 가치들과 자신이 좋아하는 것 사이에서 갈등하게 된다. 이러한 고민은 꿈을 찾는 과정에서 필연적으로 겪게 되는 것이며, 때로는 그 과정이 너무 길어지면서 혼란과 좌절을 겪기도 한다.

하지만 꿈이란 역설적으로, 고민할 필요 없이 이미 자연스럽게 하고 있는 일에 가까운 경우가 많다고 생각한다. 자기 성찰이 필요한 이유는 바로 이 지점을 발견하기 위해서이며, 그 성찰은 단순히 내면을 바라보는 행위가 아니라, 외부 세계와의 상호 작용 속에서 이루어진다. 자아성찰은 시간이 오래 걸리지만, 그 과정을 통해 우리는 자신에게 진정 중요한 것이 무엇인지 깨닫게 된다.

이러한 자아성찰의 과정에서 중요한 것은 단순한 통찰력뿐만 아니라, 꾸준한 인내심이다. 독서는 이 과정에서 강력한 도구가 될 수 있다. 독서는 다른 사람들의 경험과 지혜를 빌려 스스로를 돌아보게 하며, 우리가 잊고 있던 내면의 목소리를 다시금 들을 수 있게 한다.

'인간은 인지적 구두쇠(Cognitive Miser)'라는 개념은 우리가 사고에 있어 최소한의 에너지를 사용하려는 경향을 잘 보여 준다. 인간은 종종 깊은 사고를 피하며, 표면적인 생각에 그치기 쉽다. 이는 우리가 하루 종일 하는 생각 중 상당 부분이 무의식적인 잡생각으로 채워져 있다는 점에서 더욱 명확히 드러난다. 현대인은 스마트폰과 미디어 콘텐츠에 쉽게 몰입되며, 이러한 환경에서 의식적으로 자아성찰의 시간을 갖는 것은 어려운 일이다.

따라서 한국인이 독서를 통해 깊이 있는 자아성찰을 하지 않는 것도 어느 정도는 자연스러운 결과일 수 있다. 독서는 우리의 무의식적인 사고 패턴을 깨고, 의식적인 사고로 나아가게 하는 중요한 도구이다. 깊이 있는 생각을 할 기회를 제공하는 독서를 멀리하면, 우리는 자신의 진정한 욕구와 본성을 파악할 기회를 놓치게 된다.

"행복해?", "이상형이 뭐야?"라는 질문들은 사실 무의식적인 사고

패턴의 일환으로, 사회적 기준이나 타인의 시선에 부합하려는 욕구를 반영하는 질문일 수 있다. 이러한 질문들은 스스로를 탐구하기보다는 '어떻게 보여질까?'라는 표면적 고민에 그치게 할 수 있다. 만약 한국인들이 의식적 사고에 더 익숙해진다면, 그 질문들은 "행복이란 무엇일까?", "내(네)게 진정 필요한 것은 무엇일까?"와 같은 더 깊고 본질적인 질문으로 변화할 것이다.

무의식적인 사고가 일상 속에서 습관화되면, 우리는 말할 때도 무의식적으로 실수를 범할 가능성이 커진다. 예를 들어, 한국인들이 '다르다'와 '틀리다', '가르치다'와 '가리키다' 같은 표현을 혼동하는 경우가 있다. 처음에 나는 이러한 언어 실수가 단순히 개인의 언어 능력이나 특정 교육 수준의 문제라고 생각했다. 그러나 성공한 CEO, 부유층, 유명 강사, 심지어 대학교수들까지도 이러한 표현을 혼동하는 것을 자주 목격하면서, 이 현상은 단순한 지식의 부족에 국한된 문제가 아님을 알 수 있었다. 이런 실수를 반복하는 이유는 무엇일까?

이 문제는 단순한 지식의 부재보다는, 무의식적으로 형성된 습관의 문제일 가능성이 높다. 즉, 그들이 어릴 때부터 잘못된 표현을 듣고 배우면서 무의식적으로 익힌 언어 사용 습관이 고착된 것이다. 언어는 우리의 사고와 표현을 반영하는 중요한 도구이기 때문에, 이처럼 무의식적으로 반복되는 언어 사용은 우리 사고방식에도 영향을 미칠 수 있다.

한국 사회에서는 선배가 후배를 가르치는 것이 중요한 역할로 여겨지며, 종종 그 과정에서 선배들이 손가락으로 삿대질하며 훈육하는 모습을 볼 수 있다. 이러한 행위가 후배들에게 방향을 가리키는 것처럼

K행복 NO행복

보이면서, '가르치다'라는 표현이 '가리키다'와 혼동되어 사용되기 시작한 것은 아닐까 싶다. 선배가 후배에게 길을 제시하는 과정에서, 두 단어가 자연스럽게 섞여 잘못 쓰이는 경향이 생긴 것으로 보인다.

'다르다'와 '틀리다'의 혼동은 한국 사회의 문화적 배경과 깊이 연관되어 있을 가능성이 크다. 전통적으로 위계질서가 강한 한국 사회에서는 상사나 선배의 의견이 절대적으로 옳다고 여겨지는 경향이 있다. 이러한 문화적 분위기 속에서 '다름'은 쉽게 '틀림'으로 인식되기 마련이다. 상사나 선배의 의견에 반대하는 것이 틀린 것으로 받아들여지는 환경에서, '다르다'와 '틀리다'를 혼용하게 되는 현상이 자연스럽게 나타날 수 있다.

이와 유사하게, '파이팅'과 '힘내'의 혼용도 같은 맥락에서 설명될 수 있다. 원래 영어의 'fighting'은 '싸우다'라는 의미지만, 한국에서는 이를 '힘내!'나 '열심히 해!'라는 뜻으로 사용한다. 이는 단순한 언어의 변형을 넘어, 한국 사회에서 상황에 상관없이 항상 최선을 다해야 한다는 무언의 압박을 반영한다. 이러한 맥락에서 '파이팅'은 잘못된 의미로 사용될 뿐 아니라, '힘내'와 '열심히'라는 표현의 경계도 모호해지게 만든다.

'가르치다', '다르다', '힘내'와 같은 단어들이 잘못 사용되는 현상은 단순한 언어적 실수로 볼 수 없다. 이는 한국 사회의 문화적, 인식적 경향을 반영하는 일종의 거울로 해석할 수 있다. 하이데거의 철학적 개념을 빌리자면, '언어는 존재의 집'이라는 말은 우리가 언어를 통해 세상과 소통하고 이해하는 방식을 형성한다는 것을 뜻한다. 즉, 인간은 언어를 통해 자신의 존재를 경험하고, 세상을 해석하며, 사물의 본질을 드러낸다. 언어는 단순한 의사소통의 도구가 아닌, 우리의 사고와 존재 방식을 담아내는 틀이다. 따라서 우리가 사용하는 언어는 우리의 사고방식과 삶의 태도에 깊은 영향을 미칠 수 있다

우리는 조언을 요청하지 않은 후배에게 무의식적으로 가르치려 들지 않고, '다름'을 '틀림'으로 착각하지 않는 자세가 필요하다. 또한 '파이팅' 대신 '힘내'라는 정확한 표현을 써야 한다. 우연히도, 박진영처럼 진정성 있고 자연스러운 사람들은 언제나 정확한 표현을 구사하는 경향이 있다. 그들의 자연스럽고 진솔한 태도는 사람들에게 더 큰 존경을 얻게 하며, 이를 통해 우리는 다시금 표현의 중요성과 진정성의 가치를 인식하게 된다.

특히 한국 사회에서 '다름'을 '틀림'으로 인식하는 경향은 위계질서와 사회적 통념에서 비롯된 경우가 많다. 이런 태도는 개인의 사고를 제한하고, 새로운 관점과 배움을 받아들이는 기회를 축소시키는 결과로 이어진다. 이런 구조에서는 새로운 아이디어나 의견이 쉽게 존중받지 못하고, 다름이 틀림으로 받아들여질 위험이 커지면서 창의적이고 유연한 사고보다는, 기존의 방식을 따르는 데 익숙해지게 된다.

가장 중요한 것은 '다름'을 인정하고 받아들이는 열린 태도다. 다양한 의견과 방식을 수용하지 못하면 사고는 경직되고 고집스러워지며, 이는 더 풍요롭고 의미 있는 삶을 누릴 기회를 잃게 만든다. 삶을 유연하게 받아들이고, 차이를 존중하며 그 다름 속에서 의미를 발견하는 태도는 우리의 행복에 깊은 영향을 미친다.

이 열린 태도의 뿌리는 '호기심'이다. 호기심은 단순한 흥미를 넘어, 존재의 본질을 탐구하고 새로운 가능성을 찾는 내적 동력이다. 어린

시절 우리가 쉽게 행복을 느꼈던 이유는 세상이 낯설고 모든 것이 새롭게 다가왔기 때문이다. 작은 발견 하나에도 놀라움과 기쁨을 느끼며, 그 안에서 무한한 가능성을 상상하곤 했다.

그러나 나이가 들면서 우리는 익숙한 것들에 안주하고, 새로운 것을 탐구하려는 호기심을 잃게 된다. 이로 인해 삶은 단조로워지고, 행복을 느끼는 순간도 줄어든다. 철학자들이 강조한 '탐구하는 삶'이란 바로 이 호기심을 지속적으로 유지하는 삶이다. 호기심은 우리를 익숙한 것에서 벗어나게 하며, 삶의 깊이를 새롭게 발견하게 만든다.

결국, 우리는 호기심을 잃지 않고 유지하는 것이 삶의 질과 행복을 지키는 중요한 요소임을 기억해야 한다.

15화

한국은 독서 문맹국

성인이 되어 경험과 지식이 쌓이면서, 우리는 세상에 점차 익숙해진다. 하지만 이는 단지 지식이 축적되었다는 의미일 뿐, 배움에 대한 욕구가 사라져야 한다는 뜻은 아니다. 오히려 많이 알게 될수록 더 깊이 있는 질문이 생기고, 그 질문을 풀어 가는 과정에서 탐구심과 호기심은 더욱 커질 수 있다. 이는 마치 흥미로운 이야기를 접한 사람이 그 끝을 알고자 하는 욕구와도 같다. 더 많이 알수록, 더 많은 미지의 영역이 드러나기 때문이다.

따라서 성인이 되어서도 호기심을 유지하려면, 의도적으로 새로운 것에 대해 질문을 던지고 탐구하는 자세를 유지해야 한다. 나이가 들어감에 따라 호기심이 사라지는 것이 아니라, 오히려 더욱 고양된 지적 욕구를 통해 배움의 길을 지속적으로 걸어가는 것이 중요하다. 호기심은 시간에 구속받지 않는 인간의 본질적인 자산이자, 존재의 심오함을 탐구하는 영원한 동반자다.

호기심은 삶에 활력을 불어넣고, 더 많은 것을 배우고자 하는 강력한 동기가 된다. 최근 MZ 세대를 보면 다양한 취미를 즐기고 여러 가지 레슨을 받으며, 새로운 경험을 추구하는 모습이 두드러진다. 이는 확실히 긍정적인 변화다. 그러나 가끔은 그 활동들이 진정한 내적 즐거움에서 비롯된 것인지, 아니면 남들의 시선을 의식한 결과인지 의문이 들 때도 있다. 마치 SNS에 올릴 사진을 위한 행위처럼 보일 때도 있으니 말이다.

다양한 활동과 경험을 통해 호기심을 키우는 것은 중요하지만, 나는 개인적으로 "책을 읽자"라고 말하고 싶다. 독서를 통해 우리는 내면을 성찰하고, 세상을 더 넓고 깊게 바라볼 수 있는 지적 힘을 얻는다. 이러한 과정은 단순한 즐거움을 넘어, 진정한 의미와 성장을 추구하는 삶의 본질적인 부분을 형성한다. 진정한 호기심이란 결국, 내면을 탐구하고 세상의 복잡성을 이해하려는 노력에서 비롯된다고 할 수 있다.

독서는 물론 중요한 활동이지만, 독서 접근 방식도 중요하다. 나는 먼저 독서 습관을 형성하고, 그 후에 호기심을 키워 다양한 장르와 주제로 확장하는 것이 더 효과적인 접근이라고 생각한다. 처음부터 지나치게 심오한 주제를 다루는 책을 읽게 되면 오히려 책에 대한 흥미를 잃기 쉽다. 한국인의 독서 거부감은 대체로 10대 시절의 강한 학업 스트레스에서 비롯된 경우가 많다. 많은 이들이 독서의 유익함을 인지하고 있지만, 이를 습관으로 만들기 어려워하는 것도 그 때문이다.

한국의 '빨리빨리' 문화는 책을 빠르게 완독해야 한다는 압박을 주며, 처음부터 무리하게 독서를 시도하다가 쉽게 지치게 만드는 경향이 있다. 이로 인해 책과의 거리감이 생기고, 독서가 자신에게 맞지 않는다고 느끼는 경우가 많다. 사실, 인간의 뇌는 독서에 최적화되어 있지 않다. 뇌는 본래 생존을 위한 위험 감지와 에너지 절약에 최적화되어 있으며, 독서는 생존 본능과 직접적인 연관이 없기 때문에 뇌가 에너지를 많이 소모하는 독서 활동을 피하려는 경향을 보인다.

독서 습관을 형성하지 못하는 이유는 단순히 의지 부족 때문이 아니라, 무의식이 이를 방해하기 때문이다. 우리의 무의식은 새로운 시도나 변화에 대해 본능적으로 저항하는 경향이 있으며, 특히 에너지를 많이 소모하는 활동인 독서와 같은 일에는 자연스럽게 저항감을 느낀다. 독서를 시작했을 때 피로감이나 집중력 저하를 느끼는 이유는 바로 이러한 무의식적 방어 기제 때문이다.

그렇기 때문에 처음엔 무의식이 독서를 방해하기 전에 적절한 시점에서 독서를 멈추는 것이 중요하다. 즉, 독서를 강제로 계속하기보다는 무리하지 않는 범위 내에서 멈추면, 무의식은 점차 독서에 대한 저항을 덜 느끼게 된다. 시간이 지나면 독서가 자연스럽게 습관으로 자리 잡을 수 있다.

독서가 일상의 일부로 자리 잡게 되면, 독서를 하지 않았을 때 오히려 무의식적으로 불안감이나 불편함을 느끼는 변화를 경험할 수 있다. 이는 독서가 필수적인 일상의 루틴으로 자리 잡았음을 의미한다. 독서 습관을 형성하려면 무리하지 않고 점진적으로 접근하는 것이 중요하다.

나 역시 처음에는 독서에 대한 거부감이 강해서, 1년에 책 한 권 읽을까 말까 하는 수준이었다. 그래서 나는 '스몰 스텝' 방식을 선택했는데, 이 방법은 하루에 단 한 페이지만 읽는 것으로 시작하는 것이었다. 그리고 이 습관을 유지하기 위해 매일 반드시 하는 양치질과 연결해, 양치질을 끝낸 뒤 바로 책을 읽는 루틴을 설정했다. 이렇게 작은 성취감을 차곡차곡 쌓아 가면서, 자연스럽게 독서 습관을 형성할 수 있었다.

처음에는 하루에 한 페이지였던 것이 점차 두 페이지, 열 페이지로 늘어났고, 어느새 하루에 두 시간씩 책을 읽게 되었다. 독서에 완전히 빠져들었을 때는 1년에 180권을 읽을 수 있었는데, 특히 나는 책을 반복해서 읽고 독후감을 길게 쓰는 방식을 택했다. 시간을 계산해 보면 이는 일반적인 독서량으로 1년에 약 300권을 읽는 것과 같은 분량이다.

이런 접근 덕분에 나는 자연스럽게 독서 습관을 형성했고, 더 나아가 독서를 통해 자신에 대한 깊은 성찰과 삶에 대한 다양한 통찰을 얻을 수 있었다. 그러나 독서를 시작하기 전에 '왜 독서를 해야 하는가'에 대한 명확한 동기 부여가 무엇보다 중요하다. 독서를 통해 해결하고 싶은 문제나 개선하고 싶은 부분을 구체적으로 이해하는 것이 독서 습관을 지속하는 데 큰 도움이 된다. 이러한 동기를 명확히 한 후에는, 유튜브와 같은 매체를 활용해 독서의 유익함을 설명하는 영상이나 자료를 참고하는 것도 좋은 방법이다.

독서의 유익함을 충분히 인식하고, 이를 바탕으로 독서를 일상 속에 자연스럽게 녹여낼 수 있다면, 독서는 더 이상 어려운 것이 아니라 오히려 즐거운 일상이 될 수 있을 것이다.

많은 한국인들이 독서를 지적 허영심을 충족시키는 수단으로 여겨, 첫 단추를 잘못 끼우는 경우가 많다. 그러나 독서는 본질적으로 즐거움과 깊은 성찰의 경험이어야 한다. 단순히 베스트셀러나 유명한 책을 읽는 것이 아니라, 자신의 관심사와 삶의 상황에 맞는 책을 선택하는 것이 훨씬 더 의미 있고 가치 있는 독서가 된다. 아무리 훌륭한 책이라도 모든 사람에게 동일한 가치를 주는 것은 아니며, 어떤 책은 지금 당장 필요하지 않을 수도 있다. 독서는 그 자체로 개인의 내면과 상황에 맞는 여정이어야 한다.

한국은 문맹률이 매우 낮은 나라로, 대부분의 국민이 읽고 쓰는 능력을 갖추고 있다. 그럼에도 불구하고 독서율은 국제적으로 낮은 편에 속한다. 2023년 기준, 한국 성인의 연간 독서율은 43%에 불과하며, 종이책을 기준으로 했을 때는 성인 중 32%만이 1년에 한 권 이상의 책을 읽는 것으로 나타났다. 이는 한국 성인 3명 중 2명이 종이책을 전혀 읽지 않는다는 의미로, 독서 문화가 상당히 위축되어 있음을 시사한다.

반면, 문맹률이 한국보다 높은 중국, 태국, 인도 등의 국가들은 오히려 독서 시간에서 더 높은 기록을 보여 주고 있다. 독일, 스웨덴, 미국, 일본과 같은 선진국들과 비교해도 한국의 독서율은 확실히 낮다. 예를 들어, 독일 성인들은 연간 평균 12권, 스웨덴 성인들은 14권, 미국 성인들은 12권, 일본 성인들은 8~10권의 책을 읽는다. 이에 비해 한국 성인들은 연간 평균 2.3권에 불과해, 독서율의 차이가 뚜렷하게 드러난다.

이들 국가에서는 독서가 일상에서 중요한 활동으로 자리 잡고 있다. 반면, 한국에서는 스마트폰과 같은 디지털 기기의 보편화, 바쁜 생활 패턴, 그리고 독서에 대한 무관심이 복합적으로 작용하여 독서율이 지속적으로 감소하고 있다.

더 나아가, 요즘 젊은 세대들 사이에서는 독서 부족으로 인한 문해력 저하에 대한 우려도 커지고 있다. 단어의 뜻을 잘못 이해하거나 오용하는 사례가 빈번하게 발생하고 있는데, 이는 단순히 개인의 문제가 아니라, 사회적, 문화적 배경에서 비롯된 현상일 수 있다. 특히, 한국의 10대들 사이에서 퍼지고 있는 줄임말 문화는 세대 간 소통을 방해할 뿐만 아니라, 문해력의 저하를 가속화하는 주요 요인으로 작용하고 있다.

줄임말은 대개 소통의 효율성을 높이기 위해 사용되지만, 이는 단어의 깊이나 맥락을 무시하고 표면적인 의미에만 치중하는 경향을 강화시킨다. 예를 들어, '인싸'나 '핵인싸'와 같은 표현은 단순히 사교성이 좋은 사람을 뜻하지만, 본래의 성격적, 사회적 맥락을 무시한 채 사람을 분류하는 데 사용되면서 의미의 왜곡을 가져올 수 있다.

이런 줄임말과 유사한 표현들은 점차 젊은 세대들 간에는 자연스러운 언어로 자리 잡고 있지만, 세대 간 소통에서는 오히려 간극을 넓히고 있다. 이러한 상황은 단어의 올바른 의미를 이해하고 깊이 있는 대화를 나누는 능력을 저하시킬 수 있고, 이는 결국 문해력 저하로 이어지게 된다.

물론 문해력의 저하는 한국만의 문제는 아니다. 디지털 미디어의 급격한 발달로 인해 전 세계적으로 텍스트보다는 영상이나 이미지 중심의 콘텐츠가 주류가 되면서, 많은 사람들이 깊이 있는 독서와 글 읽기를 멀리하게 되었다. 이로 인해 전반적인 문해력 감소가 나타나고 있으며, 특히 청소년들에게는 그 영향이 더욱 심각하다.

하지만 나는 한국인의 문해력과 독서 문제를 단순한 통계로만 보지 않는다. 이 문제는 더 깊은 차원에서 심각하다고 느껴진다. 코로나 이후 다양한 모임 플랫폼들이 잘 운영되고 있지만 독서와 관련된 플랫폼은 여전히 저조한 참여율을 보인다. 문토, 프립, 소모임, 남의 집, 넷플연가와 같은 다양한 취향 기반 커뮤니티 플랫폼들이 수백만 건의 다운로드를 기록하고 활성화된 것과 비교해 보면, 독서에 대한 한국인의 관심은 상대적으로 매우 저조하다.

특히, 우리나라에서 약 10년간 운영된 가장 큰 독서 플랫폼조차도 회원 수가 2만 명대에 머물러 있다는 점은 이러한 현실을 명확히 드러낸다. 이는 독서가 여전히 많은 사람들의 일상에서 중요한 활동으로 자리 잡지 못했음을 보여 준다. 하지만 이 독서 플랫폼조차도 참여율 저조 외에 구조적인 문제를 안고 있다는 생각이 든다.

이 독서 플랫폼은 모임에 참석하려면 상당히 높은 참가비를 지불해야 한다. 모임은 대체로 10명에서 20명 사이의 사람들이 같은 책을 읽고 독후감을 작성한 후, 한 달에 한 번 모여 독서 토론을 하는 방식으로 진행된다. 주제와 책의 장르는 다양하지만, 모임은 크게 클럽장 모임과 파트너장 모임으로 나뉜다. 클럽장 모임은 4개월 동안 4번의 모임을 진행하며, 참가비가 평균 35만 원 이상으로 비교적 높은 편이다. 이는 모임을 이끄는 클럽장이 작가, CEO, 연예인, 대기업 팀장 등 사회적으로 어느 정도 성공했거나 유명한 인물들이기 때문이다. 이들은 자신의 경험과 지식을 바탕으로 독서 토론을 주도하는 역할을 한다.

비싼 비용에도 불구하고 사람들이 이 모임에 참여하는 이유는 독서뿐만 아니라, 다양한 사회적 네트워킹 기회를 기대할 수 있기 때문이다. 그러나 이러한 구조는 독서 플랫폼의 본질과는 다소 거리가 있어 보인다. 처음에는 이러한 이유로 나 역시 이 플랫폼에 참여하는 것을 망설였지만, 동시에 독서에 대한 진정한 열정을 가진 사람들을 만날 수 있을 것이라는 기대가 컸다. 이전에 다양한 플랫폼과 모임에 참여해 봤지만, 진정으로 독서를 깊이 즐기는 사람을 만나 본 적이 없었기 때문이다. 대부분의 사람들은 최근 몇 달 동안 몇 권의 책을 읽은 것이 전부였다. 그래서 이 플랫폼에서 진정한 독서인을 만날 수 있을 것이라는 기대를 품었다.

그러나 그 기대는 실망으로 바뀌었다. 많은 사람들이 책을 진정으로 좋아해서가 아니라, 강제적인 동기 부여를 얻기 위해 이 플랫폼에 참여한 경우가 많았다. 책을 자주 읽는다고 자부하는 사람들조차도 주로 소설이나 자기계발서와 같은 특정 장르에만 국한된 독서 습관을 가지고 있었다.

심지어 클럽장조차도 독서를 진정으로 즐기는 사람이라는 인상을 주지 못했고, 그로부터 배울 점도 거의 없었다. 네트워킹 기회를 제외하고는 내가 왜 이 자리에 앉아 깊이 없는 독서 토론을 하고 있는지 의문이 들 때가 많았다. 물론 신선한 경험 자체로 인해 즐거운 순간도 있었다. 하지만 그 즐거움은 독서나 독서인들 때문이 아니라, 단지 새로운 경험을 했기 때문이었다.

다양한 독서 모임과 독서 토론에 참여한 결과, 공감을 요구하는 분위기 속에서도 다양한 관점이 부족하고, 깊이 있는 사고를 찾기 어려운 현실에 답답함을 느낄 수밖에 없었다. 책을 많이 읽는 사람은 말하는 문장 구조나 단어 선택, 사고의 논리에서 그 사람의 깊이가 자연스럽게 드러나기 마련이다. 하지만 많은 사람들이 그저 표면적인 사고와 고정관념에 갇혀 있는 경우가 많았다. 그들의 생각은 깊이가 부족했고, 넓은 시각을 가지고 사고하지 못하는 경우가 많았다.

개인적으로는 이런 상황이 답답하고 갑갑하게 느껴졌던 적이 한두 번이 아니었다. 혹시나 하는 기대를 가지고 다양한 콘셉트와 주제의 독서 모임에 1년간 꾸준히 참여했지만, 결과는 크게 다르지 않았다. 어쩌면 내가 이 독서 플랫폼의 본질을 오해했을지도 모른다. 결국 이 플랫폼도 다른 취향 기반 커뮤니티들처럼 네트워킹과 남녀 만남이 주된 목적이었던 듯하다.

이 독서 모임을 통해 다시 한번 느낀 것은, 여전히 많은 한국인들이 돈에 대한 집착에서 벗어나지 못하고 있으며, 비즈니스적 창의성이나 문제 해결 능력이 부족하다는 점이었다. 또한, 다양한 관점을 받아들 이는 데에 여전히 소극적이라는 사실도 분명하게 드러났다. 잘못된 삶 의 방식, 보수적인 마인드, 낮은 자존감, 외모지상주의, 그리고 금전 만능주의와 같은 가치관들이 모임 내에서 흔히 보였고, 이러한 태도는 진정한 관계 형성이나 의미 있는 경험을 방해하는 요소로 작용했다.

가끔 독서 모임에서 책 이야기보다는 자신의 지식이나 경력을 자랑 하는 클럽장들이 등장한다. 처음에는 적지 않은 사람들이 그런 사람들 을 인정하는 듯 보이기도 하지만, 시간이 지나면서 이내 자랑이 계속 되는 상황에 피로감을 느끼기 마련이다. 토론을 기대하고 온 자리임에 도 불구하고, 마치 강의를 듣는 듯한 느낌을 받을 때가 많다. 클럽장 들이 책보다는 자신의 성공담을 이야기하는 데 집중하는 모습은, 책은 그저 핑계일 뿐 자기 자랑의 무대가 된 것처럼 보였다. 몇 년 동안 똑 같은 이야기를 반복하면서도 그들이 지겹지 않은지 의문이 들 때도 있 었다.

특히, 말이 많은 클럽장이나 파트너장 때문에 다른 참가자들이 거의

K행복 NO행복

발언 기회를 얻지 못하는 상황도 자주 발생했다. 이런 경우에는, 독서 모임에서 토론의 본질이 퇴색되고 그저 몇몇 사람의 이야기로 끝나 버리는 상황이 반복되었다. 차라리 소수 정예로 진행하는 것이 더 나을 것 같다는 생각이 들었고, 모임에 15명 이상 모여 있는 상황에서는 아무리 시간이 충분하더라도 심도 깊은 토론이 이루어지기 어려웠다.

플랫폼이 수익을 올리기 위해 인원을 늘리는 것은 당연한 전략일 수 있다. 그러나 독서 모임의 경우, 인원이 많아질수록 오히려 그 질이 떨어질 가능성이 크다. 독서 모임은 원래 소수 정예로 깊이 있는 토론을 진행해야 하는 공간인데, 인원이 많아지면 각자의 생각을 충분히 나누기 어려워지고, 대화의 깊이도 희석될 수밖에 없다. 결국, 이렇게 많은 인원이 참여하는 모임에서는 피상적인 이야기만 오가게 되며, 독서의 진정한 가치를 체감하기 어렵다. 또한, 인원이 많아지면 토론의 흐름을 유지하기도 힘들고, 개개인의 의견을 깊이 있게 다루기가 점점 더 어려워진다.

이런 상황에서 플랫폼이 인원수를 늘려 수익을 올리려는 전략은 장기적으로 유저들의 만족도를 떨어뜨리고, 결국에는 플랫폼의 신뢰도에도 부정적인 영향을 미칠 수 있다. 처음에는 호기심을 가지고 독서 모임에 참여하던 사람들도, 몇 번의 참석 후에는 자신이 투자한 돈이 아깝다고 느낄 가능성이 크다. 이는 그들이 기대했던 의미 있는 네트워크나 깊이 있는 토론보다는, 단순히 공감을 원하는 사람들이 모여 표면적인 대화를 나누는 데 그치기 때문이다.

한국에서 가장 큰 독서 플랫폼의 회원 수와 질적 수준을 보면, 아직도 독서 문화가 발전할 여지가 많다는 점이 아쉽게 느껴진다. 단순한 숫자 증가에만 초점을 맞추기보다는, 독서의 본질적 가치를 살릴 수 있는 방향으로 나아갈 필요가 있다는 생각이 든다.

이와 같은 문제는 한국 사회 전반의 토론 부재와도 연결된다. 교육 방식의 문제를 넘어서, 사고의 깊이와 다양성을 잃게 만드는 중요한 요인이 바로 이 토론의 부재다. 최재천 교수는 하버드 대학교에서 경험한 토론 문화를 바탕으로, 토론이 교육의 핵심적 역할을 해야 한다고 꾸준히 강조해 왔다. 토론을 통해서만 진정한 사고의 발전이 이루어진다고 믿은 그는, 이를 한국 대학에서도 시도했지만, 번번이 실패를 경험했다. 학생들은 적극적인 의견 개진을 주저했고, 수업은 늘 일방적인 강의로 끝나기 일쑤였다.

최 교수는 한국의 교육 현장에서 토론이 제대로 자리 잡지 못하는 이유를 다양성 부족에서 찾았다. 한국 사회는 오랫동안 획일화된 교육과 문화 속에서 살아왔고, 다양한 의견과 관점을 존중하는 문화가 자리 잡기 어려웠다. 이는 결국 깊이 있는 사고를 방해하고, 다양한 시각을 받아들이는 데에 장애가 되었다. 그는 '숙론'이라는 개념을 강조하며, 진정한 토론은 상대의 의견을 경청하고, 그 안에서 진리를 찾는 과정이라고 설명한다. 그러나 한국에서는 토론이 종종 내가 옳고 상대는 틀렸다는 식의 논쟁으로 변질되기 쉽다고 지적했다.

다양한 관점이 존중되지 않는 사회에서는 진정한 토론이 자리 잡기 어렵고, 이는 결국 개인의 사고 발전을 방해하게 된다. 최 교수는 하버드 대학교에서 경험했던 토론 문화를 그리워하며, 한국 사회에도 이러한 문화가 뿌리내리길 희망했지만, 그 길은 여전히 멀게만 느껴진다.

한국 사회에서 다양성의 부족과 토론의 어려움은 독서의 부재와도 밀접하게 연관되어 있다고 본다. 우리는 끊임없이 바쁜 일상 속에서 멈춰 서서 생각할 여유를 찾기 어렵고, 유튜브와 같은 즉각적인 자극을 주는 미디어에 쉽게 중독되기 때문에 깊이 있는 사고를 할 시간을 갖지 못하고 있다. 이러한 현실 속에서 우리에게 사회적 통념을 되짚고, 깊은 성찰을 가능하게 할 수 있는 도구는 바로 독서일 것이다. 독서는 단순한 정보 습득을 넘어서, 사고의 틀을 확장하고 다양한 관점과 문제를 마주할 기회를 제공한다.

독서를 하지 않은 이들은 종종 어릴 적 교육에서 길러진, 정답을 찾아야 한다는 본능에 따라 행동하는 경향이 있다. 그러나 세상은 단 하나의 정답으로 이루어진 곳이 아니며, 수많은 해답과 그 해답들 사이에서 끝없이 연결된 새로운 문제들이 존재한다는 사실을 인식하지 못한다. 깊이 있는 성찰과 독서는 우리에게 이 복잡한 세상에서 단일한 답을 찾기보다는, 다양한 해석과 그 해석들 사이의 무수한 가능성을 모색할 수 있는 힘을 길러 준다.

철학자 마르틴 하이데거는 인간이 '세계 속에서 존재'한다고 주장하며, 우리의 삶은 타인과의 관계와 맥락 속에서만 의미를 가진다고 했다. 독서는 바로 그 관계성을 확장시키는 매개체다. 우리는 책을 통해 다른 사람의 경험과 사상, 그리고 감정을 접하고, 우리의 한정된 세계를 넘어 다양한 관점을 받아들이게 된다. 만약 독서가 결여된다면, 개인은 그만큼 자신의 사고를 넓힐 기회를 잃게 되고, 이는 곧 인간관계와 사회적 맥락에서의 성숙을 저해하게 된다.

이와 동시에, 독서가 부족한 사회는 필연적으로 사회적 사고가 편협해지고, 통합적인 발전은 어려워지며, 다양성의 결여를 초래할 수밖에 없다. 다양성은 단순히 존재하는 것 이상의 가치를 지니며, 인간 사회의 건강한 발전과 창의성의 원천이다. 존 스튜어트 밀은 "진리를 향한 자유로운 탐구가 없다면, 사회는 정체될 수밖에 없다"고 말하며, 진리를 찾는 과정에서 다양한 관점과 목소리가 필수적임을 강조했다. 그에게 진리는 고정된 것이 아니라, 여러 다양한 관점의 충돌과 대화를 통해 비로소 그 실체에 다가갈 수 있는 것이었다. 따라서, 독서는 이러한 다양한 목소리들을 접하고 그들과의 대화를 통해 사고를 확장할 수 있는 중요한 도구다. 독서 없이는 사회적 사고와 진리 탐구 역시 정체될 수밖에 없다.

나아가, 독서와 다양성이 결여된 사회는 정답을 찾으려는 사고에 머무르는 경향이 있다. 이는 철학자 질 들뢰즈가 지적한 '주체적 사고의 한계'와 맞닿아 있다. 들뢰즈는 인간이 사유할 때 기존의 구조와 질서 안에서 '정답'을 찾으려는 경향이 있다고 지적했다. 진정한 사유는 정답을 찾는 것이 아니라, 질문을 던지고 새로운 가능성을 탐구하는 과정이어야 한다. 세상에는 단 하나의 정답만 존재하지 않으며, 다양한 해석과 연결된 무수한 문제들이 얽혀 있다. 독서를 통해 우리는 이 복잡성을 이해하고, 열린 사고의 힘을 기를 수 있다.

결국, 독서가 결여되고 다양성이 억압된 사회는 고립된 사고 속에서 스스로를 갉아먹는 사회로 전락할 가능성이 크다. 독서와 토론은 우리의 사고를 확장시키고, 그 과정에서 깊은 자아 성찰과 공동체의 연대를 이끌어 낸다. 다양성을 존중하며, 서로 다른 목소리에 귀 기울일 수 있는 사회만이 진정으로 성장하고, 궁극적으로 더 나은 행복을 향해 나아갈 수 있다.

16화

클럽 마니아가 만난 독서와 달리기의 완벽한 궁합

코로나 시기 동안 나는 2년 넘게 가족 외의 사람들과 거리를 두었다. 친구, 전 직장 동료, 형, 누나, 동생 모두와의 만남을 자제했다. 팬데믹이라는 외부적 요인이 있었지만, 무엇보다 이는 나의 자발적인 선택이었다. 아이러니하게도 나는 원래 사람들과 어울리는 것을 즐기는 외향적인 성격이다. 회사 생활에서도 사람들과의 관계를 자연스럽게 유지하며, 상사로부터의 스트레스나 회식 자리에서 불편함을 느낀 적이 거의 없었다. 오히려 동료들과는 항상 유쾌하게 지냈고, 관계도 나쁘지 않았다. 친구들과의 대화에서도 내가 주로 대화를 이끌었으며, 말하기를 즐기는 '토크꾼'이었다.

그런 내가 스스로 고립을 선택한 것은, 지금의 나를 돌아보면 꽤 의외의 선택으로 느껴진다. 사실, 독서를 시작하기 전만 해도 나의 취미는 전혀 다른 곳에 있었다. 주말마다 클럽에 가는 것이 나의 주된 즐거움이었고, '클럽매니아' 카페에서 모르는 사람들과 '조각'(비용을 N분의 1 해서 클럽의 테이블을 예약하는 것)을 통해 술을 마시고, 여자와 어울리는 것을 좋아했다. 클럽의 문란함과 화려한 분위기, 그리고 그 열광적인 에너지가 나에게는 큰 즐거움을 주었다.

그 열광적인 에너지가 온몸을 휘감고, 술잔을 기울일수록 음악은 점점 더 깊게 울리며, 그 리듬은 나의 몸을 격렬하게 움직이게 만들었다. 마치 시간마저 멈춘 듯한 착각 속에서, 나는 자신을 더욱 풀어놓으며 자유로움을 갈망하게 되었다.

이 열광적인 순간을 완성하는 것은 화려한 여성들의 존재였다. 그들의 빛나는 외모는 어두운 조명 속에서 더 돋보이며, 분위기는 한층 더 뜨겁게 달아올랐다. 이 모든 요소들이 한데 어우러져 완벽한 환상을 만들어 냈다. 술기운에 흐려진 시야 속에서 여성들은 더욱 매력적으로 보이고, 술은 더 달콤해지며, 음악은 마치 감각을 지배하는 듯 강렬하게 다가왔다. 그 순간의 모든 것은 현실을 넘어선 완벽한 해방처럼 느껴지지만, 결국 그 본질은 일시적인 자극에 불과했다.

처음에는 그 뜨거운 에너지와 화려한 분위기가 나를 사로잡았고, 그 순간들이 진정한 자유처럼 느껴졌다. 그러나 시간이 흐르면서, 그 에너지가 주는 흥분은 점차 공허함으로 변하기 시작했다. 매번 반복되는 소음과 열광 속에서도 채워지지 않는 무언가가 나를 괴롭혔다. 나는 내가 정말로 찾고 있는 것이 무엇인지, 이곳에서 진정한 해방감을 느끼고 있는지 스스로에게 질문하기 시작했다.

당시 나는 계속해서 새로운 자극을 좇았지만, 그 자극들이 진정한 만족을 가져다주지 않는다는 것이 점점 분명해졌다. 그리고 한편으로는 다른 사람들과 어울리는 데에 지나치게 집중한 것이 아닌가 하는 의

문도 들었다. 나는 언제나 남들과의 관계에 신경을 썼지만, 정작 나 자신과는 제대로 마주하고 있지 않았던 것은 아닐까? 이 생각은 마침 클럽이 팬데믹으로 인해 문을 닫으면서 더욱 깊어졌다.

팬데믹으로 인한 고요한 시간 속에서 나는 인간관계, 꿈, 돈, 그리고 직업과 같은 삶의 문제들을 진지하게 성찰하기 시작했다. 답을 찾고자 자연스럽게 책을 집어 들었고, 처음에는 고뇌에서 시작된 독서가 점차 나의 일상이 되었다. 책 속에서 나는 나 자신을 마주하고, 내면의 깊이를 탐구하는 시간을 가졌다. 클럽에서 느꼈던 순간적인 해방감과는 달리, 독서는 시간의 흐름 속에서 나를 천천히 성찰하게 만들었고, 그로 인해 내 삶은 이전보다 더 차분하고 충만한 방향으로 변화했다.

시간이 흐르면서 나는 어느새 하루에 한 권씩 책을 읽을 정도로 독서에 깊이 빠져들었고, 그렇게 2년을 책과 함께 보낸 나 자신을 돌아보며 스스로도 놀랐다. 많은 사람들은 2년 동안 혼자 시간을 보낸 것이 외롭지 않았느냐고 묻곤 했다. 하지만 오랜 시간 동안 관계에서 오는 끊임없는 스트레스와 물질적 가치에 대한 회의감과 혐오감은 나를 무겁게 짓눌렀고, 그러한 감정들 속에서 책은 나에게 진정한 위로와 친구가 되어 주었다.

매일 독서에 몰두하고 사색에 잠기는 시간은 외로움이라는 감정을 잊게 만들었고, 사람들과의 얽매임에서 벗어나, 나 자신과 깊이 마주하는 과정은 점차 내면의 커다란 변화를 가져왔다. 클럽과 밤 문화 속에서 해방감을 추구하던 내가 이제는 책을 손에서 놓지 않는 독서인으로 변해 있었다는 사실이 나에게도 깊은 울림으로 다가왔다. 외적 자극이 아닌 내면의 성장을 통해 느끼는 자유와 평온은 이전과는 전혀 다른 차원의 것이었다.

독서를 통해 가장 먼저 찾아온 긍정적인 변화는 내가 10년 넘게 피워 오던 담배를 끊게 된 것이었다. 신기하게도 독서를 시작한 후 단 한 번의 시도로 담배를 완전히 끊을 수 있었다. 처음에는 그 이유를 잘 이해하지 못했지만, 1년이 지난 후에 그 답을 발견하게 되었다. 담배를 끊는 것은 단순히 의지의 문제가 아니었다. 그것은 내 건강을 얼마나 소중히 여기고, 나 자신을 얼마나 사랑하는가에 달려 있는 것이었다. 오랫동안 남을 배려하고 희생하는 것을 우선시해 온 한국 문화 속에서, 나는 비로소 나 자신을 돌보고 아끼는 법을 독서를 통해 배우게 되었던 것이다.

물론, 달리기를 시작한 것은 담배를 끊는 데 중요한 전환점이 되었다. 책을 읽으며 나는 몸과 마음을 함께 단련해야 한다는 필요성을 점점 더 절감하게 되었고, 이를 실천하는 과정에서 독서와 달리기가 서로 완벽한 균형을 이루고 있음을 깨달았다. 그리고 달리기를 시작한 지 3년쯤 되었을 때, 나와 비슷한 생각을 가진 사람이 또 있다는 사실을 알게 되었다. 그 사람은 바로 세계적인 작가 무라카미 하루키였다. 하루키는 달리기에 대한 깊은 애정을 가지고 있었고, 이를 바탕으로 《달리기를 말할 때 내가 하고 싶은 이야기》라는 책을 내기도 했다. 그는 매일 10km씩 달리며, 1년에 한 번은 마라톤 대회를 완주했다고 한다.

하루키는 《양을 쫓는 모험》을 쓰고 나서 달리기를 시작했다고 한다. 흥미롭게도 그도 달리기 덕분에 담배를 끊을 수 있었고, 만약 지금도 달리기를 하고 있다면, 40년 넘게 그 습관을 이어 오고 있는 셈이다.

K행복 NO행복

하루키는 달리기, 독서, 그리고 글쓰기가 서로를 보완하는 중요한 활동이라고 여겼으며, 이를 통해 자신의 정체성을 형성해 왔다. 그에게 있어서 달리기와 소설을 쓸 때 가장 중요한 것은 리듬을 잃지 않고 몰입을 유지하는 것이었다. 이 일관성 있는 루틴을 통해 그는 자신의 한계를 뛰어넘으려 끊임없이 노력했다. 이러한 자제력과 균형감각으로 형성된 습관과 루틴이 그가 성실한 러너이자 세계적인 소설가로 자리잡을 수 있었던 중요한 이유 중 하나라고 할 수 있다.

하루키는 "성숙한 인간의 완성은 자제에서 온다"고 말하며, 자제력을 인생의 중요한 가치로 삼았다. 그의 철학은 단순히 달리기나 그의 책을 넘어 삶 전반에 걸쳐 적용되었고, "노력하고 절제하지 않으면 인생이 완성되지 않는다"고 강조했다. 이를 통해 그는 자신만의 이야기를 완성하고, 끊임없이 성장해 나가는 과정을 추구했다. 하루키에게 있어서 달리기와 독서, 그리고 글쓰기는 단순한 활동이 아니라 자제하고 자신을 성찰하며 발전시키는 중요한 과정이었다.

그는 달리기와 책을 통해 자신을 깊이 탐구하고, 내면의 고립과 단절을 극복하며 스스로를 객관화하고 치유하려 했다. 이 과정에서 얻은 인내와 성찰은 그의 작품에 깊이를 더해 주었고, 그를 세계적인 소설가로 자리매김하게 했다. 하루키는 자신이 성실한 러너이기 때문에 세계적인 소설가가 될 수 있었다고 자주 언급했다.

달리기와 책은 서로 상호 보완적인 관계를 이루며, 그의 삶과 작품에 긴밀하게 영향을 미쳤다. 이 과정을 통해 하루키는 자신의 여러 정체성 중에서 무엇이 자신을 진정으로 완성시켜 주는지, 무엇이 자신의 천성에 가까운지 고민하게 되었다.

하루키는 예술 활동이 때로는 부정적이거나 사회적으로 부적절할 수 있는 측면을 인정하면서도, 그것을 외면하지 않고 받아들이는 것이 성장의 과정이라고 본다. 그는 좋은 것과 나쁜 것이 서로 충돌하기보다는, 서로를 보완하고 함께 존재할 수 있다고 믿는다. 이러한 철학은 하루키가 삶과 예술, 그리고 자기 자신을 대할 때, 상반된 요소들 간의 균형을 중요하게 생각한다는 것을 보여 준다.

그는 그의 책의 많은 부분을 아침마다 달리며 생각해 냈다고 말한다. 정적인 독서나 글쓰기 과정에서 얻기 힘든 깨달음이나 통찰을, 동적인 달리기 과정에서 체득하며 이를 글쓰기에 녹여 냈다. 그가 달리기를 통해 얻은 리듬과 몰입의 철학은, 그가 끊임없이 자신을 보강하고 성장시켜 온 핵심 요소이자 그의 작품 세계를 형성하는 중요한 특징이 되었다.

하루키의 철학은 나의 달리기에 대한 생각과 깊이 맞닿아 있다. 과학적 연구에 따르면, 규칙적인 신체 활동, 특히 달리기와 같은 유산소 운동은 단순히 체력을 강화하는 것뿐만 아니라, 뇌 기능과 자제력을 크게 향상시키는 역할을 한다. 달리기는 신경전달물질인 엔도르핀과 세로토닌의 분비를 촉진시켜 기분을 좋게 만들고, 스트레스와 불안감을 완화하는 데 도움을 준다. 이러한 화학적 변화는 긍정적인 감정 상태를 유지하게 하고, 나아가 자제력을 형성하는 데 중요한 역할을 한다.

달리기를 꾸준히 하다 보면, 자연스럽게 일상에서의 자제력이 형성된다. 달리기를 통해 신체와 마음의 균형이 잡히기 시작하면서, 흡연과 과음과 같은 나쁜 습관에서 멀어지게 되고, 보다 건강한 선택을 할 가능성이 높아진다. 실제로, 달리기는 니코틴 중독을 극복하는 데 중

K행복 NO행복

요한 역할을 할 수 있는데, 이는 달리기가 스트레스 완화와 심리적 안정에 도움을 주기 때문이다. 따라서 많은 사람들이 담배를 끊거나, 술을 적당히 마시며 건강한 생활습관을 유지하게 된다.

또한, 달리기는 식욕을 조절하고 식습관을 개선하는 데에도 영향을 미친다. 규칙적인 운동은 신진대사를 촉진시키고, 신체가 더 건강한 음식을 요구하도록 만든다. 하루키의 철학처럼, 달리기와 같은 규칙적인 운동은 우리 삶에 규칙성을 부여하고, 자제력과 균형 잡힌 삶을 살아가게 하는 데 중요한 역할을 한다.

인간이 달리기에 특화된 신체 구조를 지녔다는 것은 여러 연구와 사례에서 명확하게 드러난다. 그중 하나가 '인간 vs 말 경주'로 잘 알려진 대회다. 1980년 웨일스에서 시작된 이 경주는 인간과 말 중 누가 장거리에서 더 빠른지를 겨루는 대회로, 장거리 달리기에서 인간의 신체적 능력이 얼마나 뛰어난지를 보여 주는 흥미로운 실험이기도 하다. 대부분의 경주에서 말이 승리했지만, 인간이 승리한 경우도 있었다. 특히 2004년, 2007년, 2022년 경주에서 인간이 말을 제치고 승리한 기록은 인간의 신체가 장거리 달리기에 얼마나 적합한지를 입증한다.

이러한 승리는 인간의 효율적인 땀 배출과 체온 조절 능력, 그리고 에너지를 보존하는 뛰어난 능력 덕분이다. 인간은 더운 환경에서도 장시간 달리기를 지속할 수 있도록 진화해 왔으며, 이를 통해 다른 동물들에 비해 장거리에서 더 우수한 성과를 낼 수 있었다.

반면, 단거리에서 뛰어난 치타나 사자 같은 동물들은 땀을 배출하지 못하기 때문에 장거리에서 불리하다. 대부분의 육지 동물들은 장거리 달리기에 적합한 신체 구조를 가지고 있지 않다. 이처럼 인간은 진화적으로 장거리 달리기에 적합한 신체를 가지고 있으며, 나는 이를 통해 달리기를 단순한 운동이 아닌 인간 본연의 능력을 발휘하는 행복한 활동으로 생각한다.

장거리 달리기는 인간의 본능과 깊이 연결되어 있다. 우리의 선조들은 장시간 이동하며 사냥을 했고, 이러한 생활 방식이 인간의 신체를 장거리 달리기에 적합하게 발달시켰다. 달리기는 단순한 운동을 넘어 인간 DNA에 깊이 뿌리박힌 활동이며, 이는 우리가 달리기를 통해 본능적으로 행복감을 느낄 수 있는 이유이기도 하다. 인간은 자연 속에서 끊임없이 움직이고 달리면서 생존해 왔고, 이러한 활동이 우리의 신체와 뇌에 긍정적인 영향을 미친다.

달리기를 꾸준히 하면, 어느 순간 그것이 일상의 자연스러운 일부가 된다. 이는 우리의 몸과 뇌가 달리기에 잘 적응한다는 증거다. 특히 달리기는 도파민, 엔도르핀, 엔도카나비노이드 같은 긍정적인 화학물질을 분비시켜 기분을 좋게 하고, 스트레스를 줄이며 우울증 예방에도 큰 도움이 된다. 달리기를 지속하는 사람들은 우울증에 걸릴 확률이 매우 낮으며, 이는 달리기가 몸과 마음을 동시에 건강하게 만들어 주는 운동이라는 점에서 기인한다.

한국처럼 산과 강, 공원이 잘 갖춰진 환경에서 달리기는 쉽게 시작할 수 있는 운동이다. 단순히 운동화 하나만 있으면 누구나 달리기를 즐길 수 있다. 특히, 우울감이나 스트레스를 자주 느끼는 사람들에게 달리기는 기분 전환과 스트레스 해소에 큰 도움이 될 것이다.

삶에서 지속적인 행복을 찾기 위해서는 꾸준한 움직임이 필수적이다. 그중에서도 달리기는 인간의 신체 구조에 가장 적합한 활동 중 하나로 손꼽힌다. 인간의 본능 깊숙이에는 끊임없이 움직이고자 하는 욕구가 자리하고 있으며, 이러한 움직임은 우리의 뇌와 감정, 더 나아가 삶의 질에까지 지대한 영향을 미친다. 많은 사람들은 우리의 감정이나 정신 상태가 신체의 움직임을 결정한다고 생각하지만, 실제로는 그 반대다. 신체가 활발히 움직일 때, 뇌와 감정에 더 큰 긍정적 변화를 가져온다.

내가 2년간 사람들과의 만남을 피하면서도 외로움이나 정신적 문제를 겪지 않았던 이유는 꾸준한 달리기 덕분이라고 생각한다. 매일 6km씩 30분간 달리면서 체력의 극대화를 경험했고, 그로 인해 개인적인 체력 면에서 가장 좋았던 시기가 10대가 아닌 30대라는 것을 확인하게 되었다. 달리기는 단순히 육체적 건강을 유지하는 것 이상이었다. 독서가 정신 건강을 지탱해 주었다면, 달리기는 내 몸과 마음을 움직여 삶의 활력을 더해 주었다. 두 활동은 나에게 완벽한 균형을 이루었고, 이를 통해 신체적 건강뿐만 아니라 정신적 집중력도 크게 향상되었다.

달리기와 독서는 이제 나의 정체성 일부가 되었다. 이 두 가지 활동만으로도 평생을 살아갈 수 있을 것 같고, 완전한 행복을 보장하지는 않더라도 적어도 우울하거나 불행하지 않을 것이라는 확신이 있다. 그래서 나는 종종 사람들에게 "행복하고 싶다면 달리기를 시작하라"고 말하곤 한다. 그리고 여기에 독서까지 더한다면 금상첨화라고 덧붙인다. 달리기를 통해 몸을 움직이고, 독서를 통해 마음을 성장시키는 이 두 활동은 우리에게 끊임없는 삶의 원동력과 행복의 중요한 기반이 된다.

17화

행복한 주식 투자

독서를 통해 얻은 가장 큰 변화 중 하나는 경제와 금융에 대한 이해가 깊어졌다는 점이며, 이를 통해 나만의 견해를 확립할 수 있었다는 것이다. 경제는 단순한 수치와 돈의 흐름을 다루는 것을 넘어, 다양한 학문과 인간 삶 전반에 걸친 중요한 연결고리 역할을 한다. 경제를 이해하는 것은 역사, 정치, 수학, 과학, 예술, 철학 등 다양한 분야를 더 깊이 파악하는 데 필수적이다.

역사와 경제는 상호 의존적이다. 역사의 주요 사건들은 종종 경제적 요인에 의해 결정되며, 산업 혁명과 같은 사회적 변화는 경제적 발전 없이는 불가능했을 것이다. 전쟁, 국가의 흥망성쇠도 대부분 경제적 배경에서 일어난다. 예를 들어, 대공황은 20세기 세계 경제에 심각한 타격을 주었고, 이로 인해 여러 나라에서 정치적 불안과 극단주의가 부상했다.

정치와 경제는 서로 긴밀하게 연결되어 있다. 정치적 결정은 경제

정책에 직접적인 영향을 미치고, 반대로 경제 상황은 정치적 변화를 초래할 수 있다. 또한, 경제학은 수학과 통계를 통해 시장을 분석하고 예측하는 학문이다. 수학적 모델링은 경제학에서 필수적이며, 이를 통해 기업과 정부는 미래의 경제적 변화에 대비할 수 있다.

과학기술과 경제는 상호 보완적이다. 기술 혁신은 새로운 산업을 창출하고 경제 성장을 촉진한다. IT 혁명은 글로벌 경제의 구조를 크게 변화시켰고, 과학적 발전은 효율성을 극대화하는 데 중요한 역할을 한다. 경제적 발전과 자원 배분 문제는 철학적 문제이기도 하다. 자본주의와 사회주의, 분배 정의와 같은 논의는 경제의 철학적 토대를 형성하며, 인간의 가치관과 윤리적 판단은 경제 활동에 직결된다.

윤리는 경제의 중요한 부분이다. 기업 윤리, 공정 거래, 환경 보호와 같은 문제들은 오늘날 필수적인 경제적 고려 사항이 되었으며, 지속 가능한 성장은 특히 현대 사회에서 강조되고 있다. 예술과 경제도 서로 영향을 미친다. 예술은 경제적 후원이 없이는 발전하기 어렵고, 경제는 예술을 통해 사회적 가치를 창출한다. 르네상스 시대의 예술 부흥은 경제적 번영 덕분에 가능했으며, 오늘날에도 창의 산업에서 예술의 중요성은 계속 커지고 있다.

이처럼 경제는 다양한 학문과 분야에 깊은 영향을 미치며, 경제적 이해는 다른 분야에 대한 심층적인 통찰을 가능하게 한다. 이는 학문 간 융합을 통해 더 넓고 깊은 지식을 얻는 데 중요한 역할을 하며, 우리 삶의 여러 측면을 연결해 주는 핵심적인 요소로 작용한다.

경제를 논할 때 금융을 빼놓을 수 없으며, 특히 현대 사회에서는 금융이 핵심적인 역할을 한다. 금융은 자본의 흐름을 조절하고, 기업과 개인의 자산을 효율적으로 관리하며, 경제 전반의 안정과 성장을 뒷받침하는 중요한 시스템이다. 오늘날의 글로벌 경제에서는 금융 시스템의 안정성과 효율성이 단순히 한 국가에 국한되지 않고, 전 세계 경제에도 영향을 미친다. 금융 지식이 부족할 경우, 개인은 물론 국가까지도 경제적 위기에 쉽게 노출될 수 있다. 많은 한국인이 금융에 대한 지식이 부족하기 때문에 복잡한 금융 상품에 쉽게 속거나, 경제적 어려움에 적절히 대응하지 못하는 경우가 빈번하다. 이는 한국이 종종 '금융 문맹국'이라는 평가를 받는 이유이기도 하다.

금융 지식은 자산 관리, 투자, 대출, 위험 관리와 같은 경제적 의사결정을 내리는 데 필수적인 도구이며, 이를 잘 활용하는 사람들은 더 나은 경제적 안정과 성장을 도모할 수 있다. 특히 현대 경제에서는 금융 지식이 부를 축적하고 관리하는 데 필수적인 역할을 한다. 금융 시스템을 이해하지 못하면 경제적 기회는 제한될 수밖에 없으며, 이는 개인의 삶에도 직결된다.

사람들은 내가 2년 동안 책만 읽고 일을 하지 않으면서 어떻게 경제 활동과 생활을 유지할 수 있었는지 궁금해할 것이다. 그 답은 주식 투자에 있다. 나는 주식 투자를 통해 자산을 운용했고, 이를 통해 경제적 안정을 유지할 수 있었다. 주식 시장을 이해하고 효과적으로 투자하는 것은 경제적 자유를 추구하는 데 중요한 역할을 했으며, 지금도 꾸준히 주식 투자를 이어 가고 있다.

그런데 주식 투자를 하며 생활을 유지한 나의 경험을 이야기하면, 사람들은 가장 먼저 "어떤 종목을 추천해 줄 수 있느냐"고 묻는다. 이는 한국인들이 주식 투자를 너무 종목 중심으로 생각하고, 투자에 대한 깊은 이해가 부족하다는 것을 여실히 보여 준다. 주식 투자는 단순히 특정 종목을 선택하는 것이 아니라, 경제 흐름을 읽고, 시장의 움직임을 파악하며, 장기적인 계획을 세우는 것이 훨씬 중요하다. 종목을 알더라도 성공적인 투자를 하려면 전략적인 사고와 감정적 결정을 피하는 능력이 필요하다.

설령 내가 좋은 종목을 알려 준다고 해도, 그것만으로는 주식 투자에서 성공할 수 없다. 워런 버핏이 종목을 추천해도, 언제 매수할지, 어떻게 적절한 타이밍을 판단할지, 얼마를 투자해야 할지에 대한 명확한 기준이 없으면 결국 실패할 가능성이 크다. 특히, 언제 매도해야 하는지에 대한 결정은 더 복잡하다.

"주식에서 매수는 기술이고 매도는 예술"이라는 말은 단순한 격언이 아니라, 실제로 매수와 매도가 얼마나 다른 차원의 접근을 요구하는지 잘 보여 준다. 매수를 '기술'이라고 하는 이유는 주식을 사는 시점을 정확히 파악하기 위해서는 시간과 인내를 가지고 꾸준히 공부하고, 시장과 기업의 데이터를 분석해야 하기 때문이다. 이 과정은 철저히 분석과 연구를 필요로 하며, 적절한 타이밍을 포착하는 기술적인 능력에 의존하게 된다.

반면, 매도를 '예술'이라고 부르는 이유는 매수 기술을 아무리 연마했더라도, 매도 시점에는 정해진 답이 없기 때문이다. 주식 시장은 예측하기 어려운 변동성으로 가득 차 있고, 개별 투자자의 목표와 상황도 각기 다르다. 따라서 투자자는 최종적으로 자신만의 투자 원칙과 전략을 기반으로 한 결단을 내려야 한다. 매도는 이러한 과정에서 단순한 이론적 지식만으로 해결될 수 없는, 오히려 직관, 경험, 심리, 원칙이 서로 얽혀 복합적으로 작용하는 예술적인 영역이라 할 수 있다.

주식을 한 단어로 표현한다면, 나는 '믿음'이라고 본다. 매수한 주식에 대한 믿음이 깊다면, 주가가 일시적으로 하락할 때 두려움을 이겨내고 추가 매수를 통해 장기적인 수익을 기대할 수 있다. 반대로, 주가가 상승할 때에도 지금 이익을 실현하고 싶은 유혹을 이겨 내려면 그 주식이 더 오를 것이라는 확고한 믿음이 필요하다. 결국 주식 투자는 자신이 투자한 종목에 대한 믿음과 신념을 바탕으로 이루어지며, 그 믿음이 주식의 가치를 장기적으로 지탱해 주는 중요한 요소가 된다.

주식의 가격 그래프에는 단순한 기술적 요소뿐만 아니라 심리적 요소가 큰 영향을 미친다. 이는 투자자들의 집단 심리, 공포와 탐욕, 시장의 기대감 등이 주식 가격의 변동성을 촉발하기 때문이다. 따라서 주식 투자에서 가장 중요한 것은 자신의 감정을 잘 통제하고, 객관적으로 분석하는 능력이다. 그렇다면 이러한 통제력과 믿음은 어디서 오는가?

주식 투자를 생각해 보면, 믿음은 단순히 시장의 변화에 즉각 반응하는 것이 아니라, 장기적인 데이터와 분석을 바탕으로 한 신뢰에서 형성된다. 즉, 단기적인 변동에 휘둘리기보다는 시장에 대한 충분한 이해를 바탕으로 시간을 두고 쌓여야 하는 것이다. 이것은 단순히 감정적인 반응이나 일시적인 변동에 의존해서는 얻어질 수 없는 믿음이다. 마치 과학적 연구에서 데이터가 쌓일수록 더 정교한 가설이 도출되는 것처럼, 주식에서도 충분한 분석과 경험을 통해야만 확고한 신뢰가 형성된다.

K행복 NO행복

주식 투자에서의 믿음은 냉철한 분석과 장기적인 시각에서 형성되며, 이러한 믿음이 있어야만 시장의 변동성 속에서도 흔들리지 않고, 자신만의 투자 전략을 꾸준히 지킬 수 있다.

주식 투자에서 성공하려면 감정적인 대응을 피하고 신뢰할 수 있는 분석에 기반한 결정을 내려야 한다. 재무제표를 제대로 읽지 못하면 투자하는 회사를 충분히 이해할 수 없고, 그 회사의 장기적인 성장 가능성에 대해 확신을 갖기 어려울 것이다. 또한, 해당 기업의 제품이나 서비스를 직접 경험하거나, 그 가치를 깊이 있게 평가하지 않은 상태에서는 막연한 기대만으로 투자 결정을 내리기 쉽다. 이는 결국, 시장의 변동성에 휘둘려 손해를 볼 가능성을 높인다.

시장의 변화는 불가피하며, 주식 가격은 늘 등락을 거듭한다. 하지만 중요한 것은 그러한 단기적인 등락에 흔들리지 않고 자신이 충분히 분석한 기업에 대한 확신을 유지하는 것이다. 이 확신은 단기적이 아닌 장기적인 시각에서 형성되며, 단기적인 이익이나 손실에 얽매이지 않는 태도를 만들어 준다. 즉, 주식 투자는 철저한 분석과 장기적인 비전을 가지고 접근해야 하며, 이를 통해서만 안정적이고 지속 가능한 성과를 얻을 수 있다.

주식 투자는 단순히 수익을 추구하는 것이 아니라, 자신의 생활 방식과 가치관을 반영하는 중요한 결정이라고 할 수 있다. 워런 버핏이 콜라에 대해 언급한 내용을 보면 이 점이 잘 드러난다. 그는 한 인터뷰에서 콜라에 대해 "나는 콜라를 마시는 것을 절대 포기하지 않을 것이다. 콜라가 건강에 해롭다고 말하는 사람들이 있지만, 나는 매일 콜라를 즐기고 있다"고 말한 바 있다. 콜라는 그에게 단순한 음료가 아니라, 그가 이해하고 믿는 브랜드이기 때문에 그의 투자 결정에서도 중요한 역할을 한다. 버핏은 평소에 자기가 좋아하고 이해하는 사업에만 투자한다고 밝힌 바 있는데, 이러한 원칙은 그가 장기적으로 성공적인 투자를 이어 갈 수 있었던 이유 중 하나다.

마찬가지로, 자신이 진정으로 가치를 두는 제품이나 서비스에 투자하는 것이 중요하다. 콜라를 싫어하거나 건강 문제에 민감한 사람이라면, 그 주식을 매수하는 것이 적절하지 않다. 주식 투자는 이익만을 추구하는 것이 아니라, 자신의 가치관과 생활 방식을 반영해 장기적인 신뢰를 형성하는 과정이다.

따라서 나에게 맞는 주식을 찾는 과정은 시간이 걸리며, 이는 꾸준한 학습과 경험을 통해 정교해진다. 주식 투자에서 중요한 것은 남들이 얼마를 벌었는지, 잃었는지에 휘둘리지 않고, 자신과 맞는 주식을 찾아 그와 오랜 인연을 이어 가는 것이다.

투자 결정을 내린 후에는 주식과 적절한 거리를 유지하는 것이 중요하다. 매일 주가에 집착하기보다는, 일정한 간격을 두고 주식을 점검하며, 긴 호흡으로 접근하는 것이 훨씬 현명하다. 마치 매일 연락하지 않더라도 변함없는 친구처럼, 확신이 생긴 주식은 자주 들여다보지 않더라도 스스로의 가치를 유지하며 성장해 나갈 것이다. 삶과 주식 모두 때로는 비우고, 거리를 둬야 더 큰 결실을 얻을 수 있는 법이다.

주식을 자주 확인한다고 해서 그 주식의 가치가 단기간에 달라지는 것은 아니다. 오히려 지나친 관찰은 감정적 판단을 유도해, 불필요한 거래를 하게 만들고 장기적 성공을 가로막을 수 있다. 중요한 것은 주식과 적당한 거리를 유지하며, 냉철한 분석과 긴 안목으로 투자를 지속하는 것이다. 오랜만에 친구를 만나면 반가움이 더 커지듯, 주식도 이와 같은 마음가짐으로 대할 때 만족스럽고 평온한 투자가 가능하다. 이는 결국, 재테크를 행복하게 만드는 길로 이어진다.

장기적으로 투자를 이어 가다 보면, 주식 시장에서 얻는 경험은 인생의 배움으로 이어진다. 주식 시장은 양면성을 지닌다. 단기적 관점에서 본 시장의 결과와 장기적 관점에서 본 결과는 때로는 전혀 다르며, 시간이 지남에 따라 과거의 선택들이 틀렸음을 깨닫기도 한다. 이러한 후회와 실수는 투자 경험을 통해 축적되고, 이는 단지 금전적 손익을 넘어서 삶의 지혜로 전환된다.

많은 돈을 버는 것만이 행복을 가져오는 것은 아니다. 그 돈을 담을 수 있는 그릇, 즉 올바른 마음가짐과 자제력이 필요하다. 로또에 당첨된 사람들이 자주 돈을 탕진하거나 오히려 빈곤에 빠지는 이유는 이러한 그릇을 준비하지 못했기 때문이다. 반대로, 손실을 겪으며 얻은 배움은 더 나은 투자자로 성장할 수 있는 기회를 제공한다. 인생에서 돈을 평탄하게 많이 벌 수 있는 사람은 드물다.

남의 돈을 부러워할 필요도, 돈이 없다고 주눅 들 필요도 없다. 마찬가지로 돈을 벌었다고 지나치게 들뜰 필요도, 돈을 잃었다고 소극적으로 변할 필요도 없다. 마치 마음의 그릇이 커지면 그 속에 출렁이는 물결이 쉽게 넘치지 않고 잔잔하게 일렁이듯이, 투자에서도 감정을 잘 다스리는 능력이 가장 중요하다.

주식으로 더 빨리, 더 많이 돈을 버는 다양한 방법이 있지만, 투자에서 심리적인 요소가 기술적인 분석만큼이나 중요하다는 점은 분명하다. 각자의 심리적 요소와 성향에 맞는 투자법을 찾는 것이 무엇보다 중요하다. 주식에는 인생처럼 정답이 없으며, 각자의 상황에 맞는 길을 찾아야 한다.

일확천금을 노리기보다는, 인내와 꾸준함을 바탕으로 자신의 투자 스타일을 확립하는 것이 더 현명한 선택일 수 있다. 주식 투자는 단기적인 경쟁이나 급박한 결정을 내리기보다는, 장기적으로 천천히 자산이 불어 나가는 과정을 이해하고 즐기는 것이 중요하다. 마치 삶에서 균형을 찾듯이, 주식 투자도 자신의 원칙을 유지하고, 시간을 두고 자산이 서서히 쌓여 가는 과정을 받아들여야 한다. 그 과정 속에서 얻게 되는 성취감과 안정감은 경제적 성공 이상의 의미를 가질 수 있다.

주식 투자를 오래 하다 보면, 단순히 재테크의 수단을 넘어서 그것이 내면의 성찰과 자기 이해의 과정이라는 사실을 자연스럽게 깨닫게 된다. 주식 시장은 그 자체로 복잡하고 변동이 심한 세계이며, 그 안에는 수많은 심리적 요소들이 얽혀 있다. 우리는 그 변동성 속에서 이익을 추구할 뿐 아니라, 그 과정에서 스스로를 돌아보고 진정한 자신을 이해할 수 있는 기회를 얻는다.

모든 성장은 결국 자기 성찰에서 비롯된다. 우리는 종종 자신을 잘 안다고 믿지만, 아무리 노력해도 스스로를 완전히 이해할 수 없다는 것은 인간의 본질적인 한계이자 가능성이다. 성찰을 통해 우리는 끊임없이 배우고 변화하지만, 그 과정에서 여전히 자신에게 남아 있는 모순과 두려움을 마주한다. 주식 시장에서의 실패와 성공, 불안과 확신은 바로 이러한 내면의 반영이다. 자신의 투자 방식을 통해 우리는 무엇을 두려워하고, 무엇을 신뢰하는지를 더욱 분명히 깨닫게 된다.

성장은 단순히 지식을 축적하는 것으로 완성되지 않는다. 배움은 필수적인 출발점이지만, 그 지식을 자기 성찰을 통해 걸러 내고, 필요할 때는 과감히 비워 내는 과정에서 비로소 진정한 성장이 이루어진다. 주식 시장에서 얻은 정보 역시 마찬가지다. 그것이 우리 내면에서 정제되지 않는다면, 단순한 데이터로 남을 뿐이다. 이때 중요한 것은 변화하는 세상의 평가와 나의 가치 사이에서 접점을 찾는 것이다. 이 접점에서 우리는 비로소 자신이 믿고 따를 가치를 명확히 인식하고, 그로 인해 자신의 투자 철학을 확립하게 된다. 진정한 성장은 더 많이 배우는 데 있는 것이 아니라, 더 깊이 깨닫고 실천하는 데에서 비롯된다.

가장 훌륭한 삶은 자신의 기준과 가치를 온전히 따르며 살아가는 삶이다. 외부의 평가나 상황에 휘둘리지 않고, 내면에서 비롯된 확신과 자율성에서 진정한 만족이 온다. 이러한 내적 자율성을 지닌 사람만이 진정한 행복을 누릴 수 있다고 할 수 있다. 여기서 중요한 것은, 행복이 단순히 얻고 채워지는 것만이 아니라, 자기 통제와 절제를 통해 서서히 형성될 수 있다는 점이다.

과학자들에 따르면, 우리는 행복을 예측하는 데 매우 서툴며, 우리가 실제로 경험했을 때 얼마나 만족스러웠는지를 기억하는 능력 또한 형편없다고 한다. 주식 시장에서 단기적인 변동성에 따라 쉽게 일희일비하는 것처럼, 우리의 감정도 순간적인 만족을 추구할 때 큰 요동을 친다. 반면, 자신의 가치를 기반으로 장기적인 목표를 세우고 이를 향해 인내심을 발휘하는 사람들은 더 깊고 안정적인 행복을 누릴 가능성이 높다. 이는 자기 절제와 자율이 바탕이 될 때 가능해진다.

행복은 오직 얻는 것에서만 오는 것이 아니다. 절제는 욕망을 다스리고, 자신을 통제하는 힘을 길러 줌으로써 더 깊은 만족을 선사한다. 과도한 쾌락은 오히려 만족감을 줄일 수 있지만, 절제를 통해 우리는 작은 것들에도 더 큰 기쁨을 느낄 수 있다. 절제는 단순히 욕망을 억누르는 것이 아니라, 삶의 균형을 찾고 그 속에서 자기 주도적인 만족감을 발견하는 과정이다. 이로 인해 우리는 진정한 행복에 가까워진다.

18화

천천히와 불편함 속에 피어나는 행복

　나는 한국인이 주식 투자를 잘하지 못하거나 선호하지 않는 이유 중 하나가 '빨리빨리' 문화에 있다고 본다. 한국 사회에서 빠른 속도와 즉각적인 성과가 중요한 덕목으로 자리 잡으면서, 주식처럼 장기적 계획과 인내가 필요한 분야에서 어려움을 겪는 것이다. 이러한 속도 중심의 생활 방식은 우리에게 큰 편리함을 주었지만 그 대가로 우리는 인내심을 조금씩 잃고, 장기적인 목표를 세우기보다는 눈앞의 성과에만 집중하는 경향이 강해졌다.

　실제로 한국 주식 시장은 미국 시장과는 상당히 다른 양상을 보인다. 코스피와 코스닥 지수는 급격한 하락과 상승을 반복하거나, 일정한 범위 안에 갇힌 듯한 모습을 자주 보여 준다. 반면, 미국의 다우존스나 나스닥 지수는 비교적 꾸준히 우상향하는 그래프를 그리는 경향이 있다. 이러한 차이는 투자자들의 성향과 시장의 구조적 차이에서 비롯된 것이다. 특히, 한국 투자자들은 단기적인 수익을 추구하는 '빨리빨리' 문화에 익숙하며, 이로 인해 장기적인 안목보다 즉각적인 성과를 중시하는 경향이 있는 것이다.

이런 '빨리빨리' 문화는 주식 투자 심리에 부정적인 영향을 미칠 수 있다. 주식 투자는 빠른 결정을 요구하는 것처럼 보일 수 있지만, 사실 가장 성공적인 투자자들은 여유를 가지고 전략적 사고를 유지하는 법을 알고 있다. 투자 심리에서 중요한 요소는 감정을 통제하고, 시장의 변동성에 휘둘리지 않으며, 신중하게 판단하는 것이다. 이러한 투자 방식을 삼국지의 제갈량이 사용한 '공성계(空城計)' 전략에 비유할 수 있다.

북벌을 추진하던 제갈량의 군대는 어느 날 적의 대규모 공격을 대비하기 어려운 상황에 처했다. 당시 병력도 적었고, 성의 방어 준비도 부족했다. 그때 사마의가 이끄는 위나라의 대군이 제갈량이 있는 성을 향해 다가오고 있었다. 대부분의 사람이라면 성문을 걸어 잠그고 방어를 준비했을 것이다. 하지만 제갈량은 정반대로 성문을 활짝 열고 병사들을 성안으로 물러나게 한 뒤, 자신은 성문 위에서 거문고를 연주하며 태연한 모습을 보였다. 성안은 마치 아무런 방비도 하지 않은 것처럼 조용했다.

이 모습을 본 사마의는 제갈량의 진정한 의도를 의심하기 시작했다. 제갈량이 방비를 하지 않은 것이 아니라, 분명 큰 계략을 숨기고 있다고 생각했다. 제갈량의 지혜를 두려워한 사마의는 결국 공격을 포기하고 후퇴했다. 이로써 제갈량은 대규모 적군의 공격을 막아내었다.

주식 시장에서도 이와 유사한 심리전이 펼쳐진다. 주가는 늘 오르내리며 변동성을 보인다. 많은 투자자들이 이러한 움직임에 불안감을 느끼고, 조급함 속에서 결정을 내리곤 한다. 하지만, 제갈량의 '공성계'

처럼 때로는 시장에서의 침착함과 여유가 더 중요한 승리의 요소가 될 수 있다. 주식이 하락할 때 성급하게 매도하기보다는, 상황을 냉정하게 분석하고 전략적으로 기다리는 것이 훨씬 유리할 수 있다. 투자에서 승리는 조급함이 아니라 인내와 전략적 기다림에서 온다.

이는 부동산 투자가 안정적이라고 생각하는 한국인들에게도 적용된다. 주식도 부동산처럼 접근하면, 서두르지 않고 적립식으로 분산 매수하는 방식이 리스크를 줄이고 더 나은 성과를 이끌어 낼 수 있다. 마치 청약금과 계약금, 융자와 잔금을 차근차근 준비하는 부동산 거래처럼, 주식도 한꺼번에 모든 돈을 쏟아붓기보다는 시간을 두고 신중히 진행해야 한다. 그러나 많은 한국인들이 주식 투자에서 정반대의 행동을 보인다. 주식을 한꺼번에 매수하고, 시장이 하락하면 원치 않게 장기 투자가 되며, 단타 매매에 몰두해 하루 종일 사고팔기를 반복하다가 손해를 보기도 한다.

한국인의 삶과 주식 투자에는 흥미로운 역설이 존재한다. 많은 한국인들은 쉬지 않고 일하며 자신을 발전시키기 위해 노력하지만, 그 결과는 종종 자신의 성공이 아닌 회사나 사장의 주머니를 불려 주는 데 그친다. 열심히 스펙을 쌓고, 자격증을 취득하며 직장에서의 성취를 목표로 하지만, 결국 남의 회사에 고용되는 순간 갑을 관계에서 자유로울 수 없다. 이는 많은 이들이 자신이 직접 좋은 인재를 고용할 수 있는 능력을 키우기보다는, 고용되기 위해 뛰어난 스펙을 갖추는 데에만 치중하기 때문이다.

마찬가지로, 많은 주식 투자자들은 매일 주가 차트를 주시하며 불필요한 걱정을 하면서 시간과 자원을 소모하는 경우가 많다. 사실 주식 시장에서 우량한 주식은 시간이 지나면서 자연스럽게 상승할 가능성이 높다. 하지만 이러한 장기적 관점을 놓치고 단기적인 등락에만 신경 쓰다 보면 오히려 큰 손해를 볼 수 있다. 이는 마치 한국인들이 겉으로는 생산적이고 효율적인 삶을 추구하는 듯하지만, 실제로는 눈앞의 성과에만 집중하며 장기적인 계획과 균형을 잃어버리는 역설적인 상황과 매우 흡사하다.

한국의 '빨리빨리' 문화는 생활 전반에서 쉽게 발견된다. 인터넷 속도, 의료 서비스, 택배 배송, 금융 거래, 증서 발급, 이사 등에서 그 속도와 효율성은 전 세계적으로 인정받고 있으며, 외국인들이 한국에 와서 가장 놀라는 문화 중 하나도 바로 이 '빨리빨리' 문화다. 커피 자판기 앞에서 종이컵을 미리 잡고 기다리거나, 엘리베이터의 닫힘 버튼을 연속으로 누르는 행동, 심지어 컵라면의 3분을 채 기다리지 못하고 뚜껑을 여는 모습까지도 이 문화의 일환이다. 한국에서는 속도가 단순한 효율성의 문제를 넘어, 그 자체로 일상과 삶의 리듬이 된 것이다.

그러나 나는 이 '빨리빨리' 문화가 삶의 여유를 앗아가고, 더 깊은 행복을 방해하는 역효과를 초래한다고 느낀다. 한국은 편리한 나라임에도 불구하고, 그 편리함이 지나쳐 사람들이 일상 속 여유를 잃어버리게 만들고 있다. 한국은 세계에서 인터넷 속도가 가장 빠르고 데이터 이용이 매우 편리하여 스마트폰 사용이 매우 활발하다. 많은 서비스와 편의시설이 스마트폰 중심으로 제공되고, 사람들은 그 속도에 맞춰 바쁘게 생활한다. 지하철에서 거의 모든 사람들이 스마트폰을 들여다보는 모습은 이 문화의 상징적 장면이다. 때때로 바깥 풍경을 감상하거나 사람들과 교감할 기회를 놓친 채, 눈앞의 작은 화면에 집중하는 모습이 일상화된 것이다.

　한국인들이 독서를 하지 않는다고들 하지만, 지하철에서 스마트폰으로 웹툰이나 웹소설을 보는 사람들은 의외로 많다. 이는 '빨리빨리' 문화의 영향으로, 순간적인 즐거움에만 집중하게 하여 더 깊은 내적 만족이나 정신적 성장을 방해하는 요인으로 작용할 수 있다. 빠르게 소비할 수 있는 콘텐츠에 몰두하면서 깊이 있는 사고나 성찰의 기회가 줄어드는 것이다.

　이러한 문제는 한국만의 현상은 아니지만, 아파트 단지 주변에 설치된 바닥 신호등을 보며 나는 "이것은 좀 지나치지 않나?"라는 생각을 했다. 스마트폰을 너무 자주, 그리고 오래 들여다본 나머지 고개를 들어 신호등을 볼 여유조차 없어진 현실이 과도하다는 느낌을 받았다. 물론 이러한 장치들은 사고를 방지하기 위한 목적에서 설치되었겠지만, 근본적인 문제는 해결하지 못한 채, 그저 임시방편에 불과한 것처럼 보인다.

　오히려 이런 편의가 문제를 더 악화시킬 가능성도 있다. 사람들이 바닥 신호등에 의존하게 되면서 주의력은 더욱 약화되고, 신호를 직접 확인하지 않으려는 경향이 더 심해질 수 있다. 이렇게 되면 주의가 필요한 순간에 집중하지 못하고 스마트폰에 몰입한 채 사고를 초래할 위험이 높아지게 되며, 이는 결국 악순환을 불러일으킬 것이다.

　현대 사회에서 우리는 편리함을 좇으며 살아가지만, 그 속에서 진정한 행복을 느끼고 있는지 다시 생각해 볼 필요가 있다. 편리함은 우리의 삶을 어느 정도까지는 개선하지만, 그것이 지나치면 오히려 행복을 방해하는 요소로 작용할 수 있다.

이와 대조적으로, 세계적인 가구 기업 이케아는 소비자에게 완성된 제품이 아닌, 직접 조립해야 하는 불편함을 제공하는 독특한 전략을 사용한다. 이는 단순히 비용 절감을 위한 방법일 뿐만 아니라, 소비자 경험에 중요한 영향을 미치는 요소다. 심리학에서는 이를 '이케아 효과(IKEA Effect)'라고 부르며, 사람들은 자신이 직접 참여한 작업에 더 큰 애착과 가치를 느낀다고 설명한다.

이케아의 조립 가구는 처음에는 불편하고 시간이 걸리지만, 그 과정을 통해 소비자들은 더 깊은 만족감을 얻게 된다. 이런 불편함을 제공함으로써 이케아는 고객들이 가구에 더 큰 애착을 느끼게 만들고, 조립 과정 자체를 하나의 즐거움으로 변모시킨다. 이는 천천히 쌓아 가는 과정에서 만족감을 얻는 인간의 본성과 맞닿아 있으며, 결과적으로 더 깊은 성취감을 느끼게 한다.

즉, 스마트폰을 통한 즉각적인 만족과 달리, 이케아는 과정을 통해 얻게 되는 깊이 있는 행복을 강조한다. 불편함을 감수하며 직접 가구를 조립하는 경험은 단순한 노동이 아니라, 자기 손으로 행복을 만들어 가는 과정이다. 이케아의 철학은 느리고 불편한 과정 속에서 더 깊고 지속적인 행복을 찾을 수 있음을 일깨워 준다.

살면서 '빨리빨리'라는 태도로 성급하게 무언가를 처리하려고 할 때 좋은 결과를 얻은 기억이 드물다는 사실을, 우리는 시간이 흐른 뒤에서야 깨닫게 된다. 이는 단순히 주식 투자나 일상생활의 효율성에만 적용되는 것이 아니라, 삶 전반에 걸쳐 적용될 수 있는 중요한 원칙이다.

우리는 일할 때 성과를 빨리 내고자 서두르다가 인간관계를 소홀히 하기도 하고, 서둘러 사랑을 시작했지만 그만큼 쉽게 끝나는 경험을 하기도 한다. 운동을 오랫동안 하지 않다가 갑자기 무리한 운동으로 부상을 입거나, 업무를 급하게 처리하다 실수를 범해 처음부터 다시 시작해야 하는 경우도 많다. 이러한 경험들은 우리에게, 진정한 성장은 속도가 아니라 과정을 통해 이루어진다는 점을 상기시킨다.

더 나아가, 우리가 진정으로 몰입하고 좋아하는 일을 할 때는 시간의 흐름조차 잊는 경우가 많다. '빨리'라는 개념은 그 순간에는 사라지고, 오히려 그 시간이 천천히 지나가기를 바라는 마음이 든다. 예를 들어, 흥미로운 영화를 볼 때 그 영화가 빨리 끝나길 바라지 않으며, 영화가 끝나면 아쉬움을 느끼곤 한다. 이는 우리가 즐겁고 의미 있는 순간을 체험할 때마다 더욱 확연해진다. 몰입 속에서 우리는 시간과 속도의 개념을 잊고, 그 과정 자체에 깊이 빠져들게 된다.

좋아하는 일을 할 때, 우리는 그 과정 자체에서 즐거움을 느끼기에 서두를 필요가 없다. 행복은 단순히 목표에 도달하는 데 있는 것이 아니라, 그 과정을 온전히 경험하고 음미할 때 찾아오는 것이다. 진정한 미식가는 맛있는 음식을 앞에 두고 급하게 먹기보다는, 천천히 맛을 음미하며 그 깊은 풍미를 느낀다. 그 결과 더 만족스러운 식사를 하게 된다.

마라토너도 마찬가지로 처음부터 전력 질주 하지 않는다. 페이스를 조절하며 천천히 달려야 완주할 수 있고, 좋은 성적을 얻을 수 있다는 것을 잘 안다. 이 과정에서 달리기의 몰입 상태인 러너스 하이(Runner's High)를 경험하게 되는 것이다. 러너스 하이는 육체적 고통을 넘어설 때 느끼는 정신적 만족과 해방감으로, 이는 달리기 자체가 하나의 과정이자 즐거움임을 알려 준다.

한국 사회의 '빨리빨리' 문화는 표면적으로는 효율성과 성과를 중시하지만, 그 이면에는 과정을 경시하고 결과만을 강조하는 경향이 있다. 이러한 결과 중심의 사고방식은 개인이 오롯이 과정을 즐기기보다는 목표를 달성하기 위해 끊임없이 바쁘게 움직이도록 만든다. 끊임없는 노력과 의지력을 강조하는 한국 사회에서, 바쁘게 사는 것이 곧 성공의 상징처럼 여겨지기도 한다. 이는 성공을 상징하는 이미지로 굳어져, 마치 바쁘지 않으면 성취하지 못한 사람이라는 인식이 따라붙는 경우도 있다.

진정한 성공은 단순히 끊임없는 노력만이 아니라, 적절한 시점에서 포기할 줄 아는 지혜에서도 나온다. 오늘날처럼 선택지가 다양한 시대에, 포기는 실패가 아닌 더 나은 길을 찾기 위한 전략적 선택이 될 수 있다. 이는 손실이 큰 주식에 계속 자금을 투입하는 것보다 더 나은 투자 기회를 찾는 것과 같은 현명한 판단이다. 이 관점에서 '빨리빨리' 문화는 과정을 간과한 채 목표를 향해 서두르게 만드는 덫이 될 수 있다.

따라서 성과를 빨리 기대하기보다는, 과정을 통해 천천히 쌓아 가는 즐거움 속에서 성취를 느끼는 것이 진정한 성공의 의미다. '빨리빨리' 문화는 우리에게 큰 편리함을 제공하지만, 그 편리함 속에서 잃어버린 여유와 내면의 만족은 깊이 있는 행복을 방해할 수 있다. 인생은 불편함으로 가득 차 있고, 그 불편함 속에서 끊임없이 이어지는 과정의 연속이다. 그러나 이 과정이야말로 천천히 쌓여 가는 즐거움과 깊은 깨달음을 통해 진정한 행복을 얻는 원동력이 된다. 즉각적인 성과보다는, 시간이 흘러가며 내면의 충만함을 찾아가는 과정이 중요한 이유는, 그 속에서 진정한 의미와 가치를 발견할 수 있기 때문이다.

K행복 NO행복

19화

한국인이여, 건강부터 챙깁시다!

한국의 이사 문화는 그 속도와 효율성에서 매우 독특한 모습을 보인다. 특히 젊은 세대는 1~2년 단위로 전세나 월세 계약을 갱신하면서, 자주 이사를 경험하게 된다. 이사를 준비할 때 한국에서는 포장이사 업체를 통해 거의 모든 과정이 빠르게 해결된다. 고층 아파트에서는 사다리차를 통해 창문으로 짐을 나르는 광경이 매우 흔하며, 이는 한국 특유의 '빨리빨리' 문화와 맞물려 있다. 외국인들에게는 이러한 광경이 매우 신기하게 느껴질 정도로 이사 과정이 효율적이고 빠르다.

그러나 나는 때때로 이런 빠른 편리함이 인간적 온기와 소통을 희생시키는 듯한 느낌을 받는다. 예전 이사 문화에서는 이웃과 떡을 나누며 인사를 나누는 것이 흔한 풍경이었다. 복도식 아파트에서는 이웃들과 자주 마주치며 자연스럽게 안부를 묻는 일이 많았고, 이는 사람들 간의 정서적 유대와 신뢰를 형성하는 중요한 요소였다. 그러나 대형 오피스텔과 고층 아파트가 늘어나면서, 이웃 간의 따뜻한 소통은 점차 희미해지고 현대 도시 생활 속에서 그리움과 상실감이 커져만 갔다.

러시아에서는 한국의 초코파이가 '정'의 상징으로 사랑받는 반면, 한국에서는 이 '정'이라는 개념이 점점 사라지는 듯하다. 특히 서울과 같은 대도시에서는 프라이버시를 중시하는 설계가 보편화되면서, 물리적인 거리뿐 아니라 감정적인 거리도 멀어졌다.

고층 건물들은 콘크리트 벽처럼 딱딱하고 차가운 느낌을 주며 좁은 인도 위를 바쁘게 걷는 사람들의 표정에서는 여유가 사라져 보인다. 도시는 점점 더 많은 차와 인구를 수용하기 위한 공간으로 변화하고 있고, 그 결과 사람들은 점점 더 고립감을 느끼게 된다. 이런 구조 속에서 사람들 간의 관계는 더욱 단절되고, 도시의 생활은 따뜻함보다는 차가운 효율성만을 강조하는 방향으로 흘러가고 있다.

차 중심의 교통 시스템은 사람들 간의 자연스러운 소통을 더욱 막고 있다. 도로는 넓지만 그에 비해 인도는 협소하여 보행자들이 편히 머무를 공간조차 제공하지 않는다. 거리에서 사람들을 마주칠 기회는 줄어들고, 걷는 즐거움보다는 빠른 이동이 우선시된다. 또한, 도시에서 녹지 공간이 부족하다는 점은 자연과의 단절을 야기하며, 이로 인해 사람들이 느끼는 정서적 안정감 역시 방해받고 있다. 도시의 삶은 그만큼 더 삭막해지고, 사람들은 고립감을 느끼게 된다.

한국의 야경은 화려한 네온사인과 거대한 LED 스크린으로 가득해 처음에는 눈을 사로잡는다. 하지만 그 인공적인 빛은 시간이 지날수록 차가운 감각만을 남긴다. 밤하늘에서 내려다본 도시의 불빛은 아름답지만, 그 불빛 아래에서 얼마나 많은 사람들이 고단한 삶을 이어 가고 있는지 생각하면 쓸쓸함이 밀려온다. 반짝이는 도시의 외형과 그 속에

숨겨진 사람들의 고립감은 극명한 대조를 이룬다.

이 도시의 건물들과 설계 때문일까? 서울은 세계에서 단위 면적당 카페 수가 가장 많은 도시 중 하나로 꼽힌다. 카페는 단순히 커피를 마시는 곳이 아니라, 일상의 많은 순간들이 모이고 흩어지는 공간으로 변모했다. 만남과 헤어짐, 학습과 대화, 그리고 사색마저도 이곳에서 이루어진다. 1인 가구가 늘어나며 좁은 집에서 누군가를 초대하기가 부담스러워지고, 도시에는 앉아 쉴 만한 공공장소조차 드물다 보니, 사람들은 자연스레 카페를 찾게 된다.

카페는 그 자체로 도시의 작은 쉼표처럼 느껴진다. 외로운 도시에서 잠시라도 머물 수 있는 장소로, 각자의 일상을 잠시 내려놓고 관계를 맺거나 자신과 마주할 수 있는 여유를 제공한다. 그런 점에서, 이 삭막한 도시의 차가운 구조와 대비되는 따뜻한 공간이 바로 카페일지도 모른다.

그러나 서울의 카페들은 그 수많은 숫자에도 불구하고, 어딘가 비슷하게 느껴진다. 여기에서 한 가지 의문이 든다. 이렇게 다양한 만남이 이루어지는 곳임에도, 왜 한국의 카페들은 모두 비슷한 기능만 할까? 인테리어와 음료의 차이가 카페를 구분 짓는 주요한 요소로 남아 있지만, 그곳에서 경험할 수 있는 감정이나 소통의 깊이는 그다지 차별화되지 않는다. 카페가 제공하는 여유와 휴식의 공간은 여전히 소중하지만, 그 속에서 색다른 감정적 연결을 경험하기는 어려운 현실이 아쉽다.

카페가 진정한 행복의 공간이 되기 위해서는 더 많은 고민과 변화가 필요하다. 결국 중요한 것은 금전적 수익이 아니라, 사람들에게 진정한 행복을 제공하는 것이다. 그러나 우리는 흔히 돈이 가시적으로 보이는 성과를 제공하기 때문에, 그 과정에서 행복의 본질을 잊고 돈을 목표로 삼게 된다. 한국의 많은 카페들이 그저 음료를 소비하는 공간으로만 기능하는 것도 이와 무관하지 않을 것이다. 한편으로, 카페는 SNS용 사진을 찍는 공간으로 소비되며, 그 장소가 주는 의미는 일회성으로 끝나 버리는 경우도 많다.

일본의 Shiru 카페에서는 매장 내에서 채용 설명회를 열거나, 컵, 주문용 모바일 앱, 키오스크 등을 활용해 채용 정보를 홍보하는 독특한 방식을 채택하고 있다. 카페라는 공간은 사람들이 모여 소통하며 다양한 경험을 나누는 장소이기에, 이러한 환경을 활용해 기업과 학생들이 자연스럽게 연결된다. 이는 학생들이 일상 속에서 자연스럽게 커리어 정보를 접할 수 있도록 설계된 문화적 접근으로, 카페가 단순한 음료 제공을 넘어 사회와의 깊은 연계를 통해 새로운 기회를 제공하는 중요한 역할을 한다.

도쿄의 몇몇 카페들은 단순히 음식을 제공하는 공간을 넘어, 책과 문화를 결합한 독특한 경험을 선사하는 곳으로 자리 잡고 있다. 고객들이 책을 읽으며 식사를 즐길 수 있도록 설계된 공간으로, 책을 그저 구매하는 물건이 아닌 삶의 한 부분으로 경험하도록 돕는다. 이곳에서 식사와 독서는 하나의 세트로 연결된다. 음식을 즐기며 동시에 책을 탐닉하는 이 문화적 경험은 고객들에게 일상에서 벗어난 특별한 순간을 제공한다.

이러한 카페들은 단순히 커피나 음료를 파는 공간을 넘어, 사람들이 모여 지식을 공유하고 사색하며 문화를 체험할 수 있는 중요한 플랫폼으로 기능한다. 이러한 형태의 카페들은 고객들에게 새로운 경험을 제공하면서 미디어의 주목을 받았으며, 현대 소비자들이 단순한 상품보다 경험과 가치를 더 중시하는 추세에 잘 부합한다. 이로 인해 카페는 단순한 상업 공간이 아닌 문화적 허브로 자리 잡게 되었다. 반면, 한국의 카페들은 이러한 면에서 상대적으로 창의력이 부족한 느낌이다.

나는 한국의 카페들을 하나로 연결하는 플랫폼을 통해 이러한 문제를 해결할 수 있지 않을까 생각해 본다. 배달의 민족이 모든 식당을 연결한 것처럼 모든 카페를 연결한다면, 소비자들은 보다 간편하게 카페를 이용할 수 있다. 핸드폰으로 주문과 결제를 쉽게 할 수 있게 되고, 이를 통해 키오스크나 인건비 절감 효과도 기대할 수 있다. 더 나아가, 이 플랫폼이 단순히 음료를 주문하는 기능을 넘어, 이색 카페나 테마 카페를 소개하는 기능을 추가하면 사용자들의 다양한 취향을 반영하고, 색다른 경험을 할 수 있는 기회를 제공할 수 있다.

또한 이 플랫폼은 사람들 간의 유대감을 증진하는 데도 중요한 역할을 할 수 있다. 특정 테마 카페에 대해 관심이 있는 사람들끼리 소통할 수 있는 공간을 마련하거나, 독서 모임, 취미 모임과 같은 다양한 이벤트 정보를 제공함으로써 자연스럽게 커뮤니티가 형성될 수 있다. 플랫폼은 단순한 주문과 결제 수단을 넘어, 사람들의 소통과 교류를 촉진하는 중요한 매개체가 될 수 있다. 카페에서의 경험이 사회적 연결과 유대감 형성의 장이 된다면, 카페 플랫폼은 더 나은 소비 경험을 제공하는 동시에 새로운 커뮤니티 문화를 형성하는 데 기여할 수 있을 것이다.

한국에는 카페보다 더 많은 것이 있는데, 그것은 바로 치킨집이다. 한국인의 치킨 사랑은 유별나다 할 정도로 깊어서, 심지어 수면욕, 성욕, 치킨욕이라는 농담이 생길 정도다. 치킨은 한국인의 대표 배달 음식이며, 배달 문화는 한국 사회에 깊이 뿌리내려 있다. 이웃 국가인 중국이나 일본과 비교해도 1인당 배달 음식 거래액이 훨씬 높은 편이며, 실제로 한국의 배달 시장은 전 세계적으로도 유례를 찾기 힘들 정도로 발달해 있다.

그러나 이러한 배달 음식의 활성화는 여러 문제를 동반하고 있다. 먼저 과도한 배달 음식 소비는 환경 문제를 초래한다. 일회용품 사용이 증가하면서 쓰레기가 늘어나고, 이는 심각한 환경 오염으로 이어진다. 또한, 배달비 인상으로 인한 경제적 부담도 커지고 있으며, 무엇보다 건강에 미치는 부정적인 영향도 무시할 수 없다.

2023년 기준으로 한국의 배달 음식 시장은 연간 거래액이 약 26조 원에 이를 정도로 커졌고, 매년 그 규모가 확대되고 있다. 이와 더불어 유튜브 먹방 채널들은 이러한 트렌드를 더욱 가속화시키고 있다. 수백만에서 천만 명이 넘는 구독자를 가진 인기 먹방 유튜버들은 주로 건강에 해로운 자극적이고 고칼로리 음식을 대량으로 소비하는 모습을 콘텐츠로 제작하며, 그중 육류, 튀김류, 라면, 패스트푸드 등이 주를 이룬다. 이는 과도한 배달 음식 주문과 과식을 자연스럽게 조장하고 있다.

특히 먹방 콘텐츠는 음식을 대량으로 섭취하는 것을 미화하는 경향이 있어, 젊은 세대들에게 왜곡된 식습관을 심어 줄 위험이 크다. 과식을 통해 재미를 느끼게 하는 이러한 문화는 비만, 고혈압, 당뇨와 같은 생활습관병을 유발할 수 있으며, 장기적인 건강 문제를 초래할 가능성이 높다.

나는 개인적으로 배달 음식을 자주 소비하지 않는다. 이는 독서를 통해 건강에 대한 책을 읽고 나서 식습관을 변화시킨 결과이다. 그중에서도 나는 특히 뇌 건강에 집중하는 편이다. 나이가 들어도 명석한

K행복 NO행복

두뇌를 유지하며, 책을 읽고 글을 쓰는 능력을 지속적으로 유지하고 싶기 때문이다. 연구에 따르면 뇌의 노화 속도는 신체보다 느리기 때문에, 건강한 식습관과 뇌 건강 관리에 신경을 쓰는 것이 장기적으로 유리하다.

인간의 뇌는 우리 신체에서 가장 특출난 기관이지만 주변 환경에 가장 취약한 기관이기도 하기에 특별한 관리와 보살핌이 필요하다. 인간의 뇌는 매우 복잡하고 중요한 역할을 하며, 신체 기능 조절뿐 아니라 감정, 사고, 기억을 담당하는 핵심 기관이다.

우리의 뇌는 주변 환경, 생활 습관, 그리고 우리가 먹는 음식과 긴밀하게 연결되어 있다. 특히 '제2의 뇌'라고 불리는 장(腸)과의 연결이 중요한데, 이는 장내 미생물과 신경계 사이의 상호 작용을 통해 이루어진다. 이러한 장-뇌 축(gut-brain axis)은 뇌 건강을 좌우하는 중요한 요소다. 장이 건강할 때 뇌는 명확하게 사고할 수 있고, 반대로 장이 건강하지 않으면 뇌에 안개가 낀 듯한 느낌과 피로감이 찾아온다. 특히 설탕, 글루텐, 유제품은 뇌에 악영향을 미친다.

설탕은 과다 섭취 시 인지 기능을 저하시킬 뿐 아니라 염증 반응을 촉진시켜 기억력 감퇴와 우울증을 초래할 수 있다. 글루텐은 염증을 유발해 신경학적 문제, 피로, 우울증 등을 초래할 수 있다. 유제품 또한 염증을 일으키며, 신경계에 부정적 영향을 주어 자가면역 질환이나 기분 장애를 촉진할 수 있다.

면역력은 여전히 건강 관리의 중요한 부분이지만, 최근에는 단순히 면역력을 강화하는 것보다 면역 균형을 유지하고 체내 독소를 제거하는 것이 더 중요한 요소로 부각되고 있다. 장 건강이 뇌 건강과 밀접한 연관이 있다는 연구들이 나오면서, 건강을 유지하기 위해서는 단순히 좋은 음식을 섭취하는 것보다, 몸에 해로운 음식을 피하고 독소로부터 보호하는 것이 더 중요해졌다.

특히, 현대 사회에서 식재료의 영양소가 낮아지고 환경 오염이 심각해지면서, 유해 물질들이 우리의 건강을 늘 위협하고 있다. 이런 요인들은 날이 갈수록 악화되고 있으며, 이제는 일상에서 무심코 받아들이는 많은 것들을 다시 생각해 볼 필요가 생겼다. 건강을 해치는 요소들이 넘쳐나는 시대에, 더 이상 좋은 것만을 찾아 섭취하는 것보다 나쁜 것들을 피하는 것이 더 중요해진 것이다.

우리의 몸은 하나의 복합적인 생태계로서, 몸의 한 부분이 손상되면 이는 전체에 영향을 미친다. 독서를 통해 박진영이 왜 유기농 식품을 강조하는지 그 이유를 알 수 있었다. 박진영은 신체에 유해한 화학물질과 가공된 음식을 피함으로써 몸의 균형을 유지하고 건강을 지키려는 노력을 한다. 이는 현대인들이 흔히 겪는 우울증, 기억력 감퇴, 면역 질환 등의 원인을 해명하는 데에도 연관이 있다.

현대인들이 자주 섭취하는 밀가루, 유제품, 고지방 음식, 그리고 설탕이 많이 들어간 음식들은 장과 뇌 건강에 부정적인 영향을 미친다. 특히, 먹방 채널로 인한 과식은 한국인의 건강을 해치는 주범 중 하나로 꼽힌다. 과식은 장 건강에 해로울 뿐만 아니라, 뇌 건강에도 치명적인 영향을 미칠 수 있다. 과식으로 인해 장내 염증이 발생하면, '장-뇌 축'을 통해 뇌로 염증 물질이 전달될 수 있다. 이런 염증 반응은 기억력 저하, 인지 능력 저하, 우울증 등을 유발할 수 있다. 장이 건강하지 않으면, 뇌도 명확하게 기능하지 못하며, 장내 세균의 불균형은 뇌 신경

전달물질에도 부정적인 영향을 미치기 때문이다. 따라서 적절한 소식과 균형 잡힌 식단은 뇌 건강을 유지하는 데 매우 중요하다.

내가 건강을 유지하는 데 가장 중요하게 생각하는 것은 긍정적인 마인드다. 스트레스가 질병의 원인인 만큼, 마음의 건강이 몸의 건강에 가장 큰 영향을 미친다고 믿는다. 독서와 달리기는 나에게 스트레스를 해소하고 긍정적인 태도를 유지하는 데 큰 도움이 된다. 두 번째로 중요한 것은 건강한 식습관이다. 나는 과식 대신 소식과 간헐적 단식을 지키며, 좋은 음식을 찾기보다는 나쁜 음식을 피하는 데 중점을 둔다. 세 번째로는 자세와 골격 건강이다. 잘못된 자세는 시간이 지나면서 큰 문제를 일으킬 수 있기 때문에, 일상생활에서 항상 올바른 자세를 유지하려고 노력하며, 뼈와 근육 건강을 위한 필수 영양소도 꾸준히 섭취하고 있다.

이런 건강에 대한 새로운 인식으로, 나는 박진영처럼 나의 건강을 지키는 생활 루틴을 만들었다.

1. 아침에 일어나자마자 물과 함께 유산균을 섭취
2. 이틀에 한 번씩 6km를 30분 내로 달리기
3. 양치할 때 소금물로 가글하기
4. 하루 첫 끼는 공복 16~18시간 후에 먹기
5. 아침을 먹지 않고 하루에 두 끼만 먹되, 배가 너무 부르지 않도록 조절
6. 점심 이후 오메가3와 각종 비타민 섭취
7. 혼자 식사할 때 글루텐, 설탕, 유제품을 최대한 피하고, 기름진

음식과 육류 섭취를 줄이기

8. 걸을 수 있으면 차를 타는 대신 걸어 다니고, 짝발을 하지 않으며 앉을 때 다리를 꼬지 않기

9. 토마토, 계란, 마늘, 나물, 김치, 두유, 녹차를 자주 먹기

10. 야식은 먹지 않기

11. 잘 때 빛을 모두 차단하고, 와이파이 및 전자기기를 완전히 끄기

12. 술을 거의 마시지 않지만, 마셔야 한다면 다음 날에 영향을 미치지 않도록 적당히 마시기

이 루틴은 나의 신체와 정신 건강을 위한 일종의 생활 방식으로, 나에게 가장 잘 맞는 건강 습관을 기반으로 하여 꾸준히 실천하고 있다. (박진영의 유기농 식단은 몇 달 동안 유지한 적은 있었지만 자주 실패를 했다)

신체와 정신 건강은 우리의 삶과 행복에 있어 결정적인 역할을 한다. 그러나 현재 한국의 도시 환경과 생활 습관은 오히려 이러한 건강을 위협하는 요소로 작용하고 있다. 특히, 배달 음식과 먹방 문화의 확산은 자극적이고 건강에 해로운 음식 섭취를 증가시켜 신체뿐만 아니라 뇌 건강에도 부정적인 영향을 미친다. 뇌는 감정과 인지 기능을 조절하는 중요한 기관으로, 건강이 나빠지면 우울감과 불안감을 겪기 쉬워진다. 그러므로 한국인들은 신체와 뇌의 건강을 균형 있게 관리해야 하며, 자신에게 맞는 건강한 식습관과 생활 패턴을 찾아야 한다. 행복한 삶은 신체와 정신의 조화에서 비롯되며, 그 조화는 매일의 식습관과 생활 환경 속에서 자연스럽게 형성된다.

20화

철학적 사고가 부족한 한국인

독서를 통해 나는 단순한 지식 습득을 넘어, 자아와 세계관의 확장을 경험했다. 그 과정에서 꿈을 찾고, 주식 투자의 통찰을 얻으며, 달리기라는 평생의 취미와 건강 루틴을 만들었다. 그러나 이러한 실질적인 변화보다 더 깊은 차원에서 중요한 것은 나의 내면과 사고가 성숙해졌다는 점이다.

한국인의 특징 중 하나는 비교적 좁은 세계관에서 비롯된 사고방식이다. 한국 사회는 단일 민족을 기반으로 한 공동체적 결속력이 강하지만, 그만큼 다양한 관점과 문화를 수용하는 데 어려움을 겪는다. 꿈이 없는 것도 세계관의 한계에서 비롯된다. 좁은 세상 안에서 꿈을 찾으려다 보니, 자연스럽게 어려움을 겪는 것이다. 세상을 좁게 바라볼수록 꿈의 크기와 발전 가능성도 줄어들기 마련이다.

이런 맥락에서 한국 사회는 빨리 옳고 그름을 판단하려는 성급한 경향이 있으며, 사고의 깊이가 부족하다는 점에서 철학적 사고의 부재가 두드러진다. 철학적 사고가 부족하면, 우리는 삶의 복잡성을 충분히 이해하지 못하고 피상적으로 판단하게 된다. 따라서 세계관을 넓히고 사고의 깊이를 키우기 위해서는 다양한 국가와 문화를 경험하거나, 인문학적 성찰과 철학적 탐구를 통한 사유가 필수적이다.

철학이란 학문은 나 자신을 알아가는 여정이자, 세계관을 확립하고 넓혀 가는 중요한 도구다. 철학은 우리의 사유의 끝에 자리 잡고 있으며, 단순한 이론이나 외워야 하는 지식이 아니라, 삶의 모든 측면에 깊이 영향을 미친다. 철학은 삶의 의미와 방향을 설정하며, 나아가 우리의 태도와 결정에 영향을 주는 필수적인 학문이라고 할 수 있다. 한국에서는 철학이 다소 추상적이거나 비현실적인 학문으로 여겨질 수 있지만, 실은 매우 실용적인 학문이다. 철학을 '지혜를 추구하는 방법'으로 이해하면 더 친근하게 다가올 수 있으며, 우리의 삶에 실질적인 변화를 가져다줄 수 있다.

지혜란 다양한 관점과 사고방식을 종합해 문제를 해결하는 능력을 의미한다. 특히, 철학은 이분법적 사고에서 벗어나 보다 포괄적이고 창의적인 해결책을 찾도록 돕는다. 예를 들어, 주어진 두 가지 선택지 중 하나를 고르는 대신, 그 너머의 가능성을 발견하게 해 주는 것이 철학적 사고의 힘이다. 철학은 고정된 사고의 틀을 깨고 새로운 관점에서 문제를 바라보게 함으로써, 더 넓고 깊은 시야를 제공한다.

철학적 사고는 관념의 세계를 깨고 새로운 시각을 열어 준다. 이를 통해 선택의 폭이 넓어지고, 미처 보지 못했던 해결책이 드러나게 된다. 따라서, 철학적 사고는 단순히 문제를 해결하는 데 그치지 않고, 더 큰 그림을 보고 삶의 다양한 측면을 아우르는 통찰력을 기르는 데

K행복 NO행복

중요한 역할을 한다.

그런데 한국에서 철학이 대중적이지 않은 이유를 설명하기 위해서는 그 역사적 맥락을 살펴볼 필요가 있다. 한국에 서양 철학이 본격적으로 유입된 시기는 19세기 말에서 20세기 초로, 이 시기는 일제강점기와 같은 사회적 혼란기와 맞물려 있었다. 서양 철학이 처음 도입되었을 때 그 영향력은 미비했으며, 철학은 주로 정치적, 종교적 담론 속에서 받아들여졌다. 따라서 철학이 사회 전반에 깊이 뿌리를 내리고 대중화되기까지는 오랜 시간이 걸렸다.

반면, 중국과 일본은 철학적 전통이 매우 오래되었다. 중국의 경우, 기원전 6세기부터 공자, 맹자, 노자와 같은 위대한 사상가들이 유교, 도교 같은 철학적 사상을 발전시켰다. 이들은 단순히 학문적 담론에 머무르지 않고, 사회, 정치, 교육, 가족 구조 등 전반에 걸쳐 실천적 철학으로 자리 잡았다. 중국인들의 사고방식과 생활 양식에도 그 영향이 깊게 뿌리내렸다.

일본은 메이지 유신(1868년)을 기점으로 서양 철학을 본격적으로 받아들이기 시작했다. 그러나 그 이전에도 불교, 유교, 신토와 같은 전통적인 사상 체계를 통해 이미 깊은 철학적 배경을 가지고 있었다. 메이지 유신 이후 일본은 서구의 사상과 철학을 수용하면서도 전통적인 사상들과의 융합을 시도하여 독특한 철학적 세계관을 발전시켰다. 이를 통해 일본은 근대화 과정에서 빠르게 사회적, 정치적 변화를 받아들이고, 철학적 사고를 바탕으로 새로운 시대에 적응할 수 있는 능력을 키웠다.

이와 비교해 보면, 한국은 철학적 사상이 늦게 도입되었을 뿐 아니라, 서양 철학이 사회에 뿌리내릴 시기마저 정치적 혼란기와 겹쳐 철학의 확산이 더딜 수밖에 없었다. 한국의 전통적인 사상인 유교 또한 정치적, 윤리적 틀로만 받아들여졌지, 철학적 사고로 발전하지 못한 측면이 있었다. 이러한 역사적 배경은 한국이 철학에 대한 관심이 부족한 이유 중 하나로 작용했다.

한국인과 철학적 주제를 다룰 때, 어색함이 느껴지는 이유는 한국 사회에서 철학이 깊이 있는 논의로 자리 잡기보다는 실용적이고 표면적인 주제가 더 자주 다뤄지기 때문이다. 철학적 질문이 던져질 때 본질적인 탐구보다는 일상적인 이야기로 대화가 흘러가는 경향이 있고, 이는 대화가 충분히 심화되지 못하게 만든다. 이러한 대화 스타일은 실용적 문제 해결을 중시하는 한국 사회의 특성과도 연관이 깊다.

한국인은 철학을 공부하는 데 있어 주로 지식으로만 접근하는 경향이 강하다. 철학을 자신의 삶과 연결시키기보다는, 암기하고 이해하는 데에만 집중하는 경우가 많다. 그러다 보니 철학의 본질적인 가치와 매력을 충분히 느끼지 못하고, 그것을 현실에 적용하거나 철학적 사고로 문제를 해결하는 데에는 소홀한 경우가 많다.

레고의 사례는 철학적 사고의 실질적인 가치를 잘 보여 준다. 레고는 한때 위기를 맞았을 때 단순히 "아이들은 어떤 장난감을 좋아할까?"라는 표면적인 질문 대신 "아이들은 왜 놀까?"라는 근본적인 질문을 던지며 문제를 해결했다. 이 철학적인 질문을 통해 레고는 놀이가 단순한 즐거움 그 이상의 의미를 가진다는 사실을 깨달았고, 이를 통해 아이들이 놀이를 통해 창의성, 상상력, 그리고 문제 해결 능력을 키운다는 점에 주목하게 된다.

K행복 NO행복

레고는 철학적 사고를 통해 제품과 마케팅 전략을 재정비했고, 장난감의 물리적인 형태나 기능을 넘어서 놀이가 아이들에게 주는 경험과 배움에 더 집중하는 방향으로 나아갔다. 이를 통해 레고는 창의성과 상상력을 자극하는 중요한 도구로 다시 자리매김할 수 있었다. 이 과정은 철학적 사고가 현실의 문제를 해결하는 데 얼마나 중요한지를 잘 보여 주는 사례다.

철학은 본질과 변화를 명확하게 구분할 수 있는 안목을 제공한다. 어떤 것이 단순히 변한 것과 변질된 것을 구별하는 능력은 우리의 삶에서 중요한 역할을 한다. 변질이란 본질이 훼손된 상태로, 이는 그 대상이 원래 지녔던 핵심적인 성격을 잃었음을 의미한다. 반면, 변화는 본질을 유지한 채로 새로운 모습이나 방식으로 발전하는 것이다. 철학적 사고가 없다면 우리는 이러한 구분을 놓치고, 변화 자체를 변질로 오인하게 될 수 있다.

철학적 사고는 주체성을 강화해 주며, 우리는 주체적으로 생각하지 못할 때 쉽게 조작되거나 외부의 압력에 의해 왜곡된 정보를 받아들이게 된다. 이는 '가스라이팅'이라는 개념과도 연결된다. 가스라이팅은 타인이 의도적으로 우리에게 잘못된 정보를 주입하여 우리의 현실 감각을 흐리게 만들고, 자아를 흔드는 심리적 조작 수법이다. 철학을 통해 우리는 본질에 대한 깊은 이해를 바탕으로, 변화와 변질을 구분하고, 외부로부터의 왜곡된 영향력에 흔들리지 않는 주체적인 삶을 영위할 수 있다.

철학의 중요성은 아스펜 연구에서도 강조된다. 단순히 사회적 지위를 얻는 것만으로는 문명에 기여하기보다는 오히려 위협이 될 수 있다는 점은, 철학적 사고의 부재가 얼마나 위험한 결과를 초래할 수 있는지를 일깨워 준다. 철학적 교양이 없다면 선한 영향력 또한 기대할 수 없다. 철학은 개인이 상황을 깊이 통찰하고 비판적 사고를 발전시키는 과정에서 그 가치를 발휘한다.

한나 아렌트의 '악의 평범성' 개념은 철학적 사고가 왜 중요한지를 잘 설명하는 사례다. 아렌트는 나치 전범 재판을 보며 사람들이 비판적 사고 없이 사회적 시스템을 따를 때, 그 과정에서 자신도 모르게 악행에 가담할 수 있음을 지적했다. 그녀는 이러한 행동이 특별히 악한 성향을 가진 사람들만의 문제가 아니라, 평범한 사람들조차도 시스템에 휩쓸려 도덕적 판단을 하지 않고 악행을 저지를 수 있다는 점을 강조했다.

이처럼 철학적 사고는 우리가 시스템이나 권위에 무비판적으로 따르지 않고, 자신의 행동에 대한 책임을 자각하게 만드는 중요한 도구다. 철학은 단순히 변화에 반응하기보다는 그 변화가 어떤 본질을 변화시키고 있는지 면밀히 분석하고, 우리의 선택이 어떤 결과를 초래할지 비판적으로 사고하도록 돕는다.

철학은 한 시대의 문제들을 해결하기 위한 통찰력과 해결책의 집합체로, 시대에 맞는 철학적 사고가 꾸준히 발전해 왔다. 이러한 사고는 현대의 비즈니스맨에게도 매우 중요한데, 철학적 사고는 그들에게 깊이 있는 의사결정을 내리는 능력을 길러 주고, 더 나아가 새로운 과제를 설정하며 이를 해결하는 방법을 제시한다.

기업의 의사결정 시스템은 그 기업의 성장과 방향성을 좌우하는 핵심 요소다. 경영진이 단순히 규칙을 만들고 따르는 것만으로는 충분하지 않다. 체계와 목적이 변질되면 기업은 본래의 방향성을 잃고, 시스템 자체에 종속될 수 있다. 철학적 사고는 이러한 변질을 방지하는 중요한 도구로, 기업인에게 윤리적 판단을 심화시켜 더 나은 결정을 내리도록 돕는다.

특히 기업의 인사 평가 제도나 경영 활동에서 철학적 사고는 도덕적 기준을 세우고, 그 기준에 따라 직원과 조직의 관계를 발전시키는 데 중요한 역할을 한다. 윤리적 경영은 지속 가능성을 보장할 뿐만 아니라, 기업의 성공에 필수적인 요소로 자리 잡고 있다.

철학은 사고의 틀을 확장하는 강력한 도구로, 비즈니스 분야에서도 독창적인 아이디어와 새로운 비즈니스 모델을 개발하는 데 중요한 역할을 할 수 있다. 철학적 사고는 기존의 틀이나 고정된 사고방식에서 벗어나 문제를 다르게 바라보게 하고, 이를 통해 산업 간 경계를 넘나드는 혁신적인 생태계를 창조할 수 있는 잠재력을 제공한다.

전통적인 비즈니스 모델에서 벗어나 공유경제 모델을 창출한 에어비앤비(Airbnb)나 우버(Uber)와 같은 기업들은 철학적 사고를 통해 기존의 주거 및 교통 시스템을 완전히 새롭게 바라보고 재해석했다. 이들은 단순히 제품을 판매하는 것이 아니라, 사람들 간의 자원 공유와 연결을 기반으로 한 비즈니스 생태계를 만들었다. 이러한 접근은 철학에서 말하는 사고의 확장, 즉 고정된 프레임에서 벗어나 새로운 관점을 도입한 결과라고 할 수 있다.

철학적 사고는 또한 산업과 산업을 연결하는 데 있어서도 중요한 역할을 한다. 기술과 예술, 교육과 게임, 의료와 빅데이터 등 전혀 다른 분야를 연결함으로써 새로운 기회를 창출할 수 있다. 이는 철학이 본질적으로 다양한 개념과 시스템을 연결하고, 더 큰 세계관을 창조하는 데 기여하기 때문이다.

철학이란 자아를 끊임없이 확장하고, 때로는 여러 자아를 연결하는 과정으로 볼 수 있다. 자신의 내면을 탐구하고 다양한 세계관을 탐색하는 것이다. 이를 통해 개인은 하나의 고정된 자아에 머무르지 않고, 다양한 관점과 경험을 수용하면서 성장한다. 또한, 철학은 하나의 거대한 내면세계를 창조하거나 수많은 세계를 연결하는 도구가 될 수 있다. 철학적 사고는 세계에 대한 새로운 관점을 창조하고, 우리의 인식과 경험을 끊임없이 확장시켜 준다.

따라서 철학은 기업, 사회, 그리고 개인의 삶에서 중요한 역할을 한다. 철학적 사고는 인간의 삶을 바라보는 넓은 시야와 깊은 통찰력을 제공하여, 우리가 더 나은 결정을 내릴 수 있게 해 준다. 이러한 통찰력은 단순한 이익이나 결과만을 추구하는 것을 넘어서, 사회적 책임과 윤리적 기준을 고려한 경영 방식으로 이어진다.

그렇다면 우리는 어떤 철학을 정답이라고 생각하고 배워야 할까라는 질문을 던질 수 있다. 철학은 정답을 제시하기보다는 다양한 질문을 던져 우리가 스스로 삶과 세계를 성찰할 수 있도록 돕는 역할을 한다. 어떤 철학이 진리인가를 묻는 것은 곧 우리가 어떤 관점으로 세상을 이해하고자 하는가에 따라 다를 수 있다.

서양 철학은 플라톤과 아리스토텔레스로부터 시작해 진리와 존재를 탐구하며, 근대 철학에서 데카르트는 이성에 기반한 인식론을, 칸트는 관념론을 통해 세계를 인식하는 방식을 제시했다. 반면 동양 철학은 노자와 공자를 중심으로 인간과 자연의 조화를 강조하며 덕과 자연스

K행복 NO행복

러움을 중시했다. 서양은 논리와 이성을 통한 진리 탐구에 집중한 반면, 동양은 덕과 관계 속에서의 조화를 중요시했다.

철학을 통해 우리는 다양한 관점을 접하고, 그 속에서 스스로의 삶에 맞는 철학적 태도를 선택할 수 있다. 실존주의는 인간의 자유와 책임을 강조하며, 우리는 스스로 선택한 대로 존재한다고 말한다. 반면, 스토아 철학은 고통과 불행 속에서도 평정심을 유지하며 내면의 평화를 찾는 것을 중요한 가치로 삼는다.

중요한 것은 철학을 통해 정답을 찾는 것이 아니라, 삶을 더 깊이 이해하고 스스로에게 의미 있는 질문을 던지는 것이다. 이 과정에서 자신만의 철학을 발전시키고, 그것을 바탕으로 자신의 삶과 세계를 성찰하는 것이 가장 중요한 게 아닐까 싶다.

니체의 '초인(Übermensch)'은 인간의 한계를 넘어서 스스로 자신의 삶을 창조하는 존재를 뜻한다. 니체는 초인을 다른 사람과의 관계가 아닌, 자신과의 관계를 통해 정의할 수 있다고 보았다. 즉, 초인은 타인의 시선이나 평가에 의해 형성되는 것이 아니라, 철저히 자기 내면의 힘과 자율성에 의해 탄생하는 존재다.

'내 안의 초인'을 깨우기 위해서는, 각자가 철학적 탐구를 통해 자신의 인생철학을 완성해야 하며, 그 과정에서 자신만의 진리에 도달할 수 있다. 인생에서 '딱 맞는' 순간, 즉 자신의 길을 정확히 찾았다고 느낄 때, 우리는 내면에 존재하는 초인을 비로소 경험하게 되는 것이다.

나는 철학을 느린 사색 과정이라고 생각한다. 철학적 사유는 즉각적인 결과를 추구하지 않으며, 오히려 시간을 두고 깊이 있는 질문을 던지며 서서히 깨달음에 도달하는 과정을 중시한다. 한국 사회에서는 즉각적인 해결책을 찾는 문화가 강하지만, 철학은 그와는 반대로 서두르지 않고 호기심을 유지하며, 중요한 질문들을 곱씹고 탐구하는 과정에서 답을 찾는 것이다. 종종 우리는 너무 빨리 의미를 추구하고 창출하려 한다.

철학은 도착지에 대한 관심도 분명 가지고 있지만, 그 도달 과정에서의 깊은 사유와 성찰에 더 큰 가치를 둔다. 이 과정에서 자신의 무지를 인정하고 받아들이는 태도는 무엇보다 중요하다. 철학적 사고는 마치 섬과 바다에 비유할 수 있는데, 우리가 아는 지식의 섬이 커질수록 그 섬이 마주하는 모르는 것들, 즉 바다도 더 넓어진다. 이는 아무리 많은 지식을 쌓아도 끝없이 모르는 것들이 존재함을 상기시키며, 이러한 깨달음이 인간을 끊임없이 성찰하도록 만든다.

소크라테스가 말한 "성찰하지 않는 삶은 살아갈 가치가 없다"는 철학적 경구는 바로 이러한 점을 강조한다. 성찰은 우리의 한계를 자각하게 하며, 그 한계를 넘어서 더 넓은 세계와 진리를 탐구할 수 있는 기회를 제공해 준다.

철학은 동양과 서양으로 구분되지만, 두 철학 체계는 서로 상호 작용하고 영향을 주고받아 왔다. 서양 철학은 주로 이원론적 사고, 즉 절대적이고 분리된 이분법적 세계관을 강조하는 반면, 동양 철학은 일원론적이고 전체성을 강조하며 상대적인 시각에서 세계를 바라본다. 그러나 이 둘을 엄격히 나누기에는 많은 유사성과 교차점이 존재한다.

예를 들어, 서양의 실존주의는 인간의 자율성과 선택의 중요성을 강조하는데, 이는 동양의 도교에서 추구하는 자연스럽게 흐르는 삶, 즉 무위(無爲)와 유사한 면을 보여 준다. 둘 다 인간이 외부의 규칙이나 제약을 넘어서 스스로의 선택과 자유를 찾는다는 점에서 연결될 수 있다.

비트겐슈타인의 언어 철학은 언어가 세계를 구성하며, 언어의 한계가 곧 사고의 한계임을 주장한다. 이는 유교의 정명(正名) 사상과 닮아 있는데, 유교에서는 이름과 명칭이 올바르게 설정되어야만 사회가 질서 있게 유지될 수 있다고 본다. 이 둘은 모두 언어와 명칭이 사람들의 사고와 사회적 구조를 형성하는 데 중요한 역할을 한다는 점에서 공통점을 가진다.

니체의 초인 사상은 기존의 도덕과 가치를 넘어 새로운 가치를 창출하는 인간을 강조한다. 이는 선불교의 깨달음 과정과도 유사하다. 선불교에서는 고정된 관념이나 도덕을 뛰어넘어 인간이 스스로의 깨달음을 통해 자유로운 존재로 거듭나는 것을 중시한다.

그리고 흥미로운 점은 미시 물리학의 양자역학과 동양 철학이 전혀 다른 분야임에도 불구하고, 세계를 고정된 실체가 아닌 유동적이고 상대적인 것으로 본다는 점에서 공통적이라는 것이다. 양자역학의 불확정성 원리는 입자의 위치와 운동량을 동시에 정확히 알 수 없다는 개념으로, 고정된 실체가 없음을 강조하는 불교의 무상(無常)이나 도교의 공(空) 사상과 맞닿아 있다. 예를 들어, 원자의 99% 이상이 텅 빈 공간으로 구성되어 있고, 입자가 관찰 방식에 따라 파동처럼 보이거나 입자처럼 보이는 특성은 고정된 실체가 없다는 동양 철학의 관점과 일치하는 면이 있다. 또한 "우리가 세계를 어떻게 인식하느냐에 따라 세계가 달라진다"는 동양 철학의 사고방식은 양자역학의 세계관과도 깊이 연결된다.

결론적으로, 서양과 동양 철학은 서로 다른 문화적 배경을 지녔음에도 불구하고, 깊이 들여다보면 서로에게 많은 영향을 주고 있으며, 때로는 비슷한 통찰을 제공한다. 이러한 교차점은 철학적 사고의 보편성과 그 가치의 확장을 보여 주는 좋은 예라고 할 수 있다.

철학에는 "진리란 무엇인가?"라는 본질적인 질문이 늘 따르지만, "어떤 철학이 진리인가?"라는 질문에는 명확한 답을 내리기 어렵다. 이는 모든 철학이 그 시대의 산물이며, 완벽할 수 없기 때문이다. 설령 절대적인 진리가 존재한다 하더라도, 나에게 진리는 미래에 있다고 생각한다. 진리는 항상 미래에 존재하기에 우리가 아무리 붙잡으려 해도 완전히 붙잡을 수 없다고 본다.

진리가 미래에 존재한다면, 진실은 현재에 있고, 사실은 과거에 속해 있다. 그래서 나는 사실보다는 진실을 보려 하고, 진실보다는 진리를 추구하는 철학적 태도가 중요하다고 본다. 그러나 내가 경험한 한국인들은 대개 그 반대다. 진리에는 큰 관심이 없고, 진실을 보지 못하며, 사실에만 집착하는 경향이 있다. 한 가지 측면만 보고 전체적인 맥락을 놓치는 경우가 많고, 그 이면에 있는 깊은 의미에 대해 무관심할 때가 많다.

행복을 바라보는 시각도 마찬가지다. 한국인은 스스로 느끼는 개인적인 행복보다는, 사회적으로 규정된 객관적인 행복을 추구하는 모습이 보인다. 남들이 인정하는 행복을 좇기보다는, 자신이 진정으로 긍정하는 행복을 추구하는 철학적 사고가 필요해 보인다.

그래서일까, 한국인들은 '롤 모델'이라는 단어를 참 좋아하는 것 같다. 롤 모델을 가지는 것은 물론 나쁘지 않다. 누군가를 본보기로 삼아

K행복 NO행복

발전하는 과정에서 많은 영감을 얻을 수 있기 때문이다. 하지만 우리가 반드시 명심해야 할 점은, 우리가 결코 롤 모델과 똑같이 될 수 없다는 것이다. 롤 모델은 그저 가이드라인일 뿐, 우리가 추구해야 할 최종 목표가 아니다.

결국 롤 모델이 되어야 할 사람은 나 자신이다. 우리의 가장 위대한 모습은 누군가의 복제가 아닌, 자기 자신의 위대한 버전일 뿐이다. 우리는 그 누구도 될 수 없으며, 오로지 자신을 끊임없이 개선해 나가는 과정에서 더 나은 자신이 될 수 있을 뿐이다. 롤 모델이 주는 교훈은, 나 자신이 발전할 수 있는 가능성을 보여 주는 것이며, 결국 우리 삶의 주인공은 타인이 아닌 나 자신임을 깨닫는 것이다.

예전에는 유명한 부자들이 나의 롤 모델이었다. 그들이 이룬 성공을 보며 나도 그들과 같은 삶을 살고 싶다고 생각했다. 하지만 지금은 없다. 그 이유는, 롤 모델을 삼더라도 그 사람처럼 될 수 없고, 설령 된다 해도 나만의 삶은 따로 있다는 것을 깨달았기 때문이다. 세상을 돌아보니 내가 추구하는 삶을 완벽하게 대변하는 사람은 없었다. 다만, 존경하는 사람들을 통해 배우고 성장하는 과정은 반드시 필요하다고 생각한다. 나는 노자, 니체, 박진영, 그리고 이본 쉬나드를 통해 많은 것을 배우고, 나만의 가치관을 확립할 수 있었다. 그들의 철학과 삶을 통해 나는 더욱더 나다운 길을 찾아가고 있다.

노자를 통해 세상을 이해하고, 니체를 통해 자신을 알게 되었으며, 박진영을 통해 꿈을 발견하고, 이본 쉬나드를 통해 비전을 세웠다고 할 수 있다. 하지만 이 네 사람의 철학은 나의 생각 속에서 상호 작용하며 함께 융합되었다. 책을 통해 얻은 지식은 나의 사고에서 마치 화학 반응처럼 상호 작용해 새로운 통찰을 불러일으켰다. 특히 박진영을 제외하고 이 모든 깨달음의 경로는 책을 통해 이루어졌지만, 그것은 현실에서 만난 어떤 사람보다도 더 의미 있고 깊이 있는 경험이었다. 이것이 바로 내가 책을 통해 얻는 배움의 본질이자, 책을 손에서 놓을 수 없는 이유 중 하나다.

롤 모델이 필요할 때도 있지만, 궁극적으로는 롤 모델이 필요 없는 단계에 도달하는 것이 더 나은 길이라 생각한다. 진정한 명철함은 자신의 내면을 깊이 성찰하고, 자기 정체성을 확립하는 데 더 많은 시간을 들이는 데서 나온다. 그렇게 할 때, 외부의 혼란 속에서도 자기 본질을 유지할 수 있는 힘이 생긴다.

이 점에서 표트르 대제의 말이 떠오른다. "나는 제국을 정복했지만, 내 자신을 정복하지 못했다." 이 명언은 외적인 성공보다 내면의 통제가 더 어렵고 중요한 일임을 일깨워 준다. 결국 자기 자신을 이해하고, 나아가 자신을 통제하고 다스릴 수 있는 능력이야말로 궁극적인 성공과 행복으로 가는 길이다.

철학자가 모두 행복하다고 말할 수는 없지만, 진정한 내면의 행복을 느끼기 위해서는 철학적 성찰이 필수적이라고 생각한다. 이는 행복이 단순히 외부적인 성취나 일시적인 즐거움에서 오지 않고, 깊은 성찰과 통찰을 통해 삶의 본질을 탐구하면서 찾아지기 때문이다.

철학적 성찰은 우리 삶의 의미를 발견하고, 그 방향성을 명확히 설정하게 도와주는 나침반과 같다. 물질적인 성취는 순간적인 만족만을 주고, 그로 인해 쉽게 방향을 잃기 쉬운 반면, 철학적 성찰은 우리에게 무엇이 진정으로 중요한지 깨닫게 하며, 더 깊고 지속적인 행복으로

K행복 NO행복

나아가게 해 준다.

철학은 우리에게 선택이 아닌 결정을 할 수 있는 삶을 살도록 이끌어 준다. 선택은 여러 가능성을 검토하고 불확실성을 최소화한 후에 이루어지지만, 이 과정에서 깊이 고민하는 것은 종종 자신감이 부족하다는 표현으로 해석될 수 있다. 반면, 결정은 이러한 검토 과정 없이 직감적으로 이루어지며, 그 순간의 판단에 기초해 즉각적으로 행동하는 것이다. 결정을 내려야 하는 순간에 선택을 계속해서 고민하면, 그 불확실성에서 오는 괴로움에 빠지게 된다.

선택은 분석과 계산을 바탕으로 하지만, 결정은 직감과 통찰에 기반한다. 더 나아가, 결정은 자연스럽게 이루어질 수 있으며, 오히려 더 큰 성과와 결과를 불러올 수 있다. 결정의 순간은 깊은 성찰과 내면의 직관을 통해 이루어지며, 철학은 이러한 결정을 내리는 과정에서 중요한 역할을 한다.

마치 노자의 무위무불위(無爲無不爲)처럼, 결정을 내리는 순간 모든 것이 자연스럽게 제자리를 찾는다. 이러한 자연스러움 속에서 내린 결정은 억지로 끌어내는 것이 아니라, 스스로가 흐름에 맞춰 진행되는 결정이다. 이것이야말로 자신의 길을 더욱 확고히 걸어가게 만들며, 선택의 괴로움에서 벗어나는 길을 제시해 준다. 또한, 이러한 자연스러운 결정은 삶을 더 풍요롭게 만들고, 우리의 마음과 행동을 일치시켜 더 큰 결과를 얻을 수 있도록 돕는다.

그러니 철학을 통해 사고력을 기르자. 그것은 인생의 복잡한 길을 명료하게 만들고, 우리를 더 강하고 자유롭고 행복한 존재로 만들어 줄 것이다.

21화

진리에 가장 가까운 축의 시대 그리고 노자

왜 철학자들은 진리에 열광할까? 우리는 왜 진리를 추구해야 할까? 철학자들이 진리에 열광하는 이유는 진리가 세상과 삶의 근본적인 구조를 이해하는 열쇠이기 때문이다. 진리는 우리가 존재하는 이유와 우리가 살아가는 세계의 본질을 탐구하고자 하는 갈망에서 비롯된다. 철학은 이 진리를 통해 삶의 목적과 의미를 찾고, 궁극적으로 더 나은 삶을 향한 방향성을 제시한다. 진리는 혼란스러운 현실 속에서 무엇이 참되고 무엇이 중요한지를 알려 주는 나침반 같은 역할을 하며, 우리의 가치관과 행동을 형성하는 근본이 된다.

진리와 현실은 때로는 상반된 것처럼 보일 수 있지만, 나는 진리가 창조를 이끄는 근본적인 힘을 가지고 있다고 생각한다. 진리를 추구하는 과정에서 우리는 새로운 창조를 이루게 되고, 그 창조는 다시 진리에 대한 깊은 이해로 이어지면서 깨달음을 얻는다. 이 깨달음은 또 다른 창조의 영감을 불러일으켜 새로운 변화를 가능하게 한다. 이러한 연결 속에서 인간은 자신을 발견하고, 세상을 더욱 깊이 이해하며 계속해서 발전하게 된다.

과학적으로 보면 인간의 삶은 우주 속에서 매우 미미한 존재일 수 있다. 우주에서 인간이 차지하는 물리적 크기와 시간의 측면에서 보면, 인간의 삶은 한순간이고 작은 점에 불과할지도 모른다. 그러나 과학이 모든 것을 설명하지 못하는 부분이 있다. 인간의 의식, 창의성, 깨달음 같은 것들은 과학으로는 측정하거나 정의하기 어렵다. 과학은 완벽하지 않으며, 인간은 자신만의 방식으로 삶에 의미를 부여할 수 있다.

인간은 끊임없이 새로운 아이디어, 예술, 기술을 창조하고, 그 과정에서 세상에 새로운 가치를 더한다. 동시에, 그 창조의 과정에서 자신의 한계와 가능성을 깨닫고, 더 나아가 삶의 본질에 대해 깊은 이해를 얻게 된다. 이로 인해, 인간은 스스로의 의미를 발견하고, 자신의 삶을 자율적으로 창조할 수 있는 능력을 가진 존재로 자리매김할 수 있게 된다. 창조가 깨달음을 낳고, 깨달음이 다시 새로운 창조를 이끌어 내는 이 과정은 끊임없이 반복된다.

진리를 추구하는 것은 단순히 결과를 얻는 것이 아니라, 그 과정 자체가 중요한 의미를 지니며, 끊임없는 성장과 발전을 이끈다.

진리에 가장 가까운 세 명의 현자인 붓다, 예수, 소크라테스를 보자. 서로 다른 시대와 문화에서 살아갔지만, 그들의 삶에는 공통된 철학적 실천이 자리하고 있다. 이들은 외적인 성공이나 물질적 성취가 아닌, 내면의 탐구에 집중했다. 소크라테스에게 진리는 지혜와 도덕을 통해 올바른 삶을 찾는 과정이었고, 예수에게 진리는 사랑과 나눔을 실천하는 데서 완성되었다. 붓다에게 진리는 자비와 자유를 통해 고통에서 벗어나 해탈에 이르는 길을 의미했다. 그들에게 진리란 삶의 근본적인 의미와 방향을 제시하는 통찰이자, 각기 다른 방식으로 인간을 더 깊은 성찰과 자유로 이끄는 힘이었다.

이 세 현자는 모두 물질적 집착에서 벗어나 진정한 자유를 얻으려 했다. 붓다는 집착을 버리는 것이 열반으로 가는 길이라고 가르쳤고, 예수는 하늘나라를 위한 사랑과 희생을 강조했다. 소크라테스는 죽음을 두려워하지 않고 진리를 추구하며 진정한 자유를 찾아갔다. 또한, 각자의 문화적 배경과 철학적 접근 방식은 달랐지만, 내면의 깊은 탐구를 통해 진리를 추구하고 자비와 사랑, 지혜와 평화를 실천하는 삶을 살았다는 점에서 공통적인 위대한 현자들이라 할 수 있다.

그들의 가르침이 2,000년이 넘는 시간이 흐른 후에도 여전히 가르침과 공감을 얻는 이유는 현대의 인간이 그들처럼 진리에 가까이 다가가지 못했기 때문이기도 하다. 현대 사회는 물질적 성취와 외부적 성공에 초점을 맞추는 경향이 강하지만, 내면의 평화와 자아실현에 대한 욕구 역시 존재한다. 이들은 이러한 내적 세계와 깨달음을 제시했으며, 이는 사람들이 물질적인 풍요 속에서도 영적인 갈증을 해소하려는 욕구와 연결된다.

붓다, 소크라테스, 예수는 영적 휴머니즘의 창시자로서 인간의 존재 의미를 깊이 탐구하고, 동시에 사회적 책임을 강조한 인물들이다. 이들은 각기 다른 철학적, 종교적 배경에서 진리를 추구했지만, 공통적으로 말과 행동을 통해 진리를 전달하고, 사람들과 소통하려 했다. 그들이 추구한 진리는 단순히 개인적인 깨달음에 그치지 않고, 사회에 대한 책임을 포함한 윤리적 세계관을 바탕으로 했다. 그들은 진리를 탐구하는 과정에서 인간이 어떻게 더 나은 삶을 살아갈 수 있는지에 대해 지혜를 제시했다.

　기원전 6세기 인도에서 붓다는 베다교의 지배와 카스트 제도의 엄격한 계급 구조에 반발하여, 고통과 욕망에서 벗어나기 위한 여정을 시작했다. 그는 쾌락과 고행을 모두 거부하며 중도를 추구했고, 욕망(갈애)이 인간 고통의 근원이라고 보았다. 그의 가르침은 생존의 본질적 문제인 고통을 해결하는 데 중점을 두었으며, 이를 통해 진정한 평정과 깨달음에 도달하는 방법을 제시했다. 그의 가르침은 대승불교로 발전하면서 신격화되었고, 열반을 통해 완전한 자유를 설명했다.

　비슷한 시기에 그리스에서는 소크라테스가 인간의 이성을 기반으로 진리를 탐구했다. 그는 "나는 내가 아무것도 모른다는 것을 안다"는 유명한 말과 겸손한 태도로 자신의 무지를 인정하며, 대화와 논의를 통해 더 높은 차원의 진리를 발견하려는 변증법(서로 상반된 의견이나 개념이 대화나 논의를 통해 더 높은 수준의 진리를 발견하는 방식이다.) 적 방식을 사용했다. 소크라테스는 개인의 내면에서 진리를 찾고, 끊임없는 질문을 통해 이성과 도덕적 삶을 추구하는 것을 중요하게 생각했다.

　예수는 독신으로 살아가며 많은 기적을 행했으며, 그의 부활은 기독교 신앙의 핵심이다. 예수의 생애는 유대 사회와 깊이 연결되었고, 그의 가르침은 종교적 메시지를 넘어 도덕적, 영적 나침반으로 자리 잡았다. 예수는 신적 권능을 보여 주었지만, 인간적인 고뇌와 감정도 함께 드러냈다. 특히 종교적 타락을 비판하며 인간적인 분노를 표현하기도 했다. 예수의 십자가 처형과 부활은 기독교 신앙의 핵심 논쟁과 해석의 중심에 있으며, 바오로는 그의 죽음을 인류의 죄를 대속하기 위한 것이라 해석했다.

소크라테스는 인간의 무지를 깨우고, 진리를 발견하도록 돕는 철학자의 역할을 중시했다. 그의 대화법인 변증법은 이를 실천하는 도구였다. 예수는 하느님의 나라에 대한 믿음과 더불어, 이웃을 사랑하고, 나누는 삶을 살아야 한다는 것에 기초하고 있다. 예수의 가르침은 오늘날에도 종교적, 도덕적 지침으로 남아 있다. 붓다는 모든 존재가 행복할 권리가 있으며, 자비와 평정심을 통해 윤회의 고통에서 벗어나야 한다고 가르쳤다. 붓다는 진정한 자유를 얻을 수 있는 길을 제시하는 데 중점을 두었다.

붓다, 소크라테스, 예수는 각기 다른 방식으로 영원불멸을 설명했지만, 그들의 공통점 중 하나는 그들이 직접 글을 남기지 않았다는 것이다. 붓다는 윤회와 업을 통해 깨달음에 이르는 열반을 제시했고, 소크라테스는 영혼의 불멸과 윤회를 통해 진리와 선을 강조했으며, 예수는 하느님 나라와 사랑의 진리를 중심으로 구원을 가르쳤다. 하지만 이들의 가르침은 모두 제자들에 의해 기록되었고, 본인이 직접적인 문서로 남긴 것이 없다.

나는 진리가 글로 설명할 수 없는 차원에 존재한다고 생각한다. 비트겐슈타인의 "언어의 한계는 세계의 한계"라는 말은, 우리가 언어로 표현할 수 있는 것만이 우리의 세계를 구성한다고 주장하는 동시에, 언어의 한계를 인정하는 것이기도 하다. 이는 진리가 반드시 언어로 전부 표현될 수 없다는 의미를 내포하며, 언어가 오히려 진리를 온전히 드러내지 못할 수 있음을 시사한다.

진리는 우리가 경험하고 사고하는 것 이상의 차원에 존재할 수 있으며, 단순히 언어로 설명하거나 전달하는 것을 넘어선다. 진리를 이해하기 위해서는, 언어적 사고 이상의 깊은 깨달음이 필요하며, 그 깨달음은 종종 의식의 확장, 직관, 감정적 인식 같은 비언어적인 영역에서 비롯될 수 있다. 이때 진리는 논리적 분석보다는 의식의 직접적 체험, 경험, 또는 심오한 내적 성찰을 통해 접근할 수 있다. 이러한 관점에서 보면, 진리는 단순히 개념이나 명제로 정의될 수 없고, 우리가 느끼고 깨달아야 하는 일종의 '상태'에 가깝다.

노자의 '도가도비상도(道可道非常道)'는 진리와 언어의 관계를 깊이 통찰한 구절로, 진리를 언어로 표현하려는 순간 이미 그것은 본래의 진리에서 벗어난다는 의미를 담고 있다. 노자는 진리를 설명하는 것 자체가 왜곡을 초래할 수 있다고 보았다. 그는 '도(道)'라는 이름을 붙였지만, 이것 역시 진리의 본질을 완벽하게 설명할 수는 없는 일종의 도구에 불과하다고 강조했다.

이와 같이, 진리는 언어를 통해 포착될 수 있는 것이 아니며, 언어가 진리의 전체성을 표현하는 데는 한계가 있다는 점을 노자는 일깨워 주고 있다. 이 점에서 비트겐슈타인의 언어에 대한 고찰과도 일맥상통하는 부분이 있다. 우주가 11차원일 수 있다는 현대 과학의 가설처럼, 진리도 매우 복잡하고 거대한 차원에서 존재할 수 있다. 이런 진리 앞에서 인간의 존재는 종종 미미하고 하찮게 느껴질 수 있다.

칼 세이건의 "작은 생명체로서 우리는 오직 사랑을 통해서만 우주의 광대함을 견딜 수 있다"는 말은 진리와 사랑의 깊은 연결성을 잘 보여준다. 세이건은 인간이 얼마나 작은 존재인지 강조하면서, 그 미미함을 견디게 하는 힘이 사랑이라고 했다. 즉, 사랑은 단순한 감정 이상으로, 우주의 크고 복잡한 진리 앞에서 우리를 흔들리지 않게 하는 중심축이 될 수 있다. 진리란 우주와도 같으며, 사랑을 통해 우리는 그 진리와 더 가까워질 수 있다. 예수는 이웃에 대한 사랑을 최고의 가치로 삼았고, 붓다는 나눔의 사랑인 자비를 강조했으며, 소크라테스는 지혜와 사랑을 궁극적인 선으로 이끄는 힘으로 보았다.

이 세 위대한 사상가들이 공통적으로 사랑을 중요시한 것은, 진리가 인간의 내면과 외면에서 모두 실현되어야 하기 때문이다. 진리란 단순히 추상적인 개념이 아니라, 우리의 삶과 관계 속에서 발견되는 실질적인 것이다. 진리는 언어로 표현하기 힘들 만큼 복잡하고 거대한 차원에 존재할 수 있지만, 사랑이라는 행위 속에서 우리는 직관적으로 진리와 연결된 느낌을 받을 수 있다.

내가 여러 철학을 탐구한 결과, 동양 철학이 서양 철학에 비해 내가 추구하는 진리에 더 가깝다는 결론을 내렸다. 그중에서도 노자는 나의 개인적인 철학 형성에 가장 큰 영향을 주었다. 노자의 철학에서 내가 배운 세 가지 중요한 개념은 자연, 비움, 그리고 연결이다. 이 개념들은 각각 내가 세상을 바라보는 방식과 삶을 살아가는 태도에 깊은 통찰을 제공했다.

노자는 '자연'의 흐름을 따르는 삶의 중요성을 강조하면서, 인간이 자연의 일부로서 그것과 조화를 이루며 살아가야 한다고 주장했다. 자연(道, 도)은 인간이 억지로 통제하거나 지배할 수 없는 거대한 힘이며, 인간은 이 자연의 일부로, 억지로 무언가를 이루려 하지 않고 그 흐름에 따를 때 진정한 자유와 평온을 얻을 수 있다고 보았다. 이는 서양 철학의 합리적이고 분석적인 접근과 달리, 직관적이고 조화로운 삶의 방식을 제시한다.

노자는 자연의 원리를 관찰하며 물을 중요한 비유로 삼았다. 물은 부드럽고 유연하지만, 동시에 강력한 힘을 지닌다. 낮은 곳으로 흐르며 모든 것과 조화를 이루지만, 필요할 때는 강하게 발현되어 범람할 수도 있다. 이는 인간도 부드럽고 유연하게 상황에 맞춰 조화롭게 살아가면서, 때로는 자신의 힘을 강력하게 발현할 수 있어야 한다는 교훈을 준다. 이러한 자연의 조화와 순환은 노자가 말한 무위자연(無爲自然), 즉 인위적인 행동을 지양하고 자연의 흐름을 따르는 삶의 본질을 반영한다.

박진영이 가수들에게 강조하는 '말하듯이 노래하는 것'은 단순한 창법을 넘어 진정성과 자연스러움을 통한 소통의 방식이다. 그는 노래를 단순한 기술적 접근으로만 보지 않고, 가수의 감정과 메시지가 자연스럽게 전달되는 것을 중요시한다. 가수가 자신의 감정을 자신만의 목소리로 말하듯 표현할 때, 청중은 그 진정성을 더욱 깊이 느낄 수 있으며, 이는 가수와 청중 사이에 정서적인 연결을 형성해 단순한 노래를 넘어선 깊은 감동을 만들어 낸다.

노자의 철학에서 억지로 무언가를 이루려 하기보다 자연의 이치를 따를 때 진정한 성과가 나온다고 보았듯, 박진영도 노래에서 자연스러움과 진정성이야말로 최고의 성과를 가져온다고 강조했다.

노자는 '비움'의 철학을 통해 진정한 지혜와 힘은 내적인 고요와 비워진 마음에서 나온다고 한다. 자신을 채우려는 욕망을 내려놓고, 마음을 비울 때 비로소 세상을 있는 그대로 바라보고 진정한 깨달음을 얻을 수 있다는 것이다. 이는 현대 사회의 복잡하고 욕망 중심적인 삶에서 벗어나 평온한 삶을 찾는 중요한 실천 방법이다.

비움은 진정한 배움과 성장을 위해 반드시 필요한 조건이다. 현대 사회는 끊임없는 소비와 향락을 강조하며, 많은 사람들이 무언가를 계속 채우고, 자신을 소모하는 과정에 익숙해져 있다. 그러나 노자는 비움을 통해서만 새로운 것을 받아들이고, 성장을 이룰 수 있다고 강조했다. 물을 담기 위해 컵이 비어 있어야 하듯이, 우리의 마음도 새로운 깨달음과 배움을 받아들이기 위해 먼저 비워져야 한다는 것이다.

비어 있는 컵이 물을 담을 수 있어 그 본래의 역할을 다하듯이, 우리의 마음도 고정된 생각과 감정으로 가득 차 있으면 새로운 관점이나 지식을 받아들이기 어렵다. 노자의 가르침은 이러한 점에서 비움의 중요성을 강조하며, 현대인들에게 끊임없이 무언가를 채우려는 습관을 멈추고, 내면의 여백을 만들어야 한다는 중요한 교훈을 준다. 비움이야말로 진정한 성장을 위한 토대가 되며, 이를 통해 우리는 더 넓은 지혜와 깨달음을 수용할 수 있게 된다.

비움과 채움은 상호 작용하며 우리의 성장을 지속 가능하게 하는 자연의 순환 과정이다. 마치 나무가 해마다 잎을 떨어뜨리고 가지를 비워 내며 성장을 준비하는 것처럼, 그 비움은 단순한 상실이 아니라 더 큰 열매를 위한 공간을 마련한다. 기존에 가지고 있던 생각과 감정, 그리고 고정된 사고방식을 비워 낼 때, 그 자리에 새로운 지혜와 경험을 받아들일 수 있는 공간이 생긴다.

인생에서 진정으로 중요한 것은 얼마나 많이 얻었느냐가 아니라, 얼마나 많이 비웠느냐다. 이미 가득 찬 그릇에 아무리 많은 물을 채워 봤자 그저 넘칠 뿐이다. 비움을 통해 우리는 더 많은 것을 받아들일 공간을 마련할 수 있으며, 결과적으로 더 많이 얻게 되는 역설적인 진실이 숨어 있다.

한국인은 나이와 관련된 사회적 규범과 관념에서 벗어나야 한다고 생각한다. 나이는 오랫동안 한국 사회에서 인간관계의 위계질서를 결정짓는 중요한 요소로 작용해 왔지만, 이는 종종 사람들의 성장과 관계 형성을 제한하는 틀이 된다. 나이를 기준으로 관계를 맺고, 동갑이 아니면 친구가 되기 어렵다는 생각은 인간관계를 제한하고, 새로운 경험과 배움의 기회를 놓치게 만든다.

나이에 대한 속박을 비우면, 사람은 나이를 초월한 관계를 형성할 수 있고 선배나 연장자뿐만 아니라, 후배나 젊은 사람들을 통해서도 새로운 관점과 배움을 얻을 수 있는 기회를 만들 수 있다. 새로운 관계와 배움은 고정된 나이에 대한 규범이나 틀을 비워 낼 때 가능해지며, 이는 개인적 성장의 중요한 요소로 작용할 수 있다.

마지막으로 노자는 '연결'에 대해 깊은 통찰을 제시하면서, 자아와 타자, 인간과 자연, 그리고 우주 간의 상호 작용을 강조했다. 그는 모든 존재가 상호 연결되고 상호 작용 속에서만 진정한 의미를 가진다고 보았다. 이 개념에서 연결은 단순히 사물의 고정된 본질을 넘어서, 그 사이에서 일어나는 상호 작용과 변화의 가능성을 탐구하는 것이다.

예를 들어, '컵'이라는 물건도 단순히 '물 마시는 그릇'으로 고정되지 않고, 다르게 연결되면 그 용도가 변화할 수 있다. 컵이 못과 연결되면 망치로 쓰일 수 있고, 어떤 공간에서는 인테리어 소품으로 변모할 수 있다. 이는 컵의 본질이 고정된 것이 아니라, 어떻게 연결되느냐에 따라 용도가 달라지는 유동성을 보여 준다.

이러한 관점은 세상을 유연하게 바라보는 사고를 가능하게 하며, 고정된 개념이나 관념에서 벗어나 다양한 가능성을 발견하게 한다. 사물이나 사람을 한 가지 방식으로만 정의하지 않고, 그들의 연결성을 통해 더 넓은 시야로 세상을 이해하는 능력은 매우 중요한 통찰이다. 이는 고정관념을 넘어서 창조적인 사고를 장려하고, 창조 또한 고립된 발상이 아닌 다양한 요소와의 연결 속에서 발생한다는 것을 보여 준다.

이를 요리에 비유하면, 각기 다른 식재료를 연결하고 조합하는 과정에서 새로운 소스나 음식이 탄생하는 것과 같다. 이처럼 창조는 유연하게 재조합하고 연결하는 과정에서 발생하며, 이러한 사고방식은 문제 해결 능력과 창의성을 키우는 중요한 도구가 된다.

스티브 잡스가 "Think Different"라는 슬로건을 통해 강조한 창조적 사고는 단순한 기술적 결합을 넘어선 사고방식을 의미했다. "다르게 생각하라"는 말은 곧 "다르게 연결하라"와 같다고 볼 수 있다. 잡스는 이미 존재하던 인터넷, 음악, 핸드폰 등 다양한 기술적 요소들을 혁신적으로 연결하여 새로운 생태계를 구축했다. 특히, 앱 생태계의 창조는 기존에 개별적으로 존재하던 요소들을 통합해 완전히 새로운 패러다임을 제시한 대표적인 사례였다.

잡스의 성공은 그 기술들이 서로 어떻게 연결되고 상호 작용할 수 있는지를 재정의한 데 있다. 이는 특히 스마트폰의 혁신에서 두드러지는데, 잡스는 다양한 기술적 요소들을 통합적으로 연결함으로써 새로운 사용자 경험을 창조해 냈다. 이는 노자의 철학과 맞닿아 있다. 즉, 새로운 연결을 통해 새로운 가치와 창조가 이루어진다는 노자의 통찰을,

잡스는 현대 기술 혁신에서 구현한 셈이다.

노자의 철학은 자연의 원리와 조화를 깨닫고, 비움을 통해 성장하며, 다양한 요소와 관계들을 연결함으로써 새로운 사물과 현상을 창조한다는 통찰을 제공한다.

나는 가끔 한국이 공자의 유교 사상이 아닌 노자의 도교 사상을 선택했다면 어땠을까 하는 생각을 한다. 우리의 역사를 돌아보면, 선조들은 실제로 유교와 도교 사이에서 고민하던 시기가 있었다. 고려 말과 조선 초기에, 도교와 유교가 모두 공존하며 귀족층에 영향을 미쳤다. 고려 왕실은 도교의 장수와 불사의 철학에 매료되어 도교적 의식을 시행했고, 민속 의식에도 도교적 요소가 스며들었다.

하지만 조선이 건국되며 성리학을 바탕으로 한 유교가 질서를 확립하고 부패를 제거하는 데 필요한 지침으로 선택되었다. 유교는 특히 가족과 사회 구조를 체계적으로 규정하고, 상하 질서를 강조하며 안정적인 사회를 만드는 데 중요한 역할을 했다. 조선시대의 유교적 가치는 가부장제와 가족주의를 기반으로 하여, 각자의 역할과 위치를 명확히 규정하는 체계를 만들어 냈다. 이는 혼란을 극복하고 강한 국가를 만드는 데 필요했으며, 혼란한 시기를 거치며 이질적인 철학보다는 질서와 도덕성을 유지하는 데 집중한 것이 주된 이유다.

반면, 노자의 도교는 유교보다 더 유연하고 자연스러운 삶을 추구하며, 개인의 내적 자유와 조화를 강조했다. 만약 조선이 도교를 선택했다면, 사회 질서가 덜 엄격하고 개인의 자유와 내면을 더 중시하는 다양성이 강조된 사회가 되었을 가능성도 있다. 그렇게 되면 오늘날 한국 사회는 성과와 경쟁에 지나치게 치중하지 않고, 더 유연하고 개방적일 수 있을 것이다. 또한, 내면의 평화와 행복을 더 중시했을 것이며 철학을 추구하는 문화적 흐름을 가질 수 있었을지도 모른다.

물론 그렇게 되면 지금의 한강의 기적을 이룬 산업화된 한국은 없었을지도 모른다. 유교는 질서와 성과를 중시하여 빠른 경제적 발전을 이끌었고, 그 결과 오늘날의 경제 성장을 가능하게 한 기반이 되었다. 그러나 장기적으로 보면 도교의 철학이 단순한 물질적 성취보다는 진정한 행복과 내면의 평화를 추구하는 가치로 인해, 개인들이 경쟁보다는 협력과 조화를 중요하게 여기며, 사회가 좀 더 인간적이고 지속 가능한 방향으로 발전했을 가능성도 있다.

노자의 철학과 공자의 유교 사상은 여러 면에서 뚜렷한 대조를 이룬다. 공자의 사상은 능동적이며 사회적 질서와 도덕을 중시하는 보수적 면을 가지고 있다. 반면, 노자의 철학은 자연스러움과 순환적인 사고를 강조하는 유연한 접근을 제시한다. 공자는 사회적 역할을 중시하며 주관적인 관점을 지닌 반면, 노자는 객관적인 관점으로 세상과 자연의 흐름을 따르는 삶을 추구한다.

공자는 가족과 국가, 인간관계에서 명확한 역할과 책임을 강조했다. 그의 사상은 주로 예(禮)와 인(仁)을 중심으로, 각자의 위치와 신분에 맞는 역할을 수행하며 사회의 안정을 유지하는 데 중점을 두었다. 이러한 가르침은 계층적이며, 상하 관계를 확립하는 데 기초를 둔 질서를 중요시했다.

반면, 노자는 세상에서 인위적으로 구분하고 계층을 나누는 것이 진정한 관계적 연결을 방해하고, 가치를 놓치게 만든다고 보았다. 그는 모든 존재는 자연스러운 흐름 속에서 평등하게 연결되고 상호 작용할

K행복 NO행복

수 있다고 믿었다. 노자가 말한 천도무친(天道無親)이라는 개념은 천지의 도리가 사람을 구분하지 않고, 모든 존재에게 공평하다는 뜻이다. 이는 자연이 사람에게 차별을 두지 않듯이, 인간 또한 스스로를 구분하거나 억압하지 않고 자유로운 삶을 선택해야 함을 의미한다.

공자는 도덕적 규범과 가족 간의 질서, 그리고 사회적 의무를 통해 안정과 번영을 추구한 반면, 노자는 이러한 외부적인 구속에서 벗어나 자연의 질서를 따르는 자유로운 삶을 권장했다. 이러한 차이는 인간관계에서 계층적 질서를 중시한 공자와, 구분을 초월하여 모든 것이 연결된 자연적 관계를 중시한 노자의 철학적 차이를 잘 보여 준다.

노자의 가르침 중 중요한 개념인 무위이무불위(無爲而無不爲)는 "인위적인 일을 하지 않으면서도, 아무 일도 이루지 못함이 없다"는 뜻으로, 자연의 흐름을 따르는 삶의 중요성을 설파한다. 즉, 인위적으로 무엇을 이루려 하지 않고도, 오히려 그 과정에서 더 큰 성취를 이룰 수 있다는 것이다.

노자의 도는 단순히 하나의 길을 의미하는 것이 아니라, 목적지보다 방향과 그 과정 자체가 중요하다는 점을 시사한다. 그의 가르침은 우리가 실제 삶에서 적용할 수 있는 실용적인 철학이다. 변화에 유연하게 대응하고, 특정 이념에 얽매이지 않고 다양성과 연결에 집중하는 것은 현대 사회에서도 매우 중요한 통찰이다.

행복은 다양한 차원에서 경험될 수 있다. 첫 번째 차원은 원초적 행복이다. 이는 본능적인 욕구가 충족될 때 느끼는 즉각적인 만족감이다. 음식, 의복, 수면, 스킨십과 같은 기본적인 쾌락에서 오는 감각적 편안함과 기쁨이 이에 속한다. 이러한 행복은 단순하지만, 인간 존재에 필수적인 기초적 만족으로, 우리의 생존과 직결된 형태다. 원초적 행복은 즉각적으로 충족되지만, 그만큼 삶의 기본적인 부분에서 중요한 역할을 한다.

두 번째 차원은 내면적 행복이다. 이는 자아 형성과 감정적 안정, 성취감을 통해 얻어지는 내적 평온과 균형을 의미한다. 인간은 끊임없이 자신의 존재를 탐구하고, 자신을 이해하는 과정에서 내면의 안정을 찾는다. 이 과정에서 자아가 형성되고, 자신의 내적 욕구가 명확해지며, 주체적인 삶을 살아가는 기반이 마련된다. 이 차원의 행복은 자신과의 깊은 대화 속에서 발견되는 내적 기쁨이며, 내면의 성장과 만족감을 동반한다.

세 번째 차원은 사회적 행복이다. 이는 사회에 선한 영향력을 미치며, 타인에게 긍정적인 변화를 주었을 때 얻어지는 깊은 만족감이다. 여기서 중요한 점은, "이타적인 것이 가장 이기적인 것"이라는 역설을 깨닫는 것이다. 타인이나 공동체를 위해 기여하는 것이 자신에게 오히려 더 큰 기쁨과 성취감을 안겨 준다는 것이다. 이는 사회 속에서 자신의 역할을 의미 있게 수행하며, 타인과의 관계 속에서 자신의 가치를 확인하고, 그를 통해 더 큰 성취감과 행복감을 얻게 되는 과정이다.

마지막 차원의 행복은 의식적 행복으로, 이는 삶의 본질과 가치를 깊이 이해하고, 그 깨달음 속에서 자신의 존재 자체가 주는 깊은 만족을 의미한다. 이 행복은 단순한 감정적 기쁨을 넘어, 외부의 성취나 물질적인 것에 의존하지 않고도 내면에서 자연스럽게 느껴지는 행복과 사랑을 말한다. 이러한 행복은 무언가를 의도적으로 쟁취하려 하지 않아도, 마음속에서 자연스럽게 흘러나오며, 타인에게 사랑과 기쁨을 베

풀게 되는 순환적이고 지속적인 상태다. 이 단계의 행복은 자기 내면과의 깊은 연결에서 비롯되며, 더 이상 외부적 조건에 구애받지 않는 평온한 상태를 나타낸다.

철학은 바로 의식적 행복에 도달하기 위한 중요한 도구로 작용한다. 철학은 단순한 욕구 충족을 넘어, 인간이 궁극적으로 지향해야 할 삶의 방향을 제시한다.

22화

죽음과 신에 대한 철학적 고찰

철학은 "어떻게 살아야 하는가?"에 대한 지혜를 탐구하는 학문인데, 그 중심에는 항상 죽음이라는 주제가 함께한다. 많은 철학자들이 죽음을 중요한 주제로 다루어 온 이유도 여기에 있다. "어떻게 살 것인가?"와 "어떻게 죽을 것인가?"는 결국 같은 질문일지도 모른다. 죽음은 인간이 피할 수 없는 삶의 한 부분이기에, 죽음을 바라보는 태도는 곧 삶을 바라보는 태도와 다르지 않다. 우리는 태어나는 순간부터 죽음을 향해 끊임없이 나아가고 있으며, 삶과 죽음은 대립되는 개념이 아니라, 오히려 서로를 보완하는 상호 작용 속에 있는 개념이다

죽음은 우리를 철학자로 만든다. 몽테뉴는 "이 세상 모든 지혜와 이론의 핵심은 죽음을 두려워하지 않는 방법을 가르쳐 주는 것"이라고 말하며, 죽음이 인간의 지혜를 이끌어 내는 중요한 계기임을 언급했다. 소크라테스는 "철학은 죽음을 준비하는 연습이다"라는 표현으로, 죽음을 두려움의 대상이 아닌 자연스러운 삶의 일부로 받아들일 것을 강조

했다. 죽음은 단순히 생명의 끝이 아니라, 우리가 삶을 더 깊이 이해하고 철학적으로 사유하게 만드는 중요한 주제다.

박진영은 삶과 죽음에 대한 깊은 고민을 방송에서 털어놓은 적이 있다. 그는 인생에서 언제 갑자기 죽을지 모르는 상황에서 죽음이라는 문제를 외면한 채 살아가는 것이 과연 옳은지에 대해 의문을 품었다. 우리는 성장 과정에서 '열심히 살아라', '올바르게 살아라'라는 교훈을 배우지만, 왜 우리가 그렇게 해야 하는지, 그리고 죽음과 그 의미에 대해 진지하게 고민하는 법을 배우지는 않는다는 점을 지적했다.

그는 "인생이라는 길에서 시작과 끝을 모르면 흔들릴 수밖에 없지 않겠냐"는 말을 통해 자신의 생각의 깊이를 더했다. 즉, 인생에서 시작과 끝, 우리의 출생과 죽음에 대한 명확한 이해가 없으면 우리가 무엇을 위해 살아가야 할지 혼란스러울 수밖에 없다는 것이다. 이러한 고민을 바탕으로 그는 자신의 생각을 혼자만 품고 있지 않고, 더 많은 사람들과 나누고자 했다. 그 결과 그는 《무엇을 위해 살죠?》라는 책을 출간하여, 자신의 인생과 죽음에 대한 철학적 질문을 담아냈다.

철학과 종교에서는 죽음과 관련해서 사후세계에 대해 다양한 관점을 제시하면서, 신의 존재에 대한 탐구도 오랫동안 이어 왔다. 고대부터 현대에 이르기까지 철학적 논의는 여러 문화를 배경으로 신의 존재와 죽음을 정의하고 해석하는 방식에서 많은 차이를 보여 주고 있다.

예를 들어, 니체의 영원회귀 개념은 시간이 무한히 반복된다는 아이디어로, 우리가 경험하는 모든 것이 끝없이 반복된다고 주장한다. 이는 사후세계가 아니라, 우리가 현재의 삶을 어떻게 살아야 하는지에 대한 철학적 물음으로 연결된다. 반면, 기독교적 전통에서는 천국과 지옥이 죽음 이후의 운명을 설명하는 대표적인 개념이다. 이와 달리 불교는 윤회를 통해 생명은 죽음 이후 다른 형태로 다시 태어나며, 이러한 순환 속에서 깨달음을 얻을 때 궁극적인 해탈을 얻는다고 본다.

평행세계나 시뮬레이션 이론은 현대 과학과 철학이 교차하는 영역에서 등장하는 이론으로, 우리가 사는 현실이 단지 여러 가능성 중 하나이거나 인공적으로 만들어진 것일 수 있다는 주장이다. 이런 이론들은 사후세계를 포함한 존재의 본질을 새롭게 설명하려는 시도로, 인간의 현실을 다른 방식으로 바라보게 한다.

신에 대한 정의는 문화적 맥락에 따라 크게 달라진다. 기독교에서 신은 인간을 창조하고 절대적 사랑과 정의를 실현하는 존재로 묘사된다. 반면, 힌두교에서는 브라흐마, 비슈누, 시바와 같은 다양한 신들이 우주와 인간의 존재를 유지하고 파괴하는 역할을 한다. 도교에서는 신이 구체적인 형상을 가지기보다, 자연과 조화롭게 살아가는 '도'의 개념을 통해 이해되기도 한다.

서양에서는 일반적으로 유일신을 믿는 일신교가 지배적인데 이 신은 모든 것을 초월하고 절대적인 존재로 여겨진다. 반면, 인도의 힌두교는 다신교적 특징이 두드러진다. 다양한 신들이 각기 다른 역할과 능력을 가지고 있으며, 각각의 신이 우주와 인간의 삶을 유지하고 파괴하는 책임을 진다.

현대 과학의 발전은 자연 현상에 대한 설명에서 신의 역할을 점점 축소시키는 경향을 보였다. 과학적 탐구는 만물의 원리를 규명하는 데 있어 더 이상 초월적 존재에 의존하지 않고도 설명이 가능하게 되면서, 신의 개념이 과거보다 덜 필요하게 된 것이다. 하지만 신의 존재에 대한 질문은 여전히 철학적, 종교적 담론에서 중요한 주제다. 과학이 자연 현상을 설명할 수 있는 능력이 확장되었어도, 우주와 생명의 근원, 그리고 인간 존재의 목적에 대한 질문은 여전히 신의 존재 여부와 관련된 논의로 이어지곤 한다.

축의 시대(기원전 800년~기원전 200년)에 활동했던 여러 철학자들은 신을 단순히 초월적 존재로 보지 않았다. 그들은 인간의 삶, 도덕, 존재의 이유를 설명하기 위한 개념으로 신을 재해석하거나 신의 존재 자체를 부정하기도 했다. 예를 들어, 고대 인도의 상키아 철학은 우주와 인간의 존재를 설명하는 데 있어서 신이 아닌 물질(프라크리티)과 정신(푸루샤)의 상호 작용을 통해 세상을 이해하려 했다. 상키아 철학은 우주가 물질과 정신의 원초적 원리로부터 자연스럽게 작동한다고 보았으며, 초월적인 신의 개입이 필요하지 않다고 주장했다.

상키아 철학이 강조하는 무신론적 관점은 축의 시대의 다른 사상들과도 연결된다. 당시 많은 철학자와 사상가들은 신의 존재에 의존하기보다는 인간의 내적 탐구와 성찰을 중시했고 상키아 철학은 인간 문제의 근본 원인인 에고를 극복하는 것이 더 중요하다고 강조했다.

붓다 역시 신보다는 개인의 깨달음을 통해 고통과 윤회에서 벗어나는 것을 강조했다. 소크라테스는 신의 권위를 부정하지는 않았지만, 인간의 이성을 통해 진리를 탐구해야 한다고 보았다. 공자는 하늘의 뜻을 인정했지만, 인간의 도덕적 수양과 사회적 질서를 더 중요하게 여겼다. 노자 또한 인위적인 신의 개입보다는 자연의 흐름에 맡기고, 인간이 스스로 도(道)를 따르며 조화를 이루는 삶을 중시했다.

하지만 플라톤은 그의 스승 소크라테스와는 달리, 신과 이데아에 대한 사유를 담은 철학을 발전시켰다. 그는 물질세계와는 별개로 완전하고 영원한 이데아 세계가 존재한다고 믿었다. 이 이데아는 본질적 진리로서, 우리가 감각을 통해 경험하는 물질적 세계는 그 진리의 불완전한 모방에 불과하다고 보았다. 플라톤의 이러한 이원론적 세계관은 서양 철학에 깊이 자리 잡았으며, 이분법적 사고는 서양의 정치, 종교, 철학, 그리고 심지어 경제 구조에까지 영향을 미쳤다.

이런 이원론적 세계관은 서양의 제국주의 팽창과 식민지 건설 과정에서 뚜렷하게 나타났다. 서양은 자신을 '문명화된 선'으로 규정하고, 자신과 다른 문화, 특히 동양과 아프리카의 문화를 '미개한 악'으로 간주하는 경향을 보였다. 이러한 사고방식은 단순히 경제적 이익을 넘어서, 서양의 과학적, 기술적, 문화적 우월성을 강조하는 이데올로기적 기반 위에서 정당화되었다.

제국주의 국가들은 '문명화 사명(civilizing mission)'이라는 명목 하에, 비서구 세계를 정복하고 통제하는 것이 자신들의 의무라고 주장했다. 이 과정에서 동양의 가치관, 철학, 종교는 서양의 이성적이고 합리적인 가치관과 대립되는 '이질적인' 것으로 묘사되었고, 서양은 이를 교화시키고 개선해야 할 대상이라고 여겼다.

또한, 기독교와 이슬람교 모두 자신들의 신앙을 절대적인 진리로 간주하고, 이로 인해 다른 신앙 체계나 문화를 배척하거나 적대시하는 경향을 보였다. 특히, 십자군 전쟁이나 이슬람의 확장 과정에서 이러한 종교적 갈등이 두드러졌다. 서구 기독교 세력은 이교도들을 '악'으로 간주하고, 그들을 교화시키거나 정복하는 것이 신의 뜻에 따르는 것이라고 믿었다. 이슬람교도들 또한 자신들의 종교를 수호하고 전파

하기 위해 성전(지하드)을 도덕적 임무로 여겼다. 이러한 신과 인간, 선과 악의 이분법적 구분은 결국 수세기 동안 종교적 대립을 일으키는 원인이 되었으며, 때로는 정치적 이념과 결합해 극단적인 전쟁을 촉발시키기도 했다.

반면, 동양 철학에서는 조화와 균형을 매우 중시하며, 이는 무신론적 또는 다신론적 세계관에서 기인한다. 예를 들어, 중국의 춘추전국시대는 끊임없는 전쟁이 일어났음에도 불구하고, 외교와 협상을 통한 균형 유지가 중요한 전략으로 여겨졌다. 이를 대표하는 전쟁사에서 유명한 《손자병법》은 "최고의 전쟁은 싸우지 않고 이기는 것"이라고 강조하며, 대립을 넘어서 심리적, 전략적 균형을 중시했다. 동양 철학의 중요한 개념인 음양(陰陽) 사상에서도 대립하는 두 개념이 서로 조화를 이루며 세계가 유지된다는 생각이 강조된다. 이러한 철학적 기초는 협력을 통한 균형과 평화 추구를 중시하는 동양적 사고방식을 잘 보여준다.

서양의 이원론적 세계관은 제국주의와 식민주의를 정당화하는 역할을 했지만 이와 동시에, 이원론적 사고는 서양 사회 내에서 경쟁과 혁신을 촉진하고, 빠른 과학적 · 기술적 발전을 이루는 데 중요한 역할을 한 것도 사실이다. 서양의 이원론적 사고방식은 자연을 인간이 지배하고 분석할 대상으로 보며, 이를 통해 산업 혁명과 과학적 발전을 촉진했다. 자연을 분리된 대상으로 인식한 덕분에 서양 사회는 자연 자원과 기술을 효율적으로 활용하고 발전시킬 수 있었고, 세계적으로 경제와 기술을 선도하는 위치에 올랐다.

그러나 산업화 이후 서양식 발전 모델은 환경 파괴와 지구 온난화의 주요 원인으로 지적되기 시작했다. 이원론적 사고가 인간과 자연을 대립 구도로 보며 자연을 정복의 대상으로 삼았기 때문이다. 최근 들어 이러한 발전 방식이 지속 가능하지 않다는 인식이 확산되면서, 서양 철학의 우세가 흔들리고 있다.

인간과 자연의 관계를 재고해야 한다는 필요성이 대두되며, 동양 철학에 대한 관심이 점차 증가하고 있다. 도교와 유교 등 동양의 사상들은 자연을 정복의 대상이 아닌, 인간이 함께 살아가야 할 대상이라고 보며, 자연에 대한 존중과 겸손을 중요한 가치로 삼는다. 이러한 관점은 오늘날 지속 가능한 발전을 추구하는 데 있어 중요한 철학적 기반을 제공하고 있다.

한편, 이원론적 세계관에 따라 전해 내려오는 성경은 초기 기독교 시대에는 예수의 가르침과 생애가 사도들을 통해 전해졌고, 시간이 지나면서 이를 기록한 문헌들이 등장했다. 이러한 문헌들은 구전된 내용을 바탕으로 쓰였기 때문에, 시간이 흐르면서 일어난 수정이나 추가 사항들이 포함될 수 있다는 점에서 신뢰성에 대한 다양한 학문적 논의가 이루어져 왔다.

예수의 생애와 가르침을 기록한 복음서는 기독교 신앙의 핵심 텍스트로, 기적과 신비로운 사건들이 중심을 이루고 있다. 그러나 역사적 연구에서는 복음서가 구전으로 전해지다가 나중에 문서로 정리되었기 때문에, 본래 사건에서 변형되었을 가능성도 논의된다. 더구나 도마복음과 같은 외경은 정경으로 채택되지 않았지만, 예수의 가르침을 기록한 문서로서 중요한 의미를 지니고 있다. 그러나 이러한 외경들은 신학적, 역사적 신빙성 면에서 논란이 많으며, 복음서보다 낮은 평가를 받고 있다.

예수는 본래 유대교의 일원으로서, 새로운 종교를 만들 의도가 없었다는 견해는 학계에서 자주 논의되는 주제 중 하나다. 그의 가르침은 유대교 전통 안에서 이루어졌고, 그는 유대 사회의 도덕적 타락을 비판하며 사람들에게 사랑과 정의를 실천할 것을 강조했다. 당시 예수는 스스로를 신으로 여기지 않았고, 오히려 유대교의 예언자적 전통을 따르며 하느님에 대한 순종을 가르쳤다. 그러나 그의 죽음 이후, 바울로는 예수의 죽음과 부활을 구원의 핵심으로 강조하며, 예수를 신성한 존재로 추앙하는 새로운 신앙 체계를 세우는 데 중요한 역할을 했다. 이러한 과정에서 기독교는 유대교와 분리되었고, 예수는 단순한 예언자에서 신적 구원자로 그 위치가 상승하게 되었다.

결국 성경과 같은 고대 문헌들은 역사적 기록이면서 동시에 신앙적 해석이 결합된 텍스트이기 때문에, 그 정확성에 대한 의문은 학자들 사이에서 지속적인 논의의 대상이 되고 있다.

축의 시대 철학자들, 예를 들어 붓다, 노자, 공자, 소크라테스 등은 인간의 내면을 탐구하고, 이성적 사고와 자기 성찰을 통해 고통에서 벗어나고 진리를 발견하는 것을 강조했다. 따라서 축의 시대의 철학에서 보이는 무신론적 성향과 예수의 의도와는 달리 형성된 기독교는 모두 인간의 내적 탐구와 자아 해방에 중점을 두는 철학적, 종교적 흐름의 일환으로 이해될 수 있다.

신의 존재를 생각할 때, 우주의 광대함과 그 복잡성은 인간의 이해를 넘어설 만큼 거대하고 경이롭다. 우주가 끊임없이 팽창하고 있다는 사실, 그리고 그 속에서 인간의 존재가 매우 미미하다는 인식은 신이 인간과 같은 작은 존재들에게도 신경을 쓸 것인지에 대해 의문을 불러일으킬 수 있다.

전통적인 신학적 관점에서, 많은 종교는 신이 우주만큼 거대하고 초월적인 동시에, 인간과 같은 작은 존재들에게도 세심한 관심을 기울이는 존재라고 가르친다. 예를 들어, 기독교에서는 신이 우주를 창조한 동시에 인간의 개인적인 삶에도 깊이 관여한다고 믿는다. 성경의 "너희 머리털까지 다 세신 바 되었나니"(마태복음 10:30)라는 구절은 신의 섬세한 돌봄을 상징적으로 나타낸다.

그러나 철학적으로 보자면, 이러한 신의 이중성에 대한 문제는 '신정론'이나 '신의 속성'에 대한 논의로 이어진다. 만약 신이 우주를 창조한 전지전능한 존재라면, 모든 존재와 사건에 영향을 미칠 수 있을 것이다. 그렇다면 인간과 같은 작고 미미한 존재들이 우주의 큰 그림 속에서 어떻게 중요한 의미를 가질 수 있을지에 대해 여러 의견이 존재한다.

일부 무신론적 관점이나 불가지론적 시각에서는, 신이 모든 것을 돌보는 존재라기보다는 우주를 설정하고 그 이후에는 직접적으로 개입하지 않는 존재로 본다. 또 다른 철학적 관점에서는, 우주의 복잡성과 무한한 가능성 속에서 인간은 신의 계획 중 일부일 수 있으며, 그 계획의 규모와 복잡성 속에서도 인간은 중요한 역할을 할 수 있다고 본다.

그런데 만약 신이 인간에게 신경을 쓴다면, 그 이유는 단순히 우리가 우주 속에서 작고 미미한 존재임에도 불구하고, 의식과 감정을 지닌 고유한 존재이기 때문일지도 모른다. 인간은 생각하고, 고뇌하고, 창조하며, 도덕적 질문을 던진다. 이러한 능력이 신의 관심을 끌 수 있는 이유일지도 모른다.

K행복 NO행복

또한, 양자역학에서 "관찰자가 관찰 대상에 영향을 미친다"는 원리는 신을 하나의 관찰자로 비유할 수 있다. 이를 신의 역할과 결부시킨다면, 신이 우주에 직접 개입하지 않으면서도, 단지 관찰함으로써 우주와 인간에게 미묘한 영향을 줄 수 있다는 해석이 가능해진다. 관찰 행위만으로도 물질의 상태가 변할 수 있는 양자역학적 원리처럼, 신의 존재와 그 관찰이 우주의 흐름에 보이지 않는 영향을 미칠 가능성을 염두에 둘 수 있다.

또 한편으로는, 신의 존재를 인간과 결부시켜 생각해 볼 수 있다. 만약 우리의 생각과 행동이 우주를 창조하고 변형시킬 수 있는 잠재력을 가지고 있다면, 인간 자체가 신의 한 부분일 수 있다는 생각도 들 수 있다. 인간이 창조력을 가지고 끊임없이 새로운 아이디어와 세계를 만들어 내는 과정을 보면, 인간이 곧 신의 표현일지도 모른다는 추측이 가능하다. 이 경우, 신은 우주와 인간의 창조적 에너지 그 자체로 표현되며, 인간은 그 안에서 신성의 일부를 경험하는 존재로 해석될 수 있다.

이를 더 나아가 인간이 우주의 일부로서 신을 체현하고 있다는 생각을 받아들인다면, 신이 인간을 "특별히 돌보지 않는다"는 개념도 이해할 수 있다. 마치 인간이 자신의 몸 속 세포들을 신경 쓰지 않듯, 신도 우주라는 거대한 존재 속에서 인간이라는 작은 존재를 직접적으로 개입하여 돌보지 않을 수 있다.

어쩌면 신과 인간의 관계는 단순히 창조자와 피조물의 구도로만 설명될 수 없는, 더 복합적인 상호 작용일 수 있다. 인간의 의식과 창조적 행위가 신의 일부이자 표현이라면, 우리는 곧 자신이 창조한 세계의 일부로서 신성의 속성을 경험하고, 그 속에서 자기 역할을 찾아가는 존재일지도 모른다.

현생누대에 이르러 지구는 5번의 대멸종을 겪었고, 신생대에 들어서야 약 4만 년 전 우리의 조상인 호모 사피엔스가 여러 인간종 중에서 최종적으로 살아남아 지금까지 이어져 왔다. 생명의 탄생에서부터 의식 있는 인간까지의 진화 과정을 설명할 때, 인간 중심적 관점과 화학적 진화론으로도 여전히 인간의 탄생을 완벽히 설명할 수 없기 때문에, 많은 사람들이 신이라는 창조자를 상상하고 그것이 모든 것을 만든 것이 아닐까라는 생각을 하게 된다.

최초의 문명인 메소포타미아에서 이집트, 인더스, 황하까지, 그리고 길가메시 서사시, 베다, 도덕경, 논어, 유가, 법가, 불교, 구약, 신약 등 다양한 문화와 시대에서 등장한 다양한 신들이 단지 각기 다른 환경과 시대 속에서 탄생한 해석과 신념의 산물인 것일까? 그게 사실이라면 신의 존재가 초월적이고 절대적인 것이라기보다는, 인간이 자신의 경험과 환경 속에서 만들어 낸 관념적 산물일 수 있음을 시사한다.

어쩌면 신의 존재 여부가 중요한 문제가 아닐 수도 있다. 신이 보이지 않고, 그 존재를 명확히 알 수 없다면, 결국 우리의 삶과 경험에서 중요한 것은 우리의 내면과 세계에 대한 이해일 것이다. 많은 철학자와 현자들이 내면을 통한 진리를 강조해 왔고, 이 과정에서 발견된 일원론적 관점은 나와 세계가 결국 하나라는 깨달음에 도달하게 만든다.

일원론적 사상을 가진 사상가들은 "세계와 나는 하나다"라는 사상을 강조했으며, 그들의 가르침에서 인간이 자연과 조화롭게 살아가야 한다는 점을 설파했다. 이러한 통찰은 서양의 이원론적 사고방식과는 대조된다. 이원론적 관점은 필연적으로 세상을 선과 악, 좋고 나쁨으로 나누게 되고, 이러한 구분은 갈등과 분열을 초래한다.

만약 신이 존재하더라도, 그것은 외부의 초월적인 존재가 아니라 우리의 의식 속에 내재된 무엇일 수 있다는 생각은 철학적으로도 중요한 주제다. 이러한 견해는 인간의 의식이 단순히 사고나 감정의 흐름을 넘어서서, 세상과 깊이 연결된 무한한 에너지를 지닌 존재로 볼 수 있음을 시사한다. 이 관점에서 신은 외부에서 우리를 지켜보는 존재가 아니라, 우리 내면에 존재하는 에너지이자, 인간이 세상과 소통하고 연결되는 통로일 수 있다.

이와 같은 생각은 동양 철학에서 자주 등장하는 일원론적 사고방식과 일맥상통하며, 과학적으로 설명되지 않는 우리 내면의 의식이 무한한 에너지를 지닌 존재라는 생각은 현대 과학에서도 조금씩 논의되고 있는 주제다. 양자역학에서 의식이 현실을 형성하는 데 중요한 역할을 한다는 이론은 신이 인간 내면의 에너지일 수 있다는 생각을 뒷받침할 수 있다.

신앙을 갖는 것 자체는 나쁘지 않지만, 신앙을 강요하거나 그것에 집착하는 것은 문제를 일으킬 수 있다고 본다. 특히 한국 사회는 관계주의 문화 속에서 좋은 것을 함께 나누려는 문화 때문에, 종종 신앙이 강요되거나 과도하게 집착되는 경우가 많다. 신앙보다는 자신이 삶의 중심이 되어야 하지 않을까? 신앙이 중심이 되면, 자신을 잃거나 외부에 지나치게 의존하게 되어 주체적인 삶을 살기 어렵게 된다.

한국에서 신앙을 둘러싼 갈등은 가족이나 친구들 사이에서 발생하는 경우가 많다. 신앙의 차이로 인해 불화가 생기면, 자신의 신념을 지키며 독자적인 길을 가려는 사람은 그로 인해 더욱 큰 어려움에 직면하게 된다.

어떤 사람들은 미래를 예지하는 능력이 신의 존재 증거라고 주장할 수도 있다. 하지만 이러한 능력이 설명되거나 입증된다고 해서, 그것이 신이라는 것을 증명한다고 보기는 어렵다. 미래를 예지하는 능력은 단순히 인간의 뇌가 갖는 특별한 능력일 수도 있고, 우주의 원리에 대한 새로운 해석일 수도 있다.

결국, 신의 존재를 믿는 것은 과학적 증명보다는 개인의 신념과 가치관에 의해 결정된다. 역사적으로도 신앙은 개인적 구원과 위안을 제공하는 동시에, 때로는 갈등과 고통을 초래한 원인이 되기도 했다. 예를 들어, 종교 전쟁이나 종교적 갈등은 신앙이 잘못된 방식으로 해석되고 맹목적으로 추구될 때 발생할 수 있는 문제를 보여 준다.

따라서 신앙은 개인적인 선택으로 남아야 하며, 그것이 중심이 아닌 자기 자신이 삶의 주체가 되어야만 한다. 신앙은 개인이 스스로 깊이 성찰하고 결정해야 하는 문제다.

어쩌면 인간은 삶이 두려워 사회를 만들고, 죽음이 두려워 종교를 만든 것은 아닐까? 삶의 가장 훌륭한 스승이 죽음이라는 진실은 실로 궁극적인 역설이다. 어떤 사람이나 상황도 죽을 고비를 넘기고 살아난 사람에게 많은 것을 가르쳐 주지 못한다. 죽음은 우리가 집착하고 있는 것들이 얼마나 하찮은 것인지를 깨우쳐 줄 뿐만 아니라, 살아 있다는 것 자체가 얼마나 감사한 일인지 깨닫게 해 준다.

죽음이 다가오는 순간, 우리가 그토록 중요하게 여겼던 물질적 소유나 사회적 성공은 아무런 의미를 가지지 않게 된다. 결국, 삶의 본질만

이 남게 되는 것이다. 죽음은 우리에게 이러한 근본적인 깨달음을 제공하며, 이를 통해 더 나은 삶을 살 수 있는 기회를 준다.

어쩌면 죽음이 진정한 주인이고, 삶은 그 주인이 잠시 허락한 선물과도 같은 것일지도 모른다. 죽음은 집주인이고, 우리는 그저 일시적으로 머무는 세입자인 것이다. 따라서 죽음과의 관계를 두려움 속에서 맺어서는 안 된다. 오히려 매일매일을 귀중한 경험으로 바라보고, 삶의 희귀함과 소중함을 깨닫도록 만들어 준 죽음에게 감사를 표해야 한다. 삶은 죽음이 있기에 더욱 값지고 의미를 가진다. 죽음은 삶의 종착지가 아니라, 그 소중함을 일깨워 주는 강력한 교훈이다.

많은 사람들이 "어떻게 살아야 행복할까?"라는 질문에 몰두하지만, 나는 오히려 "어떻게 죽어야 행복할까?"라는 질문이 더 중요한 통찰을 제공한다고 본다. 죽음이라는 주제는 삶의 끝을 상기시켜 주고, 우리가 무엇을 위해 살고 있는지 근본적인 질문을 던지게 한다. 만약 지금 당장 죽음이 닥친다고 했을 때 받아들일 수 있다면, 죽음은 더 이상 두려운 대상이 되지 않으며, 죽음도 두려워하지 않는 우리라면 삶에서 어떤 어려움도 극복하며 더욱 용기 있게 나아갈 수 있을 것이다. 또한, 죽음을 앞두고 무엇이 가장 후회되는지 성찰하는 과정은 삶의 우선순위를 다시 한번 돌아보게 만들며, 지금 당장 그 후회를 없앨 수 있는 실천을 할 수 있게 만든다.

삶은 종종 죽음의 존재를 잊게 만들지만, 죽음은 삶의 소중함을 일깨우는 중요한 요소다. 드라마 〈이태원 클라쓰〉의 명대사 "살아만 있다면 뭐든 별거 아니야"는 그런 맥락에서 죽음이 삶에 대한 감사함을 일깨워 주는 말이다. 우리가 죽음을 의식하고, 삶을 하나의 선물로 받아들일 때, 우리는 현재의 순간에 더 감사할 수 있으며 더 행복한 삶에 다가갈 수 있다고 생각한다.

죽음을 어떻게 받아들이느냐에 따라 우리의 삶도 훨씬 풍요로워질 수 있다. 죽음을 피하려 하거나 두려워하기보다는, 그것을 삶의 자연스러운 일부로 인정하고 수용하는 것이 중요하다. 죽음을 자주 상기하며 현재의 순간을 소중히 여기는 것이야말로 진정으로 행복한 삶을 사는 데 중요한 열쇠가 될 수 있다.

죽음을 받아들이는 태도는 삶에 대한 우리의 시각을 바꿔 준다. 죽음이라는 불가피한 현실을 자연스럽게 받아들이면서, 우리는 현재의 삶을 더욱 깊이 음미하고, 진정한 의미와 행복을 찾을 수 있다.

23화

독서 문화 활성화와 독서 플레이어

많은 철학자들과 인문학 연구자들이 궁극적으로 도달하는 사상 중 하나는 "자신의 삶을 통해 이 세상이 조금이라도 이롭게 되었으면 좋겠다"라는 것이다. 이 사상은 단순한 이타주의를 넘어선다. 철학에서 말하는 '세상'이란 개념은 각기 다를 수 있다. 한 개인의 작은 세계에서부터 지구 전체에 이르는 큰 세계까지 다양할 수 있다. 하지만 중요한 것은, 인간이 자신의 삶에서 남기는 흔적과 영향에 대한 자각이다. 한 사람의 인생에 영향을 주어 인생이 변화하는 것은 그 개인에게 있어서는 그의 세계 자체가 변한 것이며, 이런 변화는 연쇄적으로 더 큰 세계에 영향을 미칠 수 있다.

이 사상은 단순한 윤리적 원칙이 아니라, 인간의 존재 목적과도 연결된다. 우리가 세상에 무언가 가치 있는 선한 영향력을 남기는 것은 삶의 본질적 의미를 부여하는 과정이다. 스스로를 돌아보며, 나의 존재가 개인적인 차원에서든 사회적인 차원에서든 이롭고 긍정적인 변화를 이끌 수 있기를 바라는 것은 철학적 성찰의 중요한 결실이다. 이러한 생각은 장자나 칸트를 포함한 수많은 철학자들이 추구한 윤리적 삶과도 일맥상통한다.

칸트의 '정언명령'에서는 각자가 보편적 도덕 원칙에 따라 행동할 때 세계에 긍정적 영향을 미칠 수 있다고 했다. 또한 장자나 노자가 말한 '무위(無爲)'의 삶에서도 개인이 세상에 자연스럽게 기여하는 방식이 드러난다. 이러한 철학적 기반에서 나온 사상은 한 개인이 자신의 존재와 행동을 통해 더 큰 조화를 이루고, 그것이 세상의 질서와도 연결될 수 있다는 믿음을 내포하고 있다.

진정한 행복 또한 결국은 사랑을 나누고 베푸는 마음에서 비롯된다. 인간은 본성적으로 관계를 맺고, 다른 사람과 연결될 때 더 큰 행복을 경험한다. 특히, 다른 사람의 행복을 돕는 과정에서 느끼는 기쁨은 깊고 오래 지속된다. 결국, 최고로 이기적인 인간은 최고의 이타적인 인간이라는 역설적인 논리가 성립된다. 결과적으로, 타인의 행복을 위한 행동이 자신의 행복으로 돌아오는 선순환을 만들어 낸다. 진정 가치 있는 삶이란, 욕망을 끝없이 추구하기보다는 사랑과 봉사를 통해 기쁨을 나누고, 그것을 통해 만족과 성취를 얻는 것이다. 이는 지구의 자연과 생명체에 봉사하는 마음이야말로 진정한 성공과 행복의 길임을 깨닫는 순간 완성된다고 할 수 있다.

그런데 여기서 하나의 의문이 생긴다. 과연 철학자들은 이런 깨달음을 얻기 위해 얼마나 많은 시간을 사색하며, 또한 그러기 위해서 얼마나 많은 책을 읽었을까? 각각의 철학자마다 다르지만, 독서와 사색은 철학적 사고력을 키우는 데 필수적인 도구라고 할 수 있다. 소크라테스는 책을 많이 읽지는 않았지만 변증법적 대화를 통해 깊은 통찰을 얻었고, 니체는 그의 철학적 작업에서 독서를 통한 사고의 확장을 중시했으며, 몽테뉴는 자신의 철학적 에세이를 집필할 때 고전 독서를 중요한 기반으로 삼았다.

책을 통해 우리는 다른 사람들의 생각과 경험을 바탕으로 자신의 삶을 돌아보고, 그 의미를 재정립할 수 있다. 행복과 삶의 의미, 나아가 가치 있는 삶을 깨닫는 데 독서는 강력한 길잡이가 되어 준다. 철학적 사색은 독서를 통해 더욱 깊어지며, 독서는 우리의 사고를 확장하고 삶의 진정한 가치를 발견하게 하는 최고의 도구 중 하나다.

인류의 역사를 돌아보면, 문자의 발전과 생각의 진화는 서로 깊이 얽혀 있으며 상호 작용을 통해 발전해 왔다. 문자 체계는 인간이 추상적 사고와 복잡한 개념을 구체화하고, 이를 기록해 후대에 전할 수 있는 중요한 도구가 되었다. 문자가 발명되기 전에도 인간은 언어와 상징을 통해 생각을 표현했지만, 문자가 등장함으로써 생각의 전달과 보존이 훨씬 체계적이고 정확해졌다.

문자가 지식을 기록하고 축적하는 수단이 되면서, 철학적 사유와 과학적 발견은 그 어느 때보다도 체계적으로 전해졌고, 이를 기반으로 새로운 세대들이 기존 지식 위에 더 나아간 성취를 이룰 수 있었다. 예를 들어, 고대 그리스 철학자들의 사유가 오늘날까지 전해질 수 있었던 것은 그들의 글이 남아 있었기 때문이며, 문자를 통해 과거의 지식이 단절되지 않고 축적되면서 인류 문명이 진보할 수 있었다. 따라서 문자의 발명은 단순히 기록 수단의 발전을 넘어서, 인간 사고와 문명의 진화를 촉진하는 데 중요한 역할을 했다.

독서의 중요성은 역사적 사실을 떠나서도, 수많은 유명 인물들이 공통적으로 강조해 온 주제이다. 발명가 토머스 에디슨은 정규 학교 교육을 거의 받지 않았음에도 불구하고, 도서관에서 수많은 책을 읽으며 독서를 통해 지식을 확장하고 발전시켰다. 그의 독서 습관은 그가 발명가로서 성공하는 데 중요한 역할을 했다.

워런 버핏은 어린 시절부터 투자에 대한 지식을 쌓기 위해 독서를 시작했으며, 16살 때는 미국에 있는 거의 모든 투자 서적을 읽었다고 전해진다. 그의 이러한 다독 습관은 그가 세계적인 투자자로 성장하는 데 결정적 역할을 했다. 한국의 학자 정약용 역시 18년간 500권 이상의 저서를 남긴 위대한 다독가였다. 유배 생활 중에도 그는 방대한 독서를 통해 자신의 지식과 사유를 넓혔다. 또한, 빌 게이츠는 자신을 만든 것이 마을 도서관이라고 말하며, 하버드 졸업장보다 소중한 것은 독서 습관이라고 밝혔다.

유튜브 생태계가 보편화되고 인공지능 시대가 오면서 독서를 구시대의 산물이라고 생각할 수도 있지만, 이는 큰 오산이다. 아인슈타인은 "상상력은 지식보다 중요하다"고 했고, 상상력과 사고력을 키우는 데 있어 독서만큼 효과적인 방법은 아직 없다.

인공지능이 데이터를 분석하고 빠르게 처리하는 데 능숙하더라도, 창의적인 생각과 깊은 통찰력은 인간만이 독서를 통해 기를 수 있는 중요한 자질이다. 인공지능은 정보를 빠르게 제공할 수 있지만, 그 정보의 본질을 이해하고 새로운 시각에서 질문을 던지는 능력은 아직까지는 오롯이 인간의 사고력에 달려 있다.

독서는 우리가 문제를 바라보는 방식을 넓히고, 인공지능 시대에서도 사람이 할 수 있는 창의적이고 비판적인 사고를 강화해 준다. 또한, 책을 통해 쌓은 통찰력은 단순한 지식이 아니라, 우리가 세상에 질문을 던지고 그 답을 찾는 데 중요한 역할을 한다.

독서는 뇌의 가소성을 극대화시킨다. 새로운 정보와 경험을 뇌에 지속적으로 제공하여, 뇌의 신경 네트워크를 재구성하고 강화시키는 역할을 한다. 이는 뇌의 다양한 영역을 동시에 자극하며, 특히 기억력과 사고력을 발달시키는 데 효과적이다. 괴테는 평생에 걸쳐 배우고 체험한 것들을 글로 표현하겠다는 신념이 있었는데, 그것이 바로 천재 괴테의 습득 비법이었다.

책 한 권 한 권은 하나의 새로운 세계와 같으며, 그 세계를 통해 자아가 확장된다. 이 과정에서 우리는 한 세계가 무너지더라도 다른 세계에 적응할 수 있는 힘을 얻는다. 이러한 능력은 현실의 어려움에 직면했을 때 극복할 수 있는 능력과 해결책을 모색할 수 있는 능력을 길러 준다.

독서는 다원적인 사고를 배양하며, 갈등 상황에서도 유연한 대처 능력을 키운다. 다양한 분야에서 얻은 지식이 서로 연결될 때, 새로운 통찰을 얻게 되고 복잡한 사회 문제를 해결하는 데 기여할 수 있다. 따라서, 꾸준한 독서는 개인의 사고력을 증진시킬 뿐만 아니라, 사회적 문제 해결에 필요한 능력을 강화하여 더 나은 사회를 만드는 데 이바지할 수 있다.

한국의 금전만능주의, 높은 자살률, 낮은 행복도, 출산율 문제와 같은 사회적 이슈들은 다양한 복합적 원인에서 비롯되지만, 독서를 통해 부분적으로 해결될 가능성이 있다고 본다. 독서는 다양한 시각과 가치를 제공하며, 사람들의 내면을 풍요롭게 만들어 준다. 독서를 하면서 우리는 더 많은 공감과 이해를 배우게 되고, 정신적 · 정서적 성장을 이룰 수 있으며, 자신과 사회를 바라보는 더 넓은 관점을 얻을 수 있다.

독서 문화의 활성화는 특히 한국 사회에서 매우 중요한 역할을 할 수 있다. 한국의 낮은 독서율과 독서량을 개선하기 위해, 독서를 단순한 취미가 아닌 생활의 일부로 만드는 것이 필요하다. 이를 위해 독서 습관을 쉽게 형성하고, 사람들 간의 끈끈한 유대감을 바탕으로 한 독서 플랫폼이나 생태계를 만드는 것이 좋은 방법이 될 수 있다. 독서로 인해 인생이 바뀐 사람으로서, 나는 우리나라의 낮은 독서율과 독서량에 대해 매우 안타깝게 생각한다. 그래서 더 많은 사람들이 독서를 하게끔 하려면 어떻게 해야 할지에 대해 고민을 한 적이 있었다.

고민 끝에 나는 수개월 동안 공들여 2024년에 독플(독서 플레이어)이라는 웹앱을 만든 적이 있었다. 독플은 대한민국을 독서 국가로 만들겠다는 목표를 가진 플랫폼으로, 사람들이 같은 책을 읽고 독후감을 통해 감상을 나누며, 독서 모임에 참여할 수 있는 환경을 제공한다. 이 플랫폼은 독서를 재미있게 할 수 있도록 게임처럼 레벨을 올릴 수 있는 시스템을 도입했다.

독플의 독서 시스템은 독서 기록과 독후감 작성에 따라 점수를 쌓아 독서 레벨을 올리는 체계로 설계되어 있다. 이러한 방식은 독서와 글쓰기를 통해 자기 발전을 유도하며, 자연스럽게 독서량과 사고력을 증진시키는 동시에, 게임화된 보상과 경제적 보상을 통해 참여자들의 동기 부여를 강화한다. 점수는 다음과 같이 부여된다:

1. 독후감 작성: 200자당 1점씩 쌓이며, 독서를 통해 습득한 지식을 반영할 수 있도록 독후감의 양을 중시한다.

2. 책 분량: 80페이지당 1점이 추가되며, 읽은 책의 두께도 독서 경험의 중요한 요소로 간주된다.

3. 최대 20점: 한 권의 책으로는 최대 20점까지 얻을 수 있으며, 이는 독후감 글과 책 분량을 결합한 결과다.

4. 독서 모임 참여: 독서 모임에서의 교류도 중요한 활동으로 여겨져, 참여 시 1점씩 추가된다.

5. 독서 레벨이 높은 사람들과의 교류: 독서 모임에서 자신보다 높은 레벨의 사람 수에 따라 1점씩 추가로 획득할 수 있다.

독플의 등급 체계는 다음과 같다:

1,000점(최소 50권): 소인

2,000점(최소 100권): 대인

4,000점(최소 200권): 군자

10,000점(최소 500권): 현자

그 이상 단계: 초인

이 시스템은 공정성과 노력을 중시하며, 외모, 나이, 재력 등과 같은 외부적 요소는 배제하고 독서량과 지적 능력만이 평가의 기준이 된다. 레벨 상승은 개인의 독서 기록과 독서량에 따라 이루어지며, 각각의 등급은 소인, 대인, 군자, 현자, 초인으로 나뉘어져 있어, 참여자들이 명확한 목표를 설정하고 성취할 수 있도록 설계되었다. 이러한 구조는 독서의 가치를 높이고, 참여자들이 스스로의 지적 성장을 추구하며 동시에 사회적 인정을 받을 수 있는 플랫폼을 형성한다.

독플은 올바른 독서를 통해 교양을 높이면서도, 그 과정을 통해 경제적 이익과 명예를 얻을 수 있다는 점을 증명하고자 했다. 이를 위해 각 단계(소인, 대인, 군자, 현자, 초인)마다 면접 심사를 통과해야만 다음 단계로 진입할 수 있도록 설계했다. 이는 단순한 독서량을 넘어서 독서의 깊이와 이해도를 평가하는 과정으로, 독플 내에서 지적 성장을 진지하게 추구하는 사람들만이 상위 단계로 진입할 수 있었다.

그리고 현자와 초인에게 주어지는 혜택은 독서 활동을 통해 지식과 인맥을 넓히고 경제적인 이익을 창출할 수 있는 다양한 기회를 제공한다는 점에서 매우 실질적이었다.

1. 다양한 취업 기회와 사업 관련 인맥 연결은 개인의 커리어를 넓히는 데 도움을 줄 수 있으며, 매달 제공되는 10만 원 상당의 책 구매 비용은 독서 습관을 유지하고 새로운 지식을 쌓는 데 기여한다.

2. 작가 및 책 강사로 데뷔할 수 있도록 지원하는 부분은 자신의 지식을 다른 사람들과 공유하며 더 큰 성취감을 느끼게 한다. 또한, 독서 모임의 클럽장으로 활동하며 수익을 창출할 수 있는 기회는 경제적 자립을 도와줄 뿐만 아니라, 더 많은 사람들과 교류할 수 있는 기회를 제공한다.

3. DI룸은 특별 독서 공간으로, 24시간 자유롭게 이용할 수 있는 혜택과 몰입할 수 있는 환경을 제공한다. 그리고 다양한 행사와 파티에 참여하면서 새로운 인연을 맺을 수 있도록 하여 사회적 관계를 넓혀 가는 기회도 얻을 수 있다.

독플에서는 독서 모임이 끝난 후 새로운 미션 도서가 선정되며, 이를 통해 독플족들이 계속해서 인연을 이어 갈 수 있는 구조를 마련했다. 독플은 독서 생태계 내에서 '독플족'이라는 밈을 형성하고, 그 안에서 소울메이트를 만나는 것이 자연스럽게 느껴지는 문화를 만들고자 했다. 독플은 사람들 간의 유대감을 깊게 형성할 수 있는 장을 제공하고, 다양한 독서 모임과 활동을 통해 독서뿐만 아니라 진정한 인연을 만나는 기회를 제공하는 것이 목표였다.

독플이라는 플랫폼은 기존의 독서 플랫폼들과 차별화를 이루려 했지만, 여러 이유로 결국 실패하게 되었다. 그중 가장 큰 원인은 수요 부족과 그로 인한 의욕 저하였다. 그러나 나에게 이러한 경험은 독서 플랫폼에 대한 실패로만 남기보다는, 한국에서 올바른 독서 생태계가 자리 잡기를 바라는 바람을 반영한 중요한 시도였다.

나의 궁극적인 목표는 독서를 단순한 개인적 취미로 국한시키지 않고, 사람들 간의 소통과 교감을 촉진하며, 사회적으로 의미 있는 활동으로 발전시키는 환경을 조성하는 것이었다. 비록 독플은 실패했지만, 그 정신은 다른 방식으로 다시 시도될 수 있다.

독플은 내가 기대한 결과로 이어지지 않았지만, 여전히 독서가 사람의 인생을 바꿀 수 있다는 믿음은 변하지 않았다. 다만, 독서 모임에서 종종 인생을 바꾼 '인생 책'이 무엇이냐는 질문을 받을 때마다 그 질문이 정말 단순하게 답할 수 있는 것인지 의문이 들 때가 있다. 인생 책이란 무엇을 의미할까? 단 몇 권의 책만으로도 한 사람의 인생이 바뀔 수 있을까? 이러한 질문들은 책이 우리의 삶에 미치는 영향을 단순히 한 권에 한정 짓는 것이 옳은가에 대한 깊은 생각을 불러일으킨다.

인생을 바꿀 만한 책이었다는 이야기를 들을 때마다, 나는 과연 한 권의 책이 그런 변화를 불러일으킬 수 있을지에 대해 의문을 갖곤 한다. 물론, 특정 책이 깊은 감명을 줄 수는 있다. 그러나 그 책 하나만으로 인생이 바뀌는 경우는 드물다고 본다. 나 역시 노자의 《도덕경》에서 큰 통찰을 얻었지만, 그것을 '인생 책'으로 단정 짓기에는 조심스럽다. 이 책이 내게 중요한 영향을 끼친 것은 사실이지만, 그 영향은 이전의 다양한 책들과 경험들이 쌓였기 때문에 가능했다. 《도덕경》 하나만으로 나의 세계관이 형성된 것이 아니라, 여러 사색과 경험이 그 토대 위에 쌓여 온 것이다.

한국 사회에서는 때로는 지적 허영심 때문에 유명한 책을 '인생 책'이라 부르거나, 적은 독서량에도 "이 책이 내 인생을 바꿨다"고 쉽게 말하는 경향이 있다. 그러나 진정한 인생 책이란 단순히 한 권의 책으로 결정되는 것이 아니다. 오히려 그것은 꾸준한 독서와 깊이 있는 사유를 통해 점진적으로 형성된 철학과 세계관 속에서 발견되는 것이다. 따라서 인생 책을 고르기가 어려운 이유는, 특정 책이 독립적으로 우리의 삶에 영향을 미치는 것이 아니라, 우리가 축적한 경험과 지식, 그리고 내면의 사고 과정 속에서 그 책이 더 큰 의미를 가지며, 이는 우리가 읽은 모든 책이 하나의 퍼즐처럼, 우리 존재의 일부를 완성해 가

236

는 과정의 일부로 작용하기 때문이다.

　나는 독서가 취미인 사람들에게 자주 묻는 질문이 있다. "자기만의 독서법이 있나요?" 독서를 많이 하는 사람들은 대개 자신만의 독서 스타일을 발전시켜 나간다. 독서법을 물어보면 그 사람이 책에 어떤 태도를 가지고 있는지, 그리고 그 독서가 진정으로 가치 있는 방식인지 알 수 있다.

　하지만 가끔은 독서를 많이 한다고 말하는 사람들과 대화를 나눌 때, 깊이나 논리가 부족하다고 느낄 때가 있다. 이는 책을 많이 읽지만, 그 내용이 머릿속에 정리되지 않거나, 지식이 깨달음으로 이어지지 않는 경우다. 이런 사람들은 단순히 독서를 양적으로 채우는 데만 몰두하고, 독서의 진정한 가치인 내면적 성찰이나 깊이 있는 사고를 소홀히 여기는 경향이 있다.

　예를 들어, 책을 깨끗하게 읽어야 한다거나 특정 장르나 소설을 고집하는 사람들, 혹은 독서를 마친 후에도 생각을 정리하거나 글로 남기지 않는 경우를 종종 본다. 물론 독서 방법은 각자 다를 수 있지만, 단순히 읽는 것만으로는 깊이 있는 사고나 자신만의 견해로 이어지기 어려울 수 있다. 내가 생각하기에 독서는 '쓰기 위한 읽기'가 되어야 한다. 책에서 얻은 내용을 재정리하고 자신의 언어로 표현하면서, 그 내용이 진정으로 내면화된다.

　다독가도 아닌 사람이 책을 한 번만 읽고 덮는 걸 보면, 과연 그들에게 무엇이 남았는지 의문이 들 때가 있다. 독서는 그저 지식을 얻는 도구일 뿐만 아니라, 깊이 있는 통찰을 위해 다양한 관점과 주제를 탐구하는 과정이어야 한다. 그리고 한 분야를 깊이 파는 것도 중요하지만,

그에만 머무르지 않고 다른 분야와 융합해 새로운 통찰을 얻는 것이 진정한 독서의 가치라고 생각한다.

괴테는 "나는 독서하는 방법을 배우기 위해 80년이라는 세월을 바쳤는데도 아직까지 그것을 다 배웠다고 말할 수 없다"고 했다. 독서법은 끝없이 발전해 나가야 하는 과정이다. 책을 단순히 읽고 덮는 것이 아니라, 그 내용을 삶에 적용하고 실천에 옮김으로써 삶에 긍정적인 변화를 일으키는 것이 중요하다. 그 지식을 실천하며 얻은 긍정적인 변화와 독서는 하나의 선순환을 만들어 낸다. 이 과정에서 우리는 더 나은 결정을 내리고, 더 나은 삶을 향해 나아갈 수 있다.

사람들이 독서를 하는 이유는 다양하지만, 대체로 두 가지로 나눌 수 있다. 첫 번째는 기분 전환과 즐거움을 위한 독서다. 이 경우 독서는 스트레스 해소나 여가 활동의 일환으로서, 책을 읽는 동안의 즉각적인 즐거움을 제공한다. 이는 주로 오락적인 목적에서 이루어지며, 일시적인 기쁨을 준다. 두 번째는 지식과 교양을 쌓기 위한 독서로, 일상에서의 성장을 도모하며 더 깊은 만족과 성찰을 추구한다. 이 과정에서 독서는 단순한 오락을 넘어 삶에 더 큰 영향을 미친다. 독서는 처음에는 즐거움을 위해 시작할 수 있지만, 점차 지식과 성찰을 위한 독서로 발전하는 것이 좋은 방향이라고 생각한다.

그러나 가장 의미 있는 독서는 영감과 깨달음을 얻는 독서라고 생각한다. 이 독서 과정에서 우리는 책의 내용을 자신의 삶과 연결시키고, 새로운 관점과 통찰을 통해 자신만의 철학과 아이디어를 형성해 나갈 수 있다. 책은 더 이상 단순한 정보의 전달자가 아니라, 우리가 세상을 보는 방식 자체를 바꾸어 주는 도구가 된다.

그때 책은 안경처럼 우리가 잘 보지 못했던 부분을 선명하게 보여 주고, 우리에게 돋보기처럼 세상의 세밀함을 드러내며, 망원경처럼 먼 곳을 바라보게 한다. 이러한 독서 과정에서 사고는 확장되고, 디테일한 통찰을 얻게 되며 더 나아가, 자신만의 독창적인 일이나 인생 목표로 이어지기도 한다. 독서는 그 자체로 문제 해결의 실마리를 제공하고, 개인의 잠재력을 발현할 수 있는 계기가 된다.

독서의 유익함은 단순히 많은 책을 읽는 것에서 나오지 않는다. 오히려 중요한 것은 올바른 독서법을 통해 그 내용을 어떻게 이해하고 삶에 적용하느냐에 있다. 잘못된 독서법은 아무리 많은 책을 읽더라도 그 가치가 제한될 수밖에 없다. 우리가 독서를 통해 진정한 정신적 성장과 행복에 도달하기 위해서는 단순히 정보를 얻는 것에 그치지 않고, 책에서 얻은 지식을 사고하고 실천하는 데까지 나아가야 한다.

독서 후 생각을 정리하고, 그 깨달음을 다른 사람들과 나누는 과정은 더 깊은 의미를 만들어 낸다. 이는 마치 좋은 음식을 나누며 그 기쁨을 함께하는 것과 같다. 칸트가 강조한 '공적인 이성의 사용'처럼, 독서를 통해 얻은 생각을 타인과 공유하고 토론함으로써, 개인적인 지식이 더 넓은 시야와 통찰로 발전된다. 이 과정은 독서의 가치를 배가시키는 중요한 단계로, 우리 사고의 범위를 확장하고, 깊이를 더하게 한다.

독서는 혼자서도 큰 유익함을 지니지만, 타인과의 지적 교류를 통해 더 깊은 의미를 얻게 된다. 이러한 상호 작용은 우리 삶의 질을 향상시키고, 궁극적으로 진정한 행복을 향한 길을 열어 준다. 이로 인해 나는 여전히 '독플'과 같은 독서 생태계가 형성되기를 희망하고 있다. 그

곳에서 사람들은 각자의 삶과 경험을 바탕으로 의미 있는 대화를 나누고, 이를 통해 지적 성장과 경제적 성취를 동시에 이룰 수 있기를 바란다. 독서란 단순한 지식 습득을 넘어서, 개인적 성찰과 더불어 공유된 이해와 넓은 시야를 형성하는 매개체가 될 수 있다. 이러한 장이 마련된다면, 독서는 더 이상 개인의 취미에 그치지 않고, 공동체의 성장을 도모하며 삶의 질을 높이는 중요한 문화적 토대로 자리 잡을 것이다.

24화

MBTI는 행복 도구?

독플을 개발하기 전에, 나는 국내의 유명한 모임 플랫폼들을 모두 이용해 보았고, 특히 남의 집, 문토, 프립 등에서는 호스트(모임장)로 활동하기도 했다. 그곳에서 호스트로서 다양한 콘셉트의 모임을 기획했는데, 내가 주로 기획한 모임은 외로운 남녀들을 연결해 주는 콘셉트로, 사람들 간의 만남과 소통을 촉진하는 데 중점을 두었다.

예를 들어, 4명이 전철역 앞에서 만나 각자 받은 힌트를 조합해 술집의 이름을 알아내는 미션을 수행한 후, 그 술집에 도착하면 함께 게임을 하며 맛있는 음식과 술을 즐기는 콘셉트였다. 여기서 나는 진행자로서 사람들 사이에서 큐피드 역할을 하며 서로가 호감을 느낄 수 있도록 도왔다.

또 다른 모임에서는 참가자들이 개인 프로필과 이상형에 대한 설문지를 작성한 후, 그 내용을 바탕으로 1 대 1 또는 2 대 2 매칭을 통해 소개팅이 진행되기도 했었다. 설문지는 약 50개 이상의 질문으로 구성되어 있었다. 작성하는 데 시간이 많이 소요되어 중간에 포기하는 사람도 있었지만 오히려 이 설문지의 깊이와 진정성을 높게 평가하는 사람들도 많았다. 기억을 떠올려 보면, 당시 이 설문지를 작성한 사람은 약 600명 정도였던 것 같다.

마지막으로 한 소개팅 콘셉트는 3단계로 진행되며, 1단계는 1 대 1 만남으로 시작한 뒤, 이후 2 대 2, 3 대 3으로 인원을 점차 늘려가는 방식이다. 같은 이성을 3번 만나게 되지만, 그 외의 이성들은 각각 1번 또는 2번만 만나기 때문에, 연인으로 발전하지 않더라도 부담 없이 새로운 친구를 사귈 수 있는 기회를 제공하고자 했다. 이 소개팅의 또 다른 특징은, 첫 번째 만난 이성이 2 대 2 만남에서 자기소개를 대신해 주는 미션이 있다는 점이다. 이 방식은 참가자들이 서로에 대해 자연스럽게 더 많이 알아가는 데 큰 도움을 주며, 어색함을 줄이고 보다 편안한 소통을 가능하게 한다.

반말로 대화하는 소개팅, 인생 책이나 인생 영화를 주제로 한 소개팅 등 다양한 콘셉트의 모임도 기획했다. 플랫폼에서 호스트로 활동하며 수익을 창출하기도 했지만, 무료로 진행한 모임도 많았다. 나에게는 수익보다는 현대 남녀들의 연애 심리나 생각을 이해하는 것이 더 큰 목적이었다.

여러 모임과 소개팅을 기획하면서 남녀들을 관찰한 결과, 사람들이 MBTI에 은근히 진심이라는 것을 알게 되었다. 첫 만남에서 이름이나 나이보다 MBTI를 더 궁금해하는 사람들이 많았으니까. 그래서 나도 자연스럽게 이 MBTI 열풍에 흥미를 느끼며, "과연 MBTI가 남녀 매칭에 정말 효과가 있을까?"라는 생각이 들었다. 결국, 몇 가지 이상형 조건과 MBTI를 엮어 데이터 분석을 시도해 보게 되었지만 서로 선호하는 MBTI를 매칭해 주어도 매칭 성공률에는 큰 영향을 미치지 못했다.

한국인들이 MBTI에 진심인 것은 매우 독특한 현상이다. 다른 나라에서도 MBTI에 관심을 가지는 사람들은 있지만, 한국처럼 하나의 문화로 자리 잡은 경우는 드물다. 다른 나라에서는 주로 직무 배치나 팀워크 개선과 같은 목적으로 사용되는 반면, 한국에서는 일상생활의 필수 요소가 되었다.

한국인이 MBTI를 신뢰하는 것처럼, 대만에서는 별자리에 대한 신뢰가 높다. 전통적으로 대만은 운세와 점성학에 대한 믿음이 깊었고, 특히 젊은 세대 사이에서는 서양 별자리 문화가 트렌드로 자리 잡았다. 이는 영어 교육의 확산과 함께 서양 문화에 대한 접근성이 높아지면서 가능해졌으며, 별자리는 대만의 사회적 상호 작용의 요소로 자리 잡고 있다.

한국인들이 MBTI를 통해 자신과 타인의 성격을 빠르게 분류하고 대화의 주제로 삼듯, 대만 사람들도 별자리를 통해 인간관계를 풀어 나가며 이를 즐긴다. 다만, 한국에서 MBTI가 과학적 성격 분석 도구로 맹신되는 것과 달리, 대만에서는 별자리가 전통과 결합된 문화적 요소로 더 가볍고 즐거운 방식으로 받아들여진다는 차이가 있다.

한국에서도 과거에는 12지신이나 혈액형을 통해 성격과 궁합을 판단하는 것이 일반적이었으나, MZ 세대들 사이에서 MBTI가 강력한 트렌드로 자리 잡으면서 12지신과 혈액형은 구시대의 산물로 전락했다. MBTI의 인기가 이토록 급격히 상승한 이유는 한국 사회의 문화적 특성과 깊은 관련이 있다고 본다.

첫째로, 한국 사회는 효율성을 중시하는 경향이 강하다. 사람을 빠르고 정확하게 파악할 수 있는 도구에 대한 수요가 크고, MBTI는 이러한 요구에 부합한다. 둘째로, 한국은 관계주의적인 사회다. 사람을 구분하고 편을 나누는 경향이 강한데, MBTI는 이를 '같은 부류'와 '다른 부류'로 쉽게 분류할 수 있게 해 준다. 마지막으로, 한국인들은 자아 성찰의 기회가 부족하고, 자아 형성이 늦게 이루어지는 경우가 많다. 이러한 상황에서 MBTI는 과학적이고 논리적인 도구로 보이기 때문에 많은 사람들이 무의식적으로 의존하게 된다. 그러나 MBTI를 맹신하는 이들이 과연 이 도구를 제대로 이해하고 있는지는 여전히 의문이다.

MBTI는 개인의 심리적 기능을 파악하여, 이를 기반으로 잠재력을 최대한 끌어올리는 데 초점을 맞춘 도구다. 성격은 타고난 것이지만, MBTI는 그 성격을 발전시키고 궁극적으로 더 나은 방향으로 성장하도록 돕는 것이 목적이다. 그러나 한국에서는 MBTI를 남을 쉽게 파악하고 분류하는 수단으로 사용하는 경향이 있다. 특히 한국 여성들 사이에서는 T(사고형) 성향을 선호하지 않는 경우가 많다. 이는 T 성향이 여자의 감정을 잘 이해하지 못하고, 공감 능력이 부족하다는 인식에서 비롯된 것이다.

하지만 이러한 생각은 편견에 불과하다. 감정 읽기나 공감 능력은 성격 유형과 직접적으로 연관된 것이 아니라, 그 사람이 살아온 환경, 문화, 그리고 경험에서 주로 형성된다. 성격 유형만으로 타인의 공감 능력을 판단하는 것은 성급한 일반화일 뿐이다.

MBTI의 진정한 가치는 단순히 성격 유형을 알아내는 것에 그치지 않고, 각 성향에 맞는 성장 모델을 제시하는 데 있다. 이를 통해 사람들은 자신을 더 깊이 이해하고, 자신의 다양한 면모를 발견할 수 있는 기회를 제공받는다. 성격 유형은 단순한 분류가 아닌, 성장과 발전을 위한 지침으로 활용될 때 더 큰 의미를 가진다.

MBTI는 크게 세 단계로 나눌 수 있다. 첫 번째는 각자의 타고난 성격 유형을 파악하는 단계로, 이는 MBTI가 개인의 성격을 정의하는 출발점이다. 두 번째는 성격을 분석하고 해석하는 과정이다. 이 단계에서는 자신과 타인의 성격을 이해할 수 있는 방법을 제공한다. 마지막 단계는 자신의 성향에 맞춘 발달 모델을 제시하는 것으로, MBTI를 통해 개인이 자신의 심리적 기능을 발달시키며 성장할 수 있도록 돕는다.

한국인들은 MBTI를 해석할 때 첫 단계부터 오류가 발생하는 경우가 많다. 우리는 종종 성향과 성격을 혼동하는데, 칼 융의 심리학 이론에 따르면 타고난 성격은 마치 왼손잡이처럼 고정된 특성으로, 어릴 때부터 쉽게 변하지 않는 것이다. 예를 들어, 오른손을 많이 사용한다고 해서 왼손잡이가 오른손잡이로 변하는 것은 아니지만, 양손을 모두 사용할 수 있게 되는 것처럼 성격도 기본적으로 타고난 고유성이 있다는 것이다. 그런데 한국인 중 50% 이상이 MBTI 유형이 자주 바뀐다고 말한다. 이는 많은 경우 MBTI 결과가 정확하지 않다는 것을 나타낸다.

이러한 현상이 나타나는 이유는 크게 두 가지로 설명할 수 있다. 첫째, 온라인에서 제공되는 많은 MBTI 테스트는 정식 버전이 아닌 가짜 테스트가 많다. 이로 인해 사람들의 성향을 정확하게 파악하지 못하고 엉뚱한 결과가 나오는 경우가 많은 것이다. 둘째, MBTI는 측정 당시의 감정 상태에 큰 영향을 받는다. 열애 중이거나 이별 직후, 또는 기분이 좋거나 나쁠 때 MBTI를 측정하면 결과가 달라질 수 있다. 따라서 MBTI는 감정적으로 평온한 상태에서 측정해야 정확한 결과를 얻을 수 있다.

즉, MBTI의 정식 버전을 사용하고, 연애 중이 아닌 사람이 기분이 좋지도 나쁘지도 않은 평온한 상태에서 측정해야 가장 정확한 결과를 얻을 수 있다는 것이다. 그러나 현실적으로, 대부분의 사람들은 일상 속에서 다양한 감정적 기복을 경험하기 때문에 자신을 객관적으로 평가하기 어려운 상황에 놓일 때가 많다.

또한, 한국 사회는 사회적 기대와 환경 변화가 개인의 행동을 강하게 규정하는 경향이 있다. 이로 인해 사람들은 자신의 본래 성향을 잘못 인식하거나, 일시적으로 다른 성향을 띠는 경우도 많다. 이러한 경험은 사람들이 자신의 성향이 변한 것을 성격이 변했다고 착각하게 만들 수 있다.

MBTI 검사 결과가 아무리 정확하더라도, 그 자체보다 중요한 것은 결과에 대한 전문적인 해석이다. 같은 MBTI 유형을 가지고 있더라도 사람마다 인성이나 태도는 다를 수 있는데, 한국에서는 이를 지나치게 일반화하는 경향이 있다. 사람들은 MBTI가 개인의 성향 중 일부만을 반영하며, 한 사람의 전체를 설명할 수 없다는 점을 종종 간과하게 된다. 각 개인의 경험, 가치관, 환경 등이 함께 고려되지 않는다면, MBTI 결과는 그저 한정된 시각에 불과하다.

MBTI에서 사람들이 자기다운 모습으로 살아갈 때 가장 행복하고 유능감을 느낀다는 명제는, 인간이 본능적으로 자신을 있는 그대로 인정받고 싶어 하는 근본적인 욕구를 반영한다. 사람들은 저마다 정보를 인식하고 판단하는 방식이 다르며, 그에 따라 생활 방식과 사고방식에도 차이가 생긴다.

예를 들어, 감각형(S)은 구체적인 사실과 경험을 중요시하는 반면, 직관형(N)은 미래의 가능성에 더 주목한다. 또한, 사고형(T)은 논리와 객관성을 중시하는 반면, 감정형(F)은 타인과의 관계와 감정을 고려하며 결정을 내린다. 외향적(E)인 사람은 사람들과의 상호 작용에서 에너지를 얻지만, 내향적(I)인 사람은 과도한 사회적 교류에서 에너지가 소진될 수 있다. 이러한 성향의 차이는 개인의 생활 방식과 사고방식에 큰 영향을 미친다.

하지만 직업적 요구나 환경적 요인 때문에 자신의 MBTI 유형을 잘못 인식하는 경우도 많다. 특히, 선천적인 성향과 반대되는 행동을 지속적으로 요구받는 환경에서는 가짜 유형이 형성될 수 있다. 이는 개인이 자신의 진정한 성향을 파악하지 못하게 하고, 내적 혼란과 갈등을 초래할 수 있다.

결국, MBTI의 진정한 가치는 단순히 성격 유형을 측정하는 데 있지 않다. MBTI는 자신의 성향을 이해하고 이를 통해 성장하는 도구여야 한다. 성격 유형을 남과 구분하기 위한 수단으로 사용하는 것이 아니라, 자기 성찰과 발전을 위한 발판으로 삼아야 하며, 결과를 맹목적으로 받아들이기보다는 자신의 진정한 모습을 객관적으로 이해하려는 노력이 필요하다.

MBTI의 마지막 단계는 자존감과 유능감을 동시에 얻을 수 있는 방법을 제시한다. 각 성격 유형에 맞춘 발달 모형을 통해, 개인은 자신의 고유한 성격을 최대한 발휘하고 성장할 수 있게 된다. MBTI는 성격 유형을 분석하는 도구이지만, 성격을 "좋다"거나 "나쁘다"라고 평가하기보다는, 모든 성격 유형이 서로 다를 뿐이라는 관점을 지향한다. 성격은 주로 어린 시절에 형성된 고유한 특징을 가지고 있지만, 사람의 성향은 시간이 지나면서 변화할 수 있으며, 이에 따라 성격도 어느 정도 변화될 수 있다.

MBTI는 네 가지 심리적 기능인 주기능, 부기능, 3차기능, 열등기능으로 구성된다. 우리는 이 중 주기능과 부기능을 중심으로 자아정체성을 형성하며, 이를 기반으로 삶을 계획하고 설계해 나아가야 한다는 것이다. 주기능은 가장 자연스럽게 발휘되는 능력이며, 부기능은 이를 보완하고 균형을 맞추는 역할을 한다.

3차기능과 열등기능은 상대적으로 덜 발달된 부분이지만, 이를 보완해 나가면서 더욱 성숙한 인간으로 성장할 수 있다. 특히 열등기능은 처음에는 불안정하거나 어색할 수 있지만, 의식적으로 개발할 경우 더 완성된 자아를 형성할 수 있게 된다.

이 마지막 단계가 중요한 이유는, 사람이 진정한 자신으로 살아가지 못할 때 내적 갈등, 분노, 그리고 증오를 느끼기 쉽기 때문이다. MBTI의 3단계를 거치면서 우리는 인생이 계획대로만 흘러가지 않으며, 돌발 상황이 언제든 발생할 수 있다는 사실을 받아들이게 된다. 이를 통해 현실적인 계획의 중요성을 인식하고, 다양한 상황에 보다 균형 잡힌 반응을 할 수 있게 된다.

또한, 이 과정에서 삶을 너무 심각하게 받아들이지 않게 되고, 자신과 타인에 대한 인내심도 높아진다. 정이 없거나 타인에게 무관심한 성향을 가진 사람도 이 과정을 통해 조금씩 변화할 수 있다. 이를 통해 이상적인 목표와 현실적인 한계를 조정하는 능력을 기르게 되고, 더 나은 균형을 찾아가는 기회를 얻게 된다.

하지만 중요한 점은, MBTI는 단지 대략적인 방향성을 제시하는 도구일 뿐, 구체적인 길을 정해 주는 것이 아니라는 것이다. MBTI를 잘못 해석하거나 지나치게 의존하면, 오히려 사람의 재능과 잠재력을 제한할 수 있다.

인간은 생각보다 훨씬 더 복잡하고 다면적인 존재다. 우리는 때로 스스로를 잘 알고 있다고 믿지만, 실제로는 그렇지 않은 경우가 많다. 특히, 장기적인 성찰이 부족한 한국 사회에서는 MBTI를 통해 자신을 빠르게 정의하려는 경향이 있을 수 있다. 이는 충분한 자기 이해 없이 성급하게 자신을 규정하는 결과를 초래할 수 있다.

애초에 80억 명의 사람을 단 16가지 유형으로 분류한다는 것 자체가 무리일 수 있다. MBTI가 유의미한 성격 분류 도구로 기능하더라도, 인간이 단순히 하나의 유형에 고정되어 살아간다는 것은 현실적으로 불가능하다. 사람의 성향과 성격은 상황과 경험에 따라 변화하며, 우리는 고정된 유형에 갇히지 않는 복합적이고 유동적인 존재다. 그렇기 때문에 MBTI는 자기 탐구의 도구로는 유용할 수 있지만, 절대적인 지표로 받아들여서는 안 된다.

현재 한국 사회에서 인간관계의 피로감이 MBTI와 같은 성격 유형 도구들로 인해 더 심화되고 있을 가능성도 있다. MBTI 같은 분류 방식은 처음에는 관계를 단순화하고 이해를 돕는 도구처럼 보일 수 있지만, 결과적으로 사람들 간의 차이점을 부각시키고 서로의 고유한 특성을 간과하게 만들어 갈등을 초래할 수 있다. 사람을 특정 틀에 맞춰 분류하려는 시도는 개개인의 복잡성과 다양성을 무시하는 결과를 낳고, 이는 인간관계에서 진정한 이해와 공감을 방해할 수 있다. 서로를 깊이 알아가려는 과정 없이 미리 정의된 틀에 맞춰 상대를 바라보면, 오히려 관계의 피상성만 강화되고 사람들 간의 벽을 더 높일 가능성이 크다.

인간관계는 시간이 흐르며 다양한 경험과 추억을 쌓아 가면서 자연스럽게 형성된다. 심지어 10년을 함께한 친한 친구라도 서로에 대해 모르는 부분이 많을 수 있다. 그런데 상대방과 감정이 충분히 형성되기도 전에 MBTI로 성격을 미리 판단하고, 그에 따른 편견을 가지기 시작한다면, 그 관계가 얼마나 의미 있을지는 의문이다. 특히 MBTI를 맹신하는 사람과 대화할 때, "저 사람은 T라서 공감을 못하고, 저 사람은 J라서 피곤하다"는 식으로 모든 것을 성격 유형으로 설명하려 한다면 대화가 피곤해지고, 결국 겉돌기 쉽다. 사람을 MBTI 유형에만 맞춰 바라보면 진정한 소통이 어려워지고, 관계가 깊어지기보다는 피상적인 수준에 머물게 될 것이다.

MBTI의 이러한 광범위한 인기는 한국인들이 현재 인간관계에서 충분한 만족과 행복을 느끼지 못하고 있음을 시사할 수 있다. 사실 MBTI는 다른 사람이 아니라 자신과 소통하기 위한 도구에 더 가깝다. 남을 지나치게 의식하는 태도는 오히려 인간관계를 어렵게 만들 수 있다. 반면, 자기 이해를 통해 내적 안정감을 찾고, 이를 바탕으로 타인과의 관계를 형성하는 것이 더 이상적인 관계를 이끌어 낼 수 있을 것이다.

MBTI는 칼 융의 심리학을 바탕으로 했으며, 이 이론은 이미 100년이 넘은 오래된 개념이다. 이 이론을 대중적인 버전인 MBTI로 발전시킨 사람들은 이사벨 브릭스 마이어스와 그녀의 어머니 캐서린 쿡 브릭스다. 많은 사람들이 MBTI를 현대적이고 과학적인 도구로 착각할 수 있지만, 사실 MBTI는 보다 대중적인 심리학적 통찰을 제공하는 가이드라인일 뿐이다.

MBTI의 본질에는 칼 융의 심리학 이론이 자리하고 있으며, 그 속에는 인간 내면에 대한 깊은 통찰이 숨겨져 있다. 칼 융은 인간이 본질적으로 성장을 추구하는 존재라고 믿었고, 그 성장에 필요한 모든 자원이 이미 인간 내면에 존재한다고 보았다. 이는 인간이 자신의 약점을 극복하려는 것보다, 타고난 강점을 먼저 사랑하고 이를 바탕으로 발전해 나가야 한다는 중요한 메시지를 담고 있다. 융의 이론은 우리가 자신을 이해하고, 그에 맞춰 성장해 나갈 때 더 나은 삶을 살아갈 수 있다는 깊은 통찰을 제공한다.

칼 융의 심리학은 각자가 고유한 성격과 뚜렷한 성향을 지니고 있음을 일깨워 주며, 동시에 모두 무한한 잠재력을 가지고 있음을 상기시켜 준다. 자신의 성격 유형을 받아들이고 사랑할 때, 인간은 과거와 현재, 미래를 통합하여 더 성숙한 자신으로 나아갈 수 있다. 그는 우리에게 불완전함을 인정하게 하며, 그 불완전함이야말로 다른 사람들과 함께 살아가야 하는 이유가 된다는 점도 보여 준다. 이는 우리가 행복한 삶을 살아가는 방식과도 일맥상통한다. 인간은 자신을 사랑하고, 남들과 더불어 살아갈 때 비로소 행복을 느낄 수 있는 존재이기 때문이다.

이러한 관점에서 보면, MBTI는 단순한 성격 유형 테스트를 넘어,

인간관계에서의 조화와 성장에 중요한 시사점을 주는 '행복 도구'로 생각할 수도 있다.

　나는 인간이 누구나 강한 성장 욕구를 가지고 있지만, 그보다 더 강력한 것은 인간관계에 대한 욕구라고 생각한다. 성장 욕구는 개인의 성취와 자기계발을 통해 만족감을 주며, 인간관계에 대한 욕구는 타인과의 연결과 소통을 통해 삶의 의미와 안정감을 가져다준다. 결국, 이 두 가지 욕구가 조화롭게 충족될 때 우리는 진정으로 행복한 삶을 살아갈 수 있을 것이다.

25화

아이돌의 빛과 그림자

　이효리는 처음으로 장기 휴식기를 가지며 방송 활동을 쉬던 중, 한 인터뷰에서 제주도에 정착하게 된 이유 중 하나로, 여행 당시 그곳에서 깊이 잠들 수 있었던 경험을 들었다. 그녀는 "20대부터 거의 40이 될 때까지 치열하게 살아왔다"고 회상하며, 제주도에서 보낸 3년간의 휴식조차 충분하지 않았다고 말했다. 또한, 너무 열심히 살아온 탓에 여전히 더 많은 휴식이 필요하다고 솔직하게 털어놓았다. 이러한 발언은 그녀가 연예계 생활 중 겪은 육체적, 정신적 피로와 스트레스를 잘 드러내고 있다.

　1세대 아이돌 이효리가 가요계에서 고된 시간을 보냈다고 고백했지만, 오늘날의 아이돌들은 더 치열한 환경에 놓여 있다. 대중의 기대와 소속사의 통제, 그리고 극심한 경쟁이 결합되어 아이돌들은 개인적인 자율성을 희생한 채, 시스템의 일부로 작동하게 되었다. 이는 K팝 산업이 상업성과 이미지 관리에 중점을 두면서 더욱 심화된 현상이며,

아이돌이 단순한 연예인을 넘어 브랜드화된 이미지로서 소비되기 때문이다.

연습생 시절부터 기획사의 철저한 통제 속에서 대부분 불공정한 계약과 수익 배분 구조에 시달리며, 경제적인 어려움을 겪는 아이돌들이 많다. 외모와 이미지 관리는 끊임없이 요구되며, 정신적 스트레스는 날로 가중된다. 많은 아이돌들이 우울증, 불안 장애를 겪고 있지만, 이들을 돌보기 위한 기획사의 적절한 지원은 부족하다.

매년 수십 팀이 데뷔하고 수백 팀이 활동하고 있지만, 그들 중 극히 소수만이 대중의 관심 속에서 살아남는다. 살아남은 이들조차도 치열한 경쟁 속에서 살인적인 스케줄을 소화해야 하며, 이를 견디기 위한 신체적·정신적 고통은 심각한 문제로 남아 있다.

아이돌은 '꿈'이라는 단어 뒤에 가려진, 현실적으로는 '노예'와 같은 상황에 놓여 있다. 그들은 자신의 꿈을 이루기 위해 끝없이 노력하지만, 그 과정에서 점차 자신이 꿈의 주인이 아니라 그 꿈의 노예가 되어 가는 아이러니를 겪는다. 피곤에 지쳐 링거를 맞고 무대에 서는 아이돌들의 모습은, 마치 영혼 없는 인형과도 같다. 그들의 몸과 마음은 점차 망가져 가지만, 치열한 경쟁 속에서 여전히 많은 연습생들과 기획사들이 이 산업에 뛰어들고 있어 안심할 수 없는 현실이다.

아이돌들은 몇 년간의 연습생 생활을 거쳐 겨우 데뷔해도, 금방 잊힐 수 있다는 불안감에 시달린다. 이런 불확실성 속에서 대중에게 완벽한 모습을 보여 주기 위해 자신의 몸과 마음을 혹사시키며 살아간다. 그들의 열정은 기획사의 이윤 추구와 대중의 기대에 의해 억압당하고, 아이돌들은 점점 자신의 삶을 통제할 수 없게 된다. 꿈은 더 이상 그들의 것이 아닌, 타인의 기대와 돈벌이 수단이 되어 버린 것이다.

정상에 오른 톱 아이돌들은 크게 다를까? 전 세계를 돌며 화려한 투어를 진행하지만, 이는 그들의 삶이 더 나아졌다는 의미가 아니다. 대중은 그들의 화려한 삶만을 보며 찬사를 보내지만, 정작 그들이 겪는 피로와 정신적 고통은 상상 이상이다. 극히 소수의 아이돌만 경제적 여유를 누리며, 톱 아이돌조차 무대와 호텔, 비행기만을 오가는 반복적인 일상 속에 갇혀 있다. 진정한 자유와 행복은 그들에게도 멀기만 하다.

K팝의 성공 이면에는 체계화된 시스템이 큰 역할을 해 왔다. 이 시스템은 인재 발굴에서부터 가수 오디션, 연습생 단계, 데뷔 준비와 프로듀싱에 이르기까지 철저한 관리와 훈련 과정을 거쳐 아이돌을 양성한다. 이러한 과정은 춤과 노래를 포함한 기술적 훈련에 집중되며, 결과적으로 많은 아이돌들이 뛰어난 실력을 갖추게 된다. 이 과정은 한국만의 독특한 엔터테인먼트 산업 구조를 형성하며, 세계적인 K팝의 성공을 가능하게 했다.

이 아이돌들에게는 마치 정해진 각본처럼 체계적인 생활이 주어지며, 이들은 무대 위에서 끊임없이 웃고 춤추며 빛나는 존재로 자리 잡는다. 아이돌들은 그야말로 '완벽한' 모습으로 대중 앞에 서게 된다. 그러나 아이돌들이 완벽한 퍼포먼스를 위해 훈련된 만큼, 그 과정에서 자아를 충분히 탐구하거나 예술적 실험을 할 수 있는 기회는 줄어드는 것이다.

결국, K팝 시스템은 상업적 성공과 기술적 완성도를 높였지만, 예술적 자유와 낭만은 상대적으로 희미해진 측면이 있다. 이런 아이돌은 자신의 꿈을 실현하는 예술가가 아니라, 시스템 속에서 만들어지는 완벽한 '작품'으로 변질되기 쉽다.

과거의 한국 음악은 현재와는 사뭇 다른 풍경을 보여 주었다. 그 시절, 가요계에는 혼성 그룹, 듀오, 발라드, 솔로 힙합, 솔로 댄스, R&B 등 다양한 장르와 개성을 지닌 아티스트들이 가득했다. 다양한 장르가 공존하며 음악은 대중에게 다양한 선택지를 제공했고, 음악 자체가 개성 있는 예술로서 존중받았다. 반면, 오늘날의 K팝은 대체로 아이돌 중심으로 재편되었고, 그로 인해 과거와 같은 장르의 다양성은 줄어든 것이 현실이다.

한국의 특정 문화가 어쩌다 예술계, 특히 음악 산업에까지 이렇게 큰 영향을 미쳤는지 생각해 보면, 이는 시장의 흐름과 대중의 취향이 상업적으로 재편된 결과일 것이다. 빠른 성과와 대중의 즉각적인 반응을 중시하는 현대의 문화는 음악계에서도 다양성보다 트렌드에 집중하게 만들었다. 그러나 과거의 음악이 주는 깊이와 추억은 여전히 많은 이들에게 잊히지 않고 있으며, 그 속에서 우리는 각자의 기억을 떠올리며 향수를 느낀다.

추억이란, 나이와 무관하게 모두에게 마법 같은 감정을 선사한다. 그 마법은 과거의 뿌리에서 자라나 현재에 피어나는 꽃과도 같다. 시몬 드 보부아르는 "풍성한 과거가 없는 현재의 삶은 상상할 수 없다"고 말하며, 과거의 경험이 단순히 지나간 기억이 아니라 현재를 살아가는 데 중요한 의미를 부여하고 있음을 강조했다.

우리는 과거의 경험을 통해 흩어진 기억의 조각들을 재조립하며 현재의 삶을 다시 바라보고, 이를 통해 더 나은 삶을 살아갈 수 있는 힘을 얻게 된다. 그러나 현대의 K팝, 특히 아이돌 산업은 그 추억을 쌓을 시간조차 주지 않고 빠르게 변화하는 체계에 의해 낭만을 잃어 가고 있다.

아이돌 양산 체계는 단기적인 성공을 목표로 하며, 그로 인해 대중이 음악을 오래 기억하고 감상할 여유를 주지 않는다. 이는 과거의 음악이 우리의 추억 속에서 자리 잡고, 삶의 일부로서 작용했던 것과는 대조적이다. 결국 음악은 사람의 감정과 연결되어, 단순한 즐거움을 넘어 깊은 추억과 의미를 만들어 내는 매개체여야 하지만, 현재의 산업은 그 본래의 가치를 잃어 가고 있는 듯하다.

물론, 지금의 K팝이 보여 주는 감성과 리듬을 좋아하는 사람들도 많을 것이다. 한국은 트렌드에 매우 민감한 사회이며, 유행에 빠르게 적응하는 특성을 가지고 있다. 이러한 점이 K팝이 전 세계적으로 인기를 끌 수 있는 이유 중 하나일 것이다. 한국인들은 트렌드를 빠르게 캐치하고, 이를 한국적인 스타일로 소화해 내는 능력이 뛰어나다. 마치 개그맨들이 성대모사를 할 때, 꼭 똑같이 흉내 내지 않더라도 포인트를 잘 살려 더 웃기게 만드는 것처럼, 한국인들은 유행을 자신만의 방식으로 창의적으로 재해석할 수 있다. 이 점에서 한국인들의 영리함과 재능은 정말 대단하다고 느껴진다.

K팝의 성공에는 특히 유튜브와의 긴밀한 연관성이 큰 역할을 했다. 싸이와 BTS 같은 세계적인 가수들은 유튜브를 통해 그들의 음악을 전 세계로 확산시켰으며, 이로 인해 빌보드 차트의 집계 방식이 싸이 덕분에 바뀌기까지 했다. 또한, 지코가 주도한 챌린지와 숏츠는 이제 앨

범 홍보의 필수 코스가 되었다.

이러한 디지털 플랫폼의 활용은 K팝의 세계적 확산에 큰 기여를 했으며, K팝은 빠르게 변화하는 디지털 환경에 적응하고, 창의적인 마케팅과 강력한 팬덤을 통해 글로벌 무대에서 성공을 이어 가고 있다. 유튜브를 통해 한국은 지금도 전 세계적으로 다양한 밈과 유행을 확산시키며, 글로벌한 문화적 영향력을 끼치고 있다.

그러나 K팝의 성공 이면에는 분명히 빛과 그림자가 공존한다. 화면 속에서 늘 밝게 웃는 아이돌들을 보면서, 종종 그들의 환한 미소 뒤에 감춰진 어둠을 떠올리게 된다. 가요계는 화려함 속에 언제든 추락할 수 있는 불안정한 세계다. 아이돌들은 바쁜 일정을 소화하며 정신적 고통을 느끼기 시작하지만, 그 고통을 깨닫는 시점에는 이미 심각한 수준에 이르러 있는 경우가 많다. 많은 성공한 아이돌들이 나중에 우울증을 고백하는 사례는 이 업계의 어두운 이면을 여실히 드러낸다.

더 나아가 연예계에서 발생하는 클럽 범죄 사건, 마약, 그리고 자살 이후 벌어지는 재산을 둘러싼 분쟁들은 이 업계의 어두운 현실을 적나라하게 보여 준다. 대부분의 아이돌들은 사춘기나 그 이전의 시기에 데뷔해 아직 내면적으로 성숙하지 못한 상태에서 엄청난 사회적 압박을 받으며, 사생활까지 통제되는 삶을 살아간다. 무대 위에서 화려하게 빛나는 그들이, 무대 뒤에서는 초라하게 컵라면을 먹으며 보상을 받고 싶은 욕구를 쌓아 가는 모습은 그들의 고립된 현실을 상징한다.

이러한 욕구는 때때로 잘못된 선택으로 이어져 음주운전이나 대마초와 같은 비행을 저지르게 되지만, 한국 사회는 이런 잘못에 대해 뉘우칠 기회를 거의 주지 않는다. 잘못이 드러나는 순간, 그들은 쏟아지는 악플 속에서 자신이 가진 모든 것이 무너지는 듯한 감각에 빠지게 된다.

어린 나이에 막대한 사회적 부담을 짊어지게 된다는 것은 이들이 성숙한 인격을 갖추기도 전에 외부의 평가에 과도하게 의존하게 된다는 것을 의미한다. 미성숙한 상태에서 대중의 시선과 기대를 감당해야 하는 아이돌들은 성취감을 느끼기보다는 끊임없는 비교와 경쟁 속에서 불안과 압박을 더 크게 경험한다. 이 과정에서 형성된 환경은 돈과 인기가 삶의 척도가 되는 왜곡된 가치관을 심어 주기 쉽고, 이는 결국 그들의 자아 형성에 부정적인 영향을 미친다.

취미로 요리를 즐기던 사람도 막상 요식업에 뛰어들면 금세 싫증을 느끼는 경우가 많다. 좋아하는 일이 직업으로 전환되면서 즐거움이 사라지고, 돈과 의무에 얽매이게 되는 것이다. 아이돌도 마찬가지다. 그들이 열망하던 무대에 서고 인기를 얻는 순간이 찾아와도, 그것이 곧 상업적 압박과 살인적인 스케줄로 변질되면, 꿈과 현실의 괴리 속에서 번아웃을 겪을 수 있다. 결국, 자신이 좋아하던 일이 일상의 의무로 전락하고, 육체적·정신적 소모로 인해 지치게 되는 것이다.

이는 예술의 본질보다는 상업적 측면을 우선시하는 사회적 구조를 드러내는 것이기도 하다. 아이돌 시스템은 개인의 성장을 위한 플랫폼이 아니라, 이윤을 창출하는 도구로 전락하고 있으며, 이러한 체계 속에서 인간적인 가치나 창의성은 뒷전으로 밀리기 쉽다. 기획사들이 돈을 최고의 가치로 여기며 단기적 수익에만 집착하는 모습을 보면, 상업적 이득이 예술적 본질을 희생시키는 현대 문화의 양상을 명확히 드러낸다.

아이돌 산업의 이러한 구조는, 연예인들이 단지 대중의 즐거움을 위한 상품으로 소비되게 하며, 그들의 영향력이 단순한 소비의 대상이 아닌, 더 큰 사회적 변화의 원동력이 될 수 있음에도 불구하고 그 잠재력이 억압되는 상황을 만든다. 돈이 최고의 가치로 자리 잡은 현실은 책임감과 의미를 잃게 하며, 이러한 구조는 궁극적으로 한국 사회 전반에 걸친 잘못된 성공 인식을 강화한다.

아이돌과 같은 영향력 있는 존재들이 돈과 인기에 휘둘리는 것이 아니라, 진정한 자기실현과 더불어 올바른 가치관을 세우고, 그것이 사회적 변화로 이어지는 모습을 보여 줄 때, 우리는 더 건강한 사회를 만들어 갈 수 있을 것이다.

아이돌들은 과연 무엇으로 위로를 받을 수 있을까? 팬들의 사랑? 화려한 성과와 돈? 이런 것들은 일시적인 만족감을 줄 수 있지만, 본질적인 위로가 되지 못한다. 그것들은 자본주의 체제 내에서 소비와 허영심을 부추기는 요소일 뿐이며, 아이돌의 본질적인 가치를 채워 주지는 못한다.

나는 아이돌의 본질적인 가치는 '선한 영향력'에 있다고 본다. 그들이 지닌 실력, 외모, 인기, 성과는 그 자체로 목적이 아닌, 더 큰 사회적 가치를 실현하기 위한 수단이 되어야 한다. 아이돌이 단순한 엔터테이너가 아니라, 선한 영향력을 발휘하는 존재가 될 때, 그들의 삶은 더 큰 보람과 의미를 가질 수 있을 것이다.

만약 아이돌의 본질을 '선한 영향력'으로 확장한다면, 그들이 할 수 있는 의미 있는 일들은 무궁무진해질 것이다. 예를 들어, 명품 의류 브랜드의 모델이 아닌 리사이클링 패션의 리더가 되거나, 유명 브랜드의 광고 모델 대신 쓰레기 재활용 캠페인의 얼굴로 활동할 수 있다. 또한, 뮤직비디오나 앨범 콘셉트에 친환경 세계관을 담거나 친환경 소재를 활용한다면, 그들은 대중에게 더 큰 사회적 가치를 전달할 수 있을 것이다. 이러한 활동은 단순한 연예 활동을 넘어, 사회적 책임과 지속 가능성을 촉진하는 영향력 있는 인물로 자리매김하게 만들 수 있다.

누군가는 이러한 시도가 수익성에 한계를 느낄 것이라고 생각할 수 있지만, 이는 좁은 시각에서 비롯된 생각이다. 아이돌의 인기는 막강한 영향력을 지니고 있으며, 그들의 팬덤은 이미 거대한 시장을 형성하고 있다. 실제로 현재 엔터테인먼트 회사들은 아이돌의 인기를 활용해 다양한 상품을 통해 수익을 창출하고 있다. 그렇다면 이러한 팬들의 충성도를 단순한 소비로 한정할 것이 아니라, 사회적 가치를 실현하는 활동으로 전환할 수 있다면 어떨까?

경제학적으로 보았을 때, 시장은 항상 변화하고 발전한다. 아이돌들이 선한 영향력을 발휘하는 프로젝트에 참여하고, 팬들이 이를 지지하게 된다면, 새로운 형태의 소비가 자연스럽게 생겨날 것이다. 기존의 소비 시장이 단순한 상품 소비에서 더 큰 가치를 지닌 사회적 기여로 확대되는 것이다. 팬덤이 '선한 영향력'을 중심으로 결집할 때, 기존의 단순 소비 구조는 새로운 '착한 소비'로 전환될 수 있다. 팬덤을 중심으로 한 '착한 소비'의 순환 구조는 엔터테인먼트 회사에 지속 가능한 수익을 가져다줄 뿐만 아니라, 사회적 기여와 더불어 아이돌들의 행복을 증대시키는 선순환 구조를 형성할 수 있다.

아이돌의 정체성에 '선한 영향력'을 부여하고, 스타와 팬 사이에서 '착한 소비'가 순환하는 수익 구조를 창출하며, 이를 통해 사회적 가치를 실현하는 것은 한국 엔터테인먼트 산업이 반드시 고민해야 할 미래 지향적인 방향이다. 이는 경제적 이익뿐만 아니라, 문화적, 사회적 기여를 모두 포함한 '지속 가능한 성장'을 이루는 방안이다.

무엇보다도 한국의 엔터테인먼트 회사들은 아이돌이라는 특수한 문화를 기반으로 이러한 모델을 구축할 독특한 위치에 있다. K팝의 글로벌 성공과 그로 인한 팬덤의 열성적인 지지를 활용하면, 다른 산업이 쉽게 도달할 수 없는 영역에서 이러한 사회적 가치를 실현할 수 있다. 이는 한국 엔터테인먼트 산업이 단순한 상업적 성공을 넘어, 음악적 예술성과 사회적 책임감을 모두 포괄하는 진정한 문화 리더로 자리잡을 기회다.

결국, 아이돌 산업이 단지 겉으로만 행복해 보이는 것이 아니라, 진정으로 아이돌과 팬들 모두가 행복을 느끼는 산업으로 발전할 수 있다. 이는 단순히 한 산업의 변화가 아니라, 한국 사회 전반에 긍정적인 변화를 가져오는 중요한 발걸음이 될 것이다.

26화

성공의 기준은 돈인가?

성공의 기준은 무엇일까? 많은 한국인들은 자신과 주변의 행복을 성공의 척도로 본다. 하지만 문제는 그 행복을 실현하는 능력을 오직 돈으로만 평가하는 경향이다. 사람들 사이에서 종종 '자본주의가 낳은 괴물'이라는 표현이 농담처럼 오가지만, 한국 사회에서 돈에 대한 집착은 농담을 넘어 현실로 자리 잡고 있다.

여러 설문조사에 따르면, 돈이 한국인의 행복에서 중요한 역할을 차지하는 경향이 두드러진다. 예를 들어, 한국갤럽 조사나 OECD의 행복지수 보고서에서도 경제적 안정이 행복의 주요 요인으로 꼽힌다. 일부 조사에서는 한국이 돈을 행복의 가장 중요한 조건으로 꼽는 유일한 나라로 나타나기도 한다.

물론, 이것이 한국인들이 돈을 가족보다 더 중요하게 여긴다는 뜻은 아니다. 다만, 이 현상은 한국의 독특한 사회적, 경제적 환경과 밀접하게 연관되어 있다. 한국에서는 효(孝)를 강조하는 문화가 있으며,

부모님께 집을 사 드리거나 용돈을 드리는 것이 가장 큰 효도의 실천으로 여겨진다. 이러한 문화적 배경은 경제적 능력을 효의 중요한 수단으로 인식하게 만든다.

또한, 한국 사회의 뿌리 깊은 비교 문화는 사회생활뿐만 아니라 친구, 이웃, 친척, 심지어 형제들 사이에서도 어린 시절부터 강하게 자리 잡고 있다. 돈은 이러한 비교 속에서 유리한 위치를 차지하게 해 주는 도구로 여겨지며, 비교에서 오는 스트레스를 해결하는 방법으로도 작용한다.

특히, 한국에서는 교육비, 주거비, 그리고 노후 대비와 같은 경제적 부담이 매우 크다. 따라서 경제적 여유는 단순한 재화가 아니라, 더 안정적인 삶을 영위하기 위한 필수적인 도구로 인식된다. 이러한 구조적 요인들로 인해 많은 한국인들은 돈이 스트레스를 해결하고 안정적인 삶을 유지하는 데 중요한 역할을 한다고 느끼는 경향이 있다.

하지만, 스트레스를 해결한다고 해서 반드시 행복해지는 것은 아니다. 이는 목이 마를 때 물을 마시면 갈증은 해소되지만, 물만으로는 모든 영양소를 채울 수 없는 것과 같다. 스트레스 해소는 일시적인 안도감을 줄 수 있지만, 그것이 곧바로 행복으로 이어지지는 않으며, 스트레스 해소와 행복은 별개의 문제이다. 돈이 스트레스를 줄이는 데는 도움이 될 수 있지만, 그렇다고 해서 돈이 행복까지 보장하는 것은 아니다.

누군가는 "돈으로 할 수 있는 것이 많아지고, 사람은 배신할 수 있어도 돈은 배신하지 않는다"고 말할지도 모른다. 하지만 이러한 생각은 이미 돈이 중심이 된 삶으로 향하고 있다는 신호다. 돈이 중요한 위치를 차지할수록, 돈으로 할 수 있는 것들의 의미는 점차 퇴색하게 되며, 반대로 돈으로 살 수 없는 가치, 즉 꿈, 사랑, 우정과 같은 것들이 상대적으로 덜 중요하게 느껴진다. 모든 문제를 돈으로 해결하려는 경향이 깊어지면, 인간관계나 삶의 다른 중요한 가치들을 간과하게 될 위험이 있다. 결국, 돈을 많이 벌더라도 자신이나 주변의 행복이 보장된다는 명제는 성립하지 않는다.

돈이 중요하다고 말하는 사람들이 단순히 성공과 부의 축적만을 목표로 한다면, 그 주장에 주의를 기울일 필요는 없다고 본다. 돈은 기본적인 생계를 유지하기 위한 수단일 뿐, 그 이상의 의미는 어떻게 사용하느냐에 따라 달라진다. 생존을 위한 수준을 넘어서면, 돈을 더 많이 버는 것보다 중요한 것은 그 돈을 어떻게 쓰느냐이다.

만약 그 돈이 오직 개인적인 욕망을 채우는 데만 사용된다면, 돈의 진정한 가치는 금세 사라질 것이다. 반면, 그 돈이 의미 있는 꿈을 이루거나 타인에게 사랑과 도움을 주기 위해 쓰인다면, 돈의 가치는 단순한 물질적 수단을 넘어 인간적인 의미를 지니게 되고, 이는 결국 더 큰 가치를 창출한다. 돈은 그 자체로 목적이 아니라 수단이며, 우리의 목적이 무엇인가에 따라 돈의 의미와 가치도 달라진다.

한국의 게임 산업은 한국 사회의 돈에 대한 집착을 잘 보여 주는 대표적인 사례 중 하나다. 오랜 시간 동안 한국 게임 산업은 확률형 아이템과 페이투윈(Pay-to-Win) 모델에 의존해 성장해 왔다. 특히, NC소프트의 리니지와 같은 대형 모바일 게임들은 이러한 방식으로 엄청난 수익을 올리며 한국 게임 산업의 대표적인 비즈니스 모델로 자리 잡았다. 한때는 하루에 250억 원의 매출을 기록한 리니지는 한국 게임 산업의 성공을 상징하는 게임 중 하나였다.

그러나 게이머들은 과도한 과금 유도와 불투명한 확률 시스템에 피로감을 느끼기 시작했고, 결국 이런 게임 구조는 점차 매력을 잃게 되었다. 최근 몇 년간에는 아이템 확률 조작으로 벌금을 맞는 사건도 여러 차례 발생했는데, 이는 게임사들이 얼마나 돈을 우선시하고 있는지를 단적으로 보여 준다.

반면, 중국 게임사들은 이와는 다른 길을 걸었다. 그 대표적인 사례가 2020년에 출시된 '원신'이다. '원신'은 스토리 중심의 싱글 플레이 게임으로, 페이투윈이 아닌 창의적인 게임성과 몰입감에 집중했다. 이 게임은 모바일 게임임에도 불구하고 콘솔 수준의 그래픽과 스토리텔링을 제공하며, 전 세계 게이머들로부터 큰 호응을 얻었다. 특히, '원신'의 성공은 한국 게임사들에게 큰 충격을 주었고, 중국 게임업계가 글로벌 시장에서 빠르게 성장하는 모습을 보여 주었다.

한국 게임사들이 기존의 페이투윈 모델에 의존하면서 창의성과 기술력 개발을 소홀히 한 동안, 중국은 과감한 투자를 통해 고품질 게임을 개발하는 데 성공했다. '원신'을 개발한 호요버스는 당시 1,200억 원이라는 막대한 자본을 투입해 게임을 완성했으며, 이는 한국 게임사들이 감히 시도하지 못했던 금액이었다. 한국 게임사들은 '원신'이 성공할지 알 수 없는 상황에서 대규모 투자를 주저했으며, 이로 인해 중국에게 기술적으로 추월당하는 결과를 맞이했다. "돈이 될까?" 한국의 게임사들에게는 이것이 가장 중요한 문제였다. 그들은 게임을 단순히 하나의 비즈니스 상품으로만 바라보았다.

2024년 발표된 '검은 신화: 오공'은 한국 게임업계에 강력한 경종을

울린 사례로 평가받고 있다. 이 게임은 콘솔 시장을 타깃으로 한 고퀄리티 게임으로, 뛰어난 그래픽과 몰입감 넘치는 스토리텔링 덕분에 글로벌 게이머들로부터 뜨거운 호응을 얻었다. 특히 '검은 신화: 오공'은 출시 3일 만에 판매량이 1000만 장을 돌파했고, 출시 이후 중국 내 플레이스테이션 5의 판매량이 8배 가까이 증가하면서, 중국에서 콘솔 게임에 대한 수요가 폭발적으로 늘었다. 이는 중국 게임 산업이 본격적으로 콘솔 시장에 진입했음을 의미하며, 세계 게임업계에서도 중요한 전환점으로 자리 잡았다.

이 게임을 만든 개발사는 잘 알려지지 않았지만, 2020년에 유튜브를 통해 게임 일부를 공개한 직후, 텐센트와 넷이즈 같은 대형 게임사 직원들이 대거 회사를 그만두고 그 개발사로 몰려들었다. "제대로 된 게임을 한번 만들어 보고 싶다"며 열정적인 개발자들이 줄을 섰고, 이로 인해 아예 울타리까지 설치하며 이제 더 이상 들어오지 말라고 할 정도로 큰 화제가 되었다.

이 현상이 뜻하는 바는 크다. 만약 '검은 신화: 오공' 이후로 게임사 이언스(Game Science) 같은 능력 있는 개발사들이 계속 등장하고, 유능한 개발자들이 합류해 더 발전된 게임들을 선보인다면, 중국은 미국, 일본과 어깨를 나란히 하는 게임 강국으로 성장할 가능성이 크다. 중국의 게임 산업은 빠르게 성장하고 있고, 그 속에서 새로운 혁신이 계속 일어나고 있다.

미국의 IT 산업이 폭발적으로 성장하기 전, IBM은 대량 해고를 단행한 바 있다. 이를 두고 사람들은 반농담으로 "IBM의 대량 해고가 미국 IT 혁명의 원동력이 됐다"고 말하기도 한다. 그렇다면 한국인에게는 이렇게 말할 수 있다. "한국 게임 산업이 살아나기 위해서는 기존의 시스템이 망해야 한다." NC소프트는 390만 원짜리 골프채를 게임 아이템으로 판매하면서 게이머들의 비판을 받았다. 또한, '호연'이라는 모바일 게임은 '원신'을 베낀 게임이라는 논란 속에서 유저들로부터 실망스러운 평가를 받았다. 넥슨은 0% 확률 아이템을 판매한 것이 드러나며 2024년에 막대한 과징금을 부과받는 일이 발생하기도 했다.

한때는 한국 게임 산업에 뒤처졌던 중국이, 이제는 기술력과 창의성을 바탕으로 장기적인 성장을 이끌어 내며 게임 시장에서 큰 영향력을 발휘하고 있다. 이는 단순한 수익 창출 이상의 성공을 보여 주며, 한국 게임업계에 큰 도전 과제를 안겨 준다. 한국 게임사들이 글로벌 시장에서 경쟁력을 되찾기 위해서는 자본 중심의 패러다임에서 벗어나 창의적이고 자율적인 게임 개발 환경을 구축해야 하며, 돈보다는 게임 자체의 재미와 감동을 우선시하는 구조로 전환할 필요가 있다.

세계적인 IT 기업들은 돈과 물리적인 자산보다는 무형 자산을 기반으로 더 큰 가치를 창출한다. 애플, 구글, 아마존, 테슬라, 넷플릭스 같은 기업들은 물리적인 제품뿐만 아니라, 브랜드 가치, 데이터, 알고리즘과 같은 무형 자산을 활용하여 막대한 수익을 올리고 있다. 일론 머스크의 테슬라는 한때 아직 출시되지 않은 차량으로만 선주문을 받아 140억 달러 이상의 매출을 기록했다. 이는 단순히 제조된 제품이 아닌, 기업의 비전과 신뢰를 기반으로 한 무형 자산에서 비롯된 것이다.

국내에서도 당근마켓과 같은 사례가 있다. 당근마켓은 2022년 기준으로 수익 모델이 제대로 정착되지 않아 몇백억 원의 적자를 냈지만,

그럼에도 불구하고 3조 원에 달하는 기업 가치를 인정받았다. 이는 물리적 자산이 아닌, 플랫폼의 네트워크 효과와 사용자 기반이라는 무형 자산의 가치를 반영한 것이다.

무형 가치의 실체는 단순히 보이지 않는 자산이 아니라, 경영자의 철학, 회사의 비전, 그리고 그로부터 파생되는 혁신적인 창의성과 기업 문화, 그리고 고객 신뢰에서 비롯된다고 생각할 수 있다. 마이크로소프트는 한때 구글과 애플에 밀리며 잠시 주춤했으나, 나델라가 취임한 후 클라우드 중심의 사업으로 재편하고, 경영철학을 전환하면서 다시 세계적인 기술 리더로 부상했다. 나델라는 '모두를 위한 기술', '포용적 혁신'이라는 철학을 기반으로, 내부적으로는 창의성과 자율성을 중시하는 문화로 전환하며 회사를 다시 성장 궤도로 돌려놓았다.

한국을 대표하는 경쟁력 있는 무형 가치 중 하나로 K팝 산업을 빼놓을 수 없을 것이다. 그러나 K팝 산업의 수익 모델을 살펴보면, 한국 게임 산업에서 나타나는 문제들과 유사한 점들이 드러난다. 2024년, 어도어 대표 민희진의 해임과 관련된 배임 논란과 뉴진스의 소속 문제로 인해 열린 기자회견은 국내외에서 큰 화제를 모았다. 이 자리에서 민희진은 K팝 수익 구조의 문제점을 지적했는데, 이 구조는 한국 게임 산업에서 흔히 볼 수 있는 페이투윈 모델과 상당히 비슷한 점이 많았다.

2020년, 하이브는 넥슨 출신의 박지원과 2021년, 최성욱을 영입하면서 K팝 산업에서 팬들과의 상호 작용을 기반으로 한 새로운 수익 모델을 더욱 공고히 했다. 이 두 사람의 합류는 하이브의 비즈니스 전략에 있어 중요한 전환점이 되었으며, 특히 팬덤 경제의 최적화와 수익 모델 강화에 큰 영향을 미쳤다. 이 과정에서 게임업의 수익 모델과 K팝 산업의 전략적 유사성은 눈에 띄게 드러난다.

박지원은 넥슨에서 글로벌 법무와 경영 전략을 담당했으며, 하이브에서 글로벌 비즈니스 확장과 전략을 이끌었다. 그는 넥슨에서의 경험을 바탕으로, 하이브가 글로벌 팬덤을 대상으로 한 비즈니스 모델을 더욱 확대하는 데 기여했다. 또한, 최성욱은 넥슨에서 게임 운영과 유저의 소비 패턴을 깊이 이해했던 경험을 바탕으로, 하이브에서 팬 플랫폼인 '위버스'의 운영과 성장을 총괄했다. 그는 팬들과의 상호 작용을 통해 수익을 극대화하는 전략을 도입하며, K팝 문화를 더욱 활성화시켰다.

하이브의 팬 비즈니스 전략은 게임 산업의 가챠 시스템과 페이투윈 모델과 매우 유사하다. 가챠 시스템은 소비자들이 무작위로 아이템이나 캐릭터를 얻기 위해 지속적으로 비용을 지불하는 방식으로, 이는 팬들이 앨범을 대량 구매하거나 추첨을 통해 팬미팅에 참여하도록 유도하는 K팝의 수익 모델과 본질적으로 유사하다. 특히, 포토카드나 굿즈 같은 랜덤 요소는 팬들이 원하는 특정 상품을 얻기 위해 계속해서 앨범을 구매하게 만든다.

K팝 산업은 이제 단순한 음악 산업을 넘어 팬덤 경제와 가상 소비가 결합된 새로운 형태의 비즈니스로 진화하고 있으며, 하이브는 이러한 변화를 선도하고 있다. 그러나, K팝의 페이투윈 모델이나 가챠 시스템은 단기적으로는 성공적일지 모르지만, 그 이면에 감정적 착취와 도덕적 문제가 자리 잡고 있는 것이 현실이다.

이 시스템이 계속 유지된다면, K팝 산업은 음악적 가치를 넘어 감정적 상호 작용을 통해 팬들을 끊임없이 수익원으로 삼을 수밖에 없다. 이 과정에서 팬들은 경제적, 감정적으로 지속적인 부담을 느끼게 되고, 그로 인해 감정적 착취라는 비판에서 자유로울 수 없다. 팬들의 충성심과 감정적 유대를 수익 모델로 활용하는 방식은 필연적으로 도덕적 문제를 야기할 수밖에 없으며, K팝 산업이 장기적으로 성장하려면 이러한 구조적 문제에 대한 진지한 성찰과 변화가 필요하다.

K팝 산업이 우리나라 게임 산업의 전철을 밟지 않길 바라는 마음은 많은 이들이 공감할 수 있는 우려다. 한국 게임 산업은 한때 세계적인 경쟁력을 자랑했지만, 과도한 수익 중심의 모델에 의존하면서 그 본질적인 재미와 창의성을 잃어버리게 되었다. 그 결과, 게이머들의 불만이 쌓이고, 게임 자체보다는 소비를 강요하는 구조가 도덕적 문제로 떠오르며 결국 장기적인 성장을 저해하는 요인이 되고 말았다.

K팝 또한 마찬가지로 팬들과의 상호 작용을 바탕으로 한 수익 모델이 강력해지면서, 음악 자체보다는 팬덤 경제에 의존하는 경향이 강해지고 있다. 음악 산업이 진정으로 지속 가능하고, 글로벌적으로 더욱 존경받기 위해서는 음악적 가치와 창의성을 다시 중심에 두고, 팬들과의 관계를 수익이 아닌 예술적 교감으로 승화시킬 필요가 있다.

기업의 본질은 창조에 있다. 이 창조의 과정은 단순히 수익을 추구하는 데 그치지 않고, 고객에게 진정한 가치를 창출하는 데에서 온다. 특히 K팝과 게임 산업처럼 창의성과 혁신이 중요한 분야에서는, 돈을 좇는 비즈니스 모델에만 몰두할 때 본질을 잃고 진정한 가치를 제공하지 못하는 경우가 많다.

한국인은 위기 대처 능력과 적응력이 뛰어나지만, 변화나 혁신을 주도하는 일에서는 종종 뒤처지곤 한다. 이는 특히 한국 기업인들에게 두드러지는 현상인데, 그들이 부족한 것은 개념 설계와 인식 변화를 가져다주는 비즈니스 모델을 만드는 능력이다. 한국 기업들이 시장을 만들어 내기보다는 기존 시장 안에서만 경쟁하는 이유는 그 방향이 지나치게 돈에 치중되었기 때문이다. 이로 인해 창의력의 결핍이 발생하고, 진정한 혁신으로 나아가는 데 한계가 생기는 것이다.

시장을 창출하는 일은 단순한 경쟁을 넘어서는 철학, 사명감, 그리고 꿈과 열정과 같은 무형 자산이 필수적이다. 그러나 한국 기업들은 이러한 무형 자산의 중요성을 간과하고, 유형 자산에 의존하는 경향이 있다. 혁신은 주로 무형 자산에서 비롯되며, 유형 자산이 많을수록 오히려 매출을 지키려는 보수적 성향이 강해져 변화와 혁신을 어렵게 만든다. 이제는 단순한 아이디어가 아닌, 깊이 있는 인사이트와 창의적 사고가 요구되는 시대다. 일론 머스크가 "위화감을 느끼는 과제에 집중하라"고 말했듯이, 불편하거나 낯선 도전에 직면할 때야말로 혁신의 기회가 찾아온다. 한국 기업들도 기존의 안전한 프레임에서 벗어나, 보다 도전적이고 창의적인 사고를 받아들일 필요가 있다.

혁신의 전제 조건은 기존의 프레임에서 벗어나는 것이다. 그리고 가장 명확한 방법은 돈의 프레임에서 벗어나는 것이다. 이 일을 왜 하는가, 그 일의 의미는 무엇인가, 그리고 그 일이 궁극적으로 지향하는 비전은 무엇인가에 대한 깊이 있는 통찰이야말로 진정한 혁신을 이끈다. 단순히 돈을 벌기 위한 목표는 장기적으로 창의력과 혁신을 억제할 뿐만 아니라, 시장에서의 경쟁력도 떨어뜨리게 된다.

진정한 혁신은 단기적 이익을 넘어서, 사회적 가치를 창출하고, 지

272

속 가능한 비전을 세우며, 세상을 변화시키려는 진정성에서 비롯된다.

마윈이 세운 102년 가는 회사를 위한 세 가지 원칙은 깊은 통찰을 담고 있다.

1. 유일하게 변하지 않는 것은 변한다는 것.
2. 돈을 버는 것을 첫 번째 목표로 삼지 말 것.
3. 공평하고 합리적으로 이윤을 창출할 것.

이러한 원칙은 단순한 경영 철학이 아니라, 장기적인 기업 생존을 위한 핵심 가치를 제시한다. 마윈이 손정의의 투자 제안을 세 번이나 거절한 일화는 그의 철학을 잘 보여 준다. 심지어 마윈은 마지막 제안에서 손정의의 3000만 달러 투자 제안을 2000만 달러로 번복했다. 이는 투자 유치를 받는 회사로서는 있을 수 없는 일이었다. 그러나 마윈은 이렇게 말했다. "직원이 60명이고, 내가 관리할 수 있는 돈은 많아야 2000만 달러다. 그 이상이면 그 돈은 가치를 상실해 버린다." 이 발언은 마윈이 단순히 자금 규모가 아닌, 효율적이고 합리적인 관리 능력을 중요하게 여겼다는 점을 시사한다.

일론 머스크의 사업 철학은 마윈의 원칙과 많은 점에서 통한다. 머스크는 단순한 이윤 추구를 넘어, 세상을 바꾸겠다는 비전을 가지고 있었다. 그의 사업 철학에서 가장 중요한 요소는 돈이 아니라 지속 가능한 미래에 대한 의미와 가치였다. 테슬라의 전기차, 스페이스X의 재사용 가능한 로켓, 뉴럴링크의 뇌−컴퓨터 인터페이스 기술, 하이퍼루프의 초고속 교통수단 등은 모두 인류의 미래를 근본적으로 변화시키고자 하는 그의 비전에서 비롯되었다. 지속 가능한 에너지, 인류의 우주 진출, 인간의 뇌와 기계의 연결, 초고속 교통의 실현은 돈보다는 더 큰 의미를 담고 있었다.

이처럼, 돈을 우선시하지 않고 진정한 가치를 추구하는 경영 철학은 장기적으로 더 큰 성과를 만들어 낸다. 한국은 '돈'에 집착하는 문화가 강하다 보니, 큰 비전을 품기 어렵고, 세상을 담아낼 수 있는 철학을 가지지 못한다. 그 결과, 세계적인 하드웨어 기업은 있지만, 소프트파워를 가진 회사는 거의 없다. 돈에만 집중하면 단기적 이익에 몰두하게 되고, 장기적 비전과 가치를 추구할 여지가 사라진다. 반면, 진정한 소프트파워는 창의력과 철학을 바탕으로 사람들의 감정과 가치를 공감하는 능력에서 나온다.

현재 한국의 유튜브 채널과 출판 시장에는 '성공 팔이'들이 넘쳐나고 있다. 특히 유튜브에서 경제적 자유와 성공을 팔며 구독자를 끌어들이는 콘텐츠가 성행하고 있으며, 그들의 책은 베스트셀러로 자리 잡기도 한다. 심지어 그중에는 자수성가한 청년이라는 사기꾼도 있는데 책이 수십만 부가 팔리는 경우도 있었다. 이는 한국 사회가 얼마나 돈을 중심으로 움직이고 있는지, 그리고 사람들이 돈을 성공의 전부로 생각하는지를 단적으로 보여 준다.

돈의 본질은 편리함이다. 돈은 물질적인 모든 것을 숫자로 환산하며, 선택의 폭을 단순하게 만들어 우리가 깊이 생각할 필요 없이 빠르게 선택하도록 유도한다. 그래서 돈을 기준으로 삶을 바라보는 것은 표면적으로 간단한 해결책을 제공하는 듯 보인다. 하지만 이는 단순한 착각일 뿐이다.

인간은 본래 생산적인 사고를 귀찮아하면서도, 동시에 걱정과 고민을 멈추기 어려운 존재다. 경제적 자유를 성취했다고 해서 모든 문제가 사라지는 것은 아니며, 오히려 인간의 복잡한 감정적, 정신적 욕구는 더 큰 고민을 불러일으킬 수 있다. 이는 우리가 복잡한 삶의 질문을 회피하려는 경향에서 비롯되며, 인간의 뇌는 생존과 안정성을 추구하기 때문에 단기적인 문제 해결에 매달리기 쉽지만, 장기적으로 더욱 복잡한 문제를 낳게 한다.

중요한 것은 얼마나 많은 돈을 벌었느냐가 아니라, 나에게 진정으로 필요한 돈의 양을 아는 것이며, 또한 그 돈을 어떻게 사용하는지가 더 본질적인 문제다. 돈을 효율적이고 의미 있게 사용하는 법을 깨닫는 것이야말로 진정한 경제적 자유의 핵심이라고 할 수 있다.

더 나아가, 돈을 자신의 이익을 위해 사용하는 대신, 남을 돕거나 의미 있는 일에 사용했을 때 우리는 더 큰 행복과 가치를 느낄 수 있다는 깨달음에 이르게 된다. 이는 우리가 아무것도 없이 태어나고, 아무것도 가져갈 수 없는 삶의 근본적인 진실을 마주하는 것이다.

결국, 인간은 주기 위해 태어나고, 나누기 위해 죽는 존재다. 이러한 깨달음은 돈과 물질을 넘어, 인간의 본질적인 삶의 의미와 직결된다. 돈은 소유를 위한 도구가 아니라, 나눔을 통해 더 큰 가치를 창출하는 수단일 때 비로소 그 본질적인 가치를 발휘하게 된다. 삶의 가치는 얼마나 많이 가졌느냐가 아니라, 얼마나 많이 나누었느냐에서 완성된다.

돈은 성공의 상징이 아니다. 성공은 사람마다 그 기준과 방식이 다르며, 성공의 여정 또한 개개인의 상황에 따라 다르게 펼쳐질 수밖에 없다. 그럼에도 불구하고 우리는 종종 "이래야 성공한다"는 고정된 사고방식이나 사회적 규범에 휘둘리곤 한다. 하지만 진정한 성공의 본질은 고정된 공식이나 법칙으로 정의될 수 없는 복잡한 과정이다. 무엇보다도, 세상에는 서로 다르고 상반된 방식으로 성공을 이룬 사람들이 많으며, 그들의 여정은 각기 다른 능력, 환경, 그리고 때로는 운에 의해 크게 좌우된다.

이런 관점에서 보면 자신이 성공의 기준을 설정하고 그에 맞는 방법을 터득하는 것은 누구도 대신 해 줄 수 없는, 각 개인이 주체적으로 풀어 가야 할 문제다. 이는 자신의 내적 성장을 통해 이룰 수 있는 고유한 여정으로, 타인의 기준이나 세상의 공식을 따르는 것만으로는 진정한 성공을 경험할 수 없음을 의미한다.

한국인에게 성공과 돈의 목적은 행복일까? 행복은 분명 삶의 질을 높이는 중요한 요소 중 하나다. 그러나 진정으로 중요한 것은 매일의 삶을 긍정적인 태도로 맞이하는 것이다. 인간의 뇌는 부정적인 정보를 더 민감하게 받아들이도록 진화했지만, 뇌의 가소성 덕분에 긍정적인 태도를 학습할 수 있다. 성찰은 우리가 자신의 경험을 되돌아보고 의미를 재해석하는 과정이며, 통찰은 그러한 경험 속에서 중요한 교훈을 발견하는 능력이다. 이 두 가지 과정을 통해 뇌는 새로운 사고방식을 받아들이고, 그 결과 긍정적인 태도를 형성해 나갈 수 있다.

행복을 삶의 유일한 목표로 삼는다면, 이는 물질적 성공만을 추구하는 것과 같은 잘못된 가치를 내포할 수 있다. 행복은 결과가 아닌, 과정 속에서 자연스럽게 따라오는 부산물이다. 삶은 다양한 경험들로 구성되어 있으며, 그 안에는 즐거움뿐만 아니라 고통과 불안, 도전과 시련이 공존한다. 하지만 이런 경험들 속에서도 긍정적인 태도를 유지할 수 있다면, 우리는 그 모든 경험을 통해 자아성찰과 삶의 깊은 통찰을 얻을 수 있다. 이는 삶을 더욱 의미 있게 만들고, 결과적으로 더 큰 행복을 가져다줄 것이다. 진정한 성공과 행복은 긍정적인 태도를 통해 삶의 수많은 순간들을 풍요롭고 가치 있게 만드는 데 있다.

27화

사회적 의무, 노동, 예의 VS
개인적 인권, 여가, 개성

 나는 가끔 한국 사회에서 연예인들이 언제쯤 자유롭게 사랑할 수 있을까에 대한 생각이 들 때가 있다. 만약 그들이 연애에 얽매이지 않고 자연스럽게 사랑하는 모습을 보여 준다면, 대중들 또한 연애에 대한 부담을 덜고 더 편하게 연애를 시작할 수 있지 않을까 하는 기대감이 생긴다. 하지만 현실은 그리 간단하지 않다. 오히려 연애를 하지 않는 사람들이 늘어가는 사회에서, 연예인의 연애는 판타지처럼 소비되면서도 동시에 심각하게 비판받는 대상이 되고 있다.

 한국인들의 이러한 현상은 특히 아이돌과 팬들 사이에서 두드러지게 나타나는데, 이는 K팝 산업의 구조적 변화와도 밀접한 관련이 있다. K팝은 이제 단순한 음악 산업을 넘어, 팬들과의 상호 작용을 중심으로 한 '관계 산업'으로 진화했다. 대표적인 예로, 아이돌 앨범 발매 직후 진행되는 팬 사인회를 들 수 있다. 사인회에 참석하려면 팬들은 대량의 앨범을 구매해야 하며, 그 결과 첫 주 판매량, 즉 '초동'이 중요한 지표로 작용한다. 이러한 구조 속에서 팬들은 음악적 가치보다는 사인회 참여를 위한 수단으로 앨범을 구매하게 된다.

이로 인해 제작사들은 앨범 판매를 촉진하기 위한 다양한 마케팅 전략을 마련했고, 초동 판매량을 높이기 위해 팬 사인회와 같은 이벤트를 빈번히 개최하고 있다. 이는 앨범의 예술적 가치를 상품화하는 경향을 심화시키고, 관계 중심의 소비 구조가 K팝 산업의 수익 모델로 자리 잡게 만드는 현상으로 이어졌다.

이뿐만 아니라 포토카드와 같은 굿즈의 등장으로 인해 팬들의 수집 욕구가 자극되면서, 더 많은 앨범을 구매하게 된다. 제작사들은 멤버별, 버전별로 다양한 포토카드를 제공해 팬들이 원하는 카드를 얻기 위해 여러 장의 앨범을 구매하도록 유도한다. 이러한 전략은 K팝 산업에서 지속적인 수익 창출의 중요한 수단이 되었으며, 팬들 사이에서 앨범과 굿즈를 수집하는 문화가 강화되었다.

K팝 산업에서 포토카드는 단순한 굿즈 이상의 의미를 지닌다. 팬들은 이를 수집하고 교환하며, 팬덤 내에서 자신의 지위를 높이는 도구로 사용한다. 이러한 시스템은 팬들에게 경제적 부담을 주면서도, 아이돌과 더 가까워진다는 환상을 심어 준다. 포토카드뿐만 아니라, '유사연애' 전략 역시 K팝 산업에서 팬덤을 강화하는 핵심 요소로 작용한다. 아이돌들은 팬들과의 상호 작용에서 마치 연인처럼 설렘을 주는 방식으로 소통하며, 이로 인해 팬들은 더 많은 앨범을 구매하고 굿즈를 수집하게 된다.

앨범 구매, 포토카드 수집, 그리고 버블과 같은 팬 소통 앱을 통해 팬들은 아이돌과의 감정적 연결을 강화하고, 이를 지속해 나가며 일종의 '관계'를 형성한다고 느낀다. 이러한 감정적 상호 작용은 K팝 산업의 중심이 되어, 팬들이 아이돌에게 더욱 깊이 몰입하도록 유도한다.

그러나 이러한 구조는 윤리적인 문제를 야기하기도 한다. 팬들은 자신이 아이돌과 맺은 유대감을 단순한 연예인과의 관계를 넘어서, 마치 개인적인 연애 감정처럼 확장시키는 경향이 있다. 그 결과 팬들은 자신들이 감정적으로 투자한 시간과 돈이 아이돌의 개인적인 선택으로 배신당했다고 생각하며, 그들의 사생활에 지나치게 개입하게 된다. 2024년 카리나의 연애 트럭 시위 사건은 이러한 현상을 극명하게 보여 주는 사례라고 할 수 있다.

이런 상호 작용 중심의 산업 구조는 팬들이 아이돌과의 관계에 많은 자원을 투자하게 만들며, 그로 인해 팬들은 아이돌의 일거수일투족에 대해 더욱 강한 감정적 몰입을 하게 된다. 이러한 감정적 몰입은 팬들의 감정적인 민감함을 증폭시키고, 결과적으로 아이돌의 사생활이나 개인적인 선택에 대해 더 극단적인 반응을 보이게 한다. 이때 나타나는 대표적인 현상이 바로 악플과 같은 공격적인 반응이다.

한국 연예인들은 단순한 스타가 아니라, 자신을 끊임없이 방어하고 감정적으로 견뎌내야 하는 생존자로 살아가고 있는지도 모른다. 이들은 대중의 사랑과 지지를 받지만, 동시에 끝없는 평가와 비판 속에서 자신을 지켜내야 한다. 연예인으로서의 삶은 진짜 감정이나 모습을 숨기고 가식적인 태도를 취하는 것이 필수가 되는 듯 보이며, 그로 인해 진정한 자신을 드러내기 어려운 상황에 놓인다.

처음 한국에 왔을 때, 예의와 겸손을 중시하는 한국의 예절 문화는 참으로 인상 깊었다. 겉으로 드러나는 공손함과 상호 존중의 태도는

K행복 NO행복

한국 사회를 이해하는 중요한 열쇠였다. 하지만 시간이 지남에 따라 그 이면에 숨어 있는 복잡한 감정들을 보게 되었다. 한국에서 예의는 표면적 관계를 매끄럽게 유지하는 수단일 뿐만 아니라, 때로는 상대방의 감정에 깊이 공감하지 못하는 형식적인 틀로 작용할 때가 있었다.

한국인들은 종종 대화에서 겸손과 진정성 사이에서 미묘한 균형을 잡으려 한다. 이는 상호 존중을 위한 행동이지만, 때때로 진정성이 부족해 보일 때도 있다. 그 결과, 대화는 공손하고 매끄럽게 진행되지만, 감정적인 연결은 부족하고, 속마음이 드러나지 않는 경우가 많다. 이는 한국 사회에서 상호 배려와 눈치가 중요하게 작용하기 때문에 자연스레 형성된 생존 방식처럼 보인다.

이런 문화적 맥락 속에서, 사람들은 스스로를 억누르며 감정을 속에 감추고 지내는 경향이 있다. 많은 경우 한국인들은 이러한 방식을 당연하게 여긴다. 하지만 이는 감정적 피로를 가중시키고, 자신이 얼마나 지치고 고립된 상태에 있는지 깨닫지 못하게 만들기도 한다. 한국 사회에서 감정적으로 지쳐 가는 이들이 그 속에서 스스로의 고립감을 인식하지 못하는 이유는, 바로 그 공허함 속에서도 형식적인 안정을 유지하는 데 중점을 두기 때문일지도 모른다.

예의와 예절은 인간관계를 원활하게 하고 서로를 존중하는 중요한 요소다. 그러나 그것이 지나치게 강조되면, 정작 중요한 진정성은 사라지고 표면적인 관계만 남게 되는 경우가 많다. 한국 사회에서는 예절이 상호 작용의 기본 틀이 되어, 그 안에서 관계가 발전하는 데 오랜 시간이 걸린다. '반말'을 시작할 수 있을 때 비로소 친밀함을 느끼게 된다는 말이 있을 정도로, 한국에서는 관계를 맺는 과정이 까다롭고 시간도 오래 걸린다. 이는 예의와 형식이 경직된 사회적 관계를 만들기 때문이다.

사실 인간관계에서 중요한 것은 마음의 교류다. 예절은 그 과정에서 부수적인 요소일 뿐, 지나치게 신경 쓸 필요는 없다. 그러나 한국에서는 예절을 무시하면 '싸가지 없다'는 평가를 받기 쉽고, 오해가 쌓이기 마련이다. 예절은 마치 선물 포장지와도 같다. 처음에는 깔끔하고 좋아 보이지만, 시간이 지나면 결국 버려야 하는 것이 아닐까? 그럼에도 불구하고, 우리는 그 포장지에 너무 집착하며 본질적인 소통을 놓치는 경우가 많다. 포장지 같은 예절이 사람과 사람 사이에 불필요한 벽을 쌓고 있는 건 아닌지, 다시 한번 돌아보게 된다.

기성세대가 MZ 세대를 불편하게 느끼는 이유 중 하나는 그들의 솔직함과 자율성을 중시하는 태도에 있다. 예를 들어, 기성세대는 시간을 아끼고 효율을 높이기 위해 모두가 짜장면을 주문해 점심시간을 빠르게 끝내려는 경향이 있다. 그러나 MZ 세대 직원이 자신의 취향을 반영해 혼자 짬뽕을 주문하는 상황이 발생하면, 기성세대는 이를 불편하게 느낀다.

기성세대는 점심시간마저도 효율성을 중시하는 반면, MZ 세대는 자신만의 개성과 자율성을 더 중요시하는 문화적 차이를 보여 준다. 윗세대는 집단의 편의를 위해 개인의 선택을 양보하는 것이 자연스럽다고 생각하는 반면, MZ 세대는 자신의 취향을 지키며 집단 안에서도 자율성을 중시한다. 이런 차이로 인해 세대 간에는 미묘한 갈등과 불편함이 발생하기도 한다.

한국 사회에서 흔히 강조되는 '피해를 주지 말자'는 관념 역시 세대마

K행복 NO행복

다 다르게 해석된다. 기성세대는 집단의 조화를 위해 개인이 희생하는 것을 피해를 최소화하는 방식으로 이해하지만, MZ 세대는 개인의 자율성이 침해되는 것이 더 큰 피해라고 생각할 수 있다.

물론, '피해를 주지 말자'는 규범은 인간관계에서 매우 중요한 원칙이다. 이 원칙은 타인을 존중하고 배려하는 관계의 기본을 다지지만, 그것이 지나치게 강조되면 사람들은 자신의 개성과 감정을 억제하게 된다. 때로 우리는 의도치 않게 타인에게 피해를 줄 수 있지만, 그 과정에서 서로의 한계를 인정하고 이해하며 더 깊은 관계를 형성할 수 있다. 미안함과 책임감을 통해 상대방을 더 잘 돌보고, 이를 통해 더 진솔한 유대감이 쌓이는 것이다.

심리학적으로도, 도움을 주고받는 과정은 관계를 더욱 끈끈하게 만든다. 오히려 상대방을 돕는 사람이 더 큰 호감을 느낄 가능성이 높다는 연구가 있다. 이는 내가 상대를 도왔을 때, 나의 뇌가 '그를 좋아하기 때문에 돕는다'는 식으로 인식하게 되면서 스스로에게 긍정적인 감정을 심어 주는 원리이다. 도움을 주고받으며 상호 작용하는 과정은 단순한 의무 이상의 것을 나누게 하며, 서로를 더 깊이 이해하고 신뢰를 쌓는 계기가 된다.

그러므로 '피해를 주지 말자'는 강박이 지나치게 작용하면 오히려 관계의 진정성을 해칠 수 있다. 실수를 통해 배우고, 서로를 도우며 관계 속에서 함께 성장하는 것이야말로 진정한 인간관계의 깊이를 더해 준다. 완벽하지 않더라도 서로의 부족함을 보완해 가며 살아가는 과정에서, 진정한 온기와 인간다움을 경험하게 된다.

한국 배우들이 할리우드에 진출했을 때 종종 놀라는 점 중 하나는 바로 '피해 주지 말자'는 한국 문화와 달리, 할리우드에서는 배우의 요구 사항을 철저히 반영하는 것이 관행이라는 것이다. 할리우드에서는 배우들과 계약을 맺을 때, 대기실에 제공될 간식의 종류나 물의 브랜드부터 대기실의 온도, 조명, 좌석 배치까지 매우 세세하게 명시된다. 이는 배우의 편안함을 최우선으로 고려하는 문화로, 촬영 중 배우가 최고의 컨디션을 유지하도록 돕는 것이 당연한 것으로 여겨진다.

반면, 한국에서는 배우가 촬영장에 준비된 음식을 먹고, 제공된 편의시설을 그대로 사용하는 경우가 일반적이다. 배우가 자신의 요구를 구체적으로 말하면 스태프들에게 번거로움을 줄 수 있다고 생각하거나, '까다롭다'는 이미지를 피하기 위해 자신의 요구를 숨기는 경향이 있다. 한국에서는 개인의 요구나 감정을 표현하는 것을 자제하며, 이를 배려의 일환으로 여긴다. 하지만 할리우드에서는 개인의 요구를 존중하는 것이 더 나은 결과를 위해 필수적이라는 인식이 강하다.

때때로 나는 할리우드식 세심한 배려가 한국에서 흔히 중시되는 겉치레적인 예절보다 더 진정한 예의의 표본에 가깝다고 생각한다. 개인을 가치 있는 존재로 여기고, 그들의 요구를 세심하게 반영하는 것은 그 사람을 존중하고 그들의 가치를 인정하는 진정한 배려의 방식이다.

이는 사람을 어떻게 대하는가에 대한 문화적 차이이기도 하다. 한 사람의 인권과 행복을 우선시하는 문화는 더 발전된 사회로 나아가는 중요한 요소라고 본다. 이런 배려는 단순한 형식적 예의를 넘어서, 인간의 존엄과 개성을 존중하는 사회적 성숙도를 보여 준다.

서양의 노동 환경은 직원들의 개인적 삶을 존중하는 정책을 중심으로 발전해 왔다. 유럽과 미국에서는 근무 시간, 휴식 시간, 육아휴직,

병가 등 개인의 권리를 법적으로 보장하며, 이는 직원 개개인의 삶의 질을 중요하게 여기는 문화에서 비롯된 것이다. 스웨덴의 육아휴직 제도는 그 대표적인 예로, 부모는 총 480일의 유급 휴가를 사용할 수 있고, 이 중 90일은 아버지가 반드시 사용해야 한다. 이 제도는 부모가 일과 가정의 균형을 맞출 수 있도록 돕고, 가족 모두의 행복을 우선시하는 문화를 반영한다. 반면, 한국과 일본 같은 국가에서는 출산 후 직장으로 복귀하는 데 어려움을 겪거나 경력 단절이 빈번하게 발생한다.

유럽에서는 휴가가 개인의 행복과 건강을 위해 매우 중요한 요소로 여겨진다. 예를 들어, 프랑스는 법적으로 최소 5주의 유급 휴가를 보장하고 있으며, 이를 모두 사용하는 것이 일반적이다. 스웨덴 또한 매년 최소 25일의 유급 휴가를 보장하며, 직원들이 휴가 중에는 업무와 완전히 분리되어 개인 시간을 보낼 수 있도록 장려한다. 이는 단순한 복지 차원을 넘어, 개인과 사회의 생산성을 높이는 중요한 요소로 여겨진다. 반면, 한국에서는 법적으로 15일의 유급 휴가가 보장되지만, 실제로 모든 휴가를 사용하는 사람은 드물다. 눈치를 보는 문화와 과도한 업무로 인해 많은 직장인이 휴가 중에도 업무 연락을 받거나 휴가를 반납하는 일이 흔하다.

또한, 유럽은 회사별 노동조합보다는 직업별 노동조합이 표준이다. 본래 취직은 특정 회사에 소속되는 것이 아니라, 특정 직무에 종사하는 것으로 이해되었다. 이와 같은 사고방식은 직업 안정성과 개인의 전문성에 초점을 맞추고 있으며, 이는 노동자의 권리 보호에 중요한 역할을 한다. 특히 노르웨이의 경우, 개인의 재산이 사생활 영역에 속하지 않으며, 이는 1863년부터 이어져 온 전통이다. 소득 차이가 크지 않은 사회적 구조 덕분에 가능한 것으로, 소득 분포의 평등성은 개인의 자부심과 사회적 안정에 기여하는 요소다.

네덜란드의 '지속 가능한 직업 정책'은 직원들의 직장 내 행복과 워라밸(Work-life balance)을 최우선으로 고려하는 대표적인 시스템이다. 이 정책은 개인의 직업적 만족도와 삶의 질을 동시에 높이는 것을 목표로 하며, 단순히 생산성을 위해 도입된 것이 아니다. 이는 사회적 성숙도를 높이고자 하는 사회적 책임의 일환이기도 하다.

서양과 동양의 차이는 제도의 차이뿐만 아니라 사람을 대하는 근본적인 방식에서 비롯된다. 유럽 사회는 개인의 행복과 건강을 사회적 자산으로 여기며, 내면의 만족과 재충전을 중요시하는 문화적 배경을 가지고 있다. 이를 통해 장기적인 성장을 추구하는 한편, 개인의 삶의 질이 사회 발전의 근본적인 기초라고 믿는다. 이와 달리, 한국을 비롯한 동양에서는 개인의 권리보다는 조직 내에서의 조화와 질서를 유지하는 것을 더 중시하며, 이를 위해 때로는 개인의 권리가 제한되기도 한다.

이는 한국의 과거 압축적인 경제 발전과 밀접한 관련이 있다. 경제 발전을 이루기 위해 개인의 희생과 성과가 강조되면서, 개인의 삶보다는 국가적 목표에 더 중점을 두었던 것이다. 이로 인해, 한국 사회는 일 중심의 사회로 구조화되었고, 이는 오늘날에도 많은 사람들의 삶에 큰 영향을 미치고 있다.

노동에 대한 차이는 고대 그리스와 기독교 철학에서 비롯된 관점 차이에서도 뚜렷하게 드러난다. 고대 그리스에서는 여가가 귀족 계층의 특권으로, 인간의 진정한 자유는 정신적 활동을 통해 성취된다고 믿었다. 여가는 진리 탐구와 지식의 발전을 위한 시간으로 여겨졌으며, 육체적 노동은 하위 계층에 속한 이들의 몫으로 간주되었다. 노동은 자유와 자율성을 제한하는 것으로 여겨져, 그리스 철학에서는 노동을 하찮은 일로 바라보았다.

반면, 기독교 철학에서는 노동을 신성한 의무로 보았다. 기독교는 인간이 노동을 통해 자신의 존재를 완성시키고, 신의 뜻을 실현할 수 있다고 여겼다. 이는 노동이 단순한 경제 활동을 넘어, 자기 발전과 신앙의 실천 수단이라는 기독교적 신념에서 비롯된 것이다. 이러한 사상은 서구 사회에서 노동의 가치를 높였고, 노동을 통해 인간이 구원을 얻을 수 있다는 믿음은 서양의 문화와 사회 구조에 깊은 영향을 미쳤다.

기독교에서 노동을 신성하게 여기는 태도는 산업화를 촉진했고, 노동의 경제적 가치는 새롭게 평가되었다. 영국은 이 변화의 선두에 서서, 가장 먼저 노예제도를 폐지한 국가가 되었는데, 이는 윤리적 이유보다는 산업화로 인해 인간 노동이 기계로 대체될 수 있다는 경제적 판단에 의한 것이었다. 휘발유 1갤런이 400시간의 인력 가치를 대체할 수 있다는 사실은 인간의 노동력이 기계에 의해 효율적으로 대체된다는 상징적인 사례다.

이러한 변화의 과정에서 대량 생산 체계를 도입한 중요한 개념 중 하나가 바로 컨베이어 벨트 시스템이다. 이를 자동차 산업에 혁신적으로 적용한 인물은 헨리 포드였다. 그러나 아이러니하게도, 그는 1926년에 주 5일제를 도입했다. 포드는 근로자들이 여가 시간을 즐기며 더 많은 자동차를 구매할 수 있기를 기대했고, 여가의 증대가 결국 그의 자동차 판매를 촉진할 것이라고 보았다. 이는 근로자들에게 여가 시간을 제공하는 것이 단순한 휴식을 넘어서 경제적 순환을 촉진할 수 있다는 그의 신념을 보여 준다.

또한 경제학자 케인스는 1930년대에 2030년이 되면 평균 노동 시간이 주당 15시간으로 줄어들 것이라고 예측했다. 그는 기술 발전과 경제 성장이 인간의 노동 시간을 줄이고 여가를 늘려 줄 것이라고 믿었다. 하지만 그의 예측과는 달리, 자본주의 사회는 점점 더 많은 노동을 요구하고 있다. 기술이 발전할수록 우리는 더 많은 편리함을 누리지만, 동시에 새로운 형태의 노동에 대한 요구도 끊임없이 생겨나고 있다.

결국, 고대 그리스의 여가와 기독교의 노동에 대한 관점 차이는 오늘날까지 이어지며, 한국과 유럽의 노동 문화 차이를 설명하는 중요한 철학적 배경이 된다. 노동의 의미와 가치는 시대적, 철학적, 문화적 배경에 따라 다르게 해석되며, 이는 우리가 노동과 여가를 대하는 방식에 큰 영향을 미쳤다.

'노동'이라는 개념은 우리가 시간에 대한 관념을 초월하지 않는 한, 근본적인 변화를 이루기 어려울 것이다. 현재의 노동 시스템은 생산물을 시간 단위로 평가하며, 임금을 시간에 비례하여 책정하는 방식으로 작동하고 있다. 이 시스템은 사람의 가치를 시간에 따라 환산하는 경향을 강화하고 있으며, 인간의 가치를 오로지 노동 시간으로만 측정하는 문제를 심화시키고 있다.

이러한 시간 중심의 노동 관념은 인간의 창의성이나 성취도를 충분히 반영하지 못하고, 단순히 시간의 양에 집중함으로써 노동의 본질을 왜곡하는 결과를 낳는다. 완전한 변화를 이루기 위해서는 노동을 시간의 단위로 평가하는 대신, 그 본질적인 가치를 바라보는 새로운 시스템이 필요할 것이다. 노동은 단순히 시간의 소비가 아니라, 창조와 성취를 통한 삶의 의미를 찾는 과정임을 인식하는 것이 중요하다.

역사적으로 문명의 발전과 위대한 예술, 과학적 혁신은 여가를 누릴 수 있었던 계층에서 비롯된 경우가 많았다. 고대 그리스의 철학자들부터 르네상스 시대의 예술가들, 현대의 혁신가들에 이르기까지, 이들은 육체적 노동에 얽매이지 않고 자유로운 시간을 활용하여 창의성을 발휘했다. 그들의 삶은 시급이나 생산량으로 평가되는 것이 아니라, 자유롭고 깊이 있는 성찰과 창조적 활동을 통해 가치를 이루었다. 이러한 면에서 노동의 의미를 다시 한번 재고하고, 인간의 가치를 생산성 대신 창조성에서 찾는 것이 필요하다.

헤겔과 마르크스는 노동을 인간의 본성으로 보았다. 인간은 노동을 통해 세계와 상호 작용하고, 이 과정에서 자유와 성취감을 느낀다. 그러나 그들은 또한 노동이 소외를 초래할 수 있다는 점을 강조했다. 인간이 노동을 통해 생산한 결과물이 자본주의 구조 속에서 단순히 상품으로 환원될 때, 인간은 자신의 노력이 더 이상 자율적 창조물이 아닌 자본과 산업의 일부로 전락하는 소외를 경험하게 된다. 이 과정에서 노동자는 자신이 갈아 넣은 노동력이 결국 자신과 분리된 타자로 존재하게 되는 모순을 느끼게 되며, 이는 더 큰 불안과 분리감을 유발한다.

칸트가 '계몽'을 스스로 초래한 미성숙에서 벗어나는 것이라고 정의한 것처럼, 우리는 많은 경우 편견과 기존의 구조에 기대어 사고하지 않는 삶을 살아가고 있다. 이는 단지 관습이나 규칙을 따르는 것에 불과하며, 스스로 성찰하고 비판적으로 사고할 때만이 진정한 혁신이 가능하다. 이러한 성찰적 판단은 자유로운 사고와 상상력의 발현을 가능하게 하고, 우리가 새롭게 길을 모색할 수 있는 힘을 제공한다.

우리는 인간이란 뭔가 의미 있는 일을 하고 싶어 하는 본성을 지닌 존재임을 인식해야 한다. 인간은 단순히 경제적 가치로 환원되는 존재가 아니라, 의미와 연대, 창조적인 자기표현을 통해 진정한 자유를 경험할 수 있는 존재다. 이러한 가치들은 인간의 본질적인 욕구이며, 이를 무시하고 단순히 더 많은 일을 하거나 경제적 성공을 추구하는 것은 인간의 본질적인 삶을 왜곡하는 일이다.

하지만 현대 사회는 끊임없이 성과와 성공을 요구하는 자본주의 체계 속에서 사람들을 과거에 대한 후회나 미래에 대한 불안 속에서 살아가게 만들었다. 그 결과 현재를 충실히 살아가는 능력을 상실하게 했고, 이런 집착은 결국 더 많은 일을 하도록 강요했으며, 그 과정에서 창의성과 자유는 억제되었다. 결국 사람들은 외적인 성공과 자산 축적만을 추구하며, 자신의 내면을 돌아볼 기회조차 가지지 못한 채 삶을 소모하게 되는 것이다. 우리는 행복하기 위해 일하지만, 일하기 때문에 행복하지 않다.

소설 《라셀라스》는 인간의 행복에 대한 깊은 성찰을 다룬 작품으로, 라셀라스 왕자가 '행복의 골짜기'라는 풍요로운 환경에서 지루함과 회의를 느끼고, 진정한 행복을 찾기 위해 떠나는 여정을 그린다. 왕자는 학자, 시인, 은자, 철학자 등 다양한 인물들을 만나며 각자 나름의 행복을 추구하지만, 그들은 모두 결국 불만족스러운 삶을 살아가고 있음을 발견한다. 이 과정에서 왕자는 권력, 부, 명예, 학식, 자유, 결혼, 수도 생활 등 그 어떤 것도 행복의 절대적인 조건이 아니라는 것을 인식하게 된다.

K행복 NO행복

라셀라스가 만난 학자나 천문학자는 지식의 성취에도 불구하고 후회와 불안을 느끼고, 은자는 고독 속에서 평안을 찾지 못한 채 세상으로 돌아가고 싶어 한다. 이렇듯 행복을 위한 다양한 조건들이 본질적으로는 모두 한계를 지닌다는 점이 드러난다. 결국 왕자는 진정한 행복이란 외부의 조건이나 성취에 있지 않고, 내면에서 찾아야 한다는 결론에 도달한다.

이 작품이 전달하는 중요한 통찰은, 인간이 끊임없이 과거에 대한 후회와 미래에 대한 기대에 사로잡혀 현재를 놓치며 살아간다는 점이다. 라셀라스 왕자가 결국 깨닫는 것은, 우리가 흔히 생각하는 행복이 외부나 소유에서 오는 것이 아니라, 우리 자신 안에 이미 존재한다는 것이다. 그는 골짜기 밖에서 행복을 찾으려 하지만, 결국 그 행복은 처음부터 그가 있었던 '행복의 골짜기' 안, 즉 그의 내면에 있었던 것이다.

이러한 관점은 불교 철학과도 연결된다. 불교에서는 외부 세계를 '마야'라고 부르며, 그것이 일종의 환상에 불과하다고 본다. 불교의 관점에서, 우리가 현실이라고 믿는 외부 세계는 사실 우리의 감각과 인식이 만들어 낸 일시적인 현상일 뿐이며, 진짜 현실에 가까운 것은 우리의 내면이다. 즉, 우리는 외부 세계라는 환상에 현혹되어, 내면의 본질을 잃어 가며 진정한 삶의 본질에서 멀어지고 있는 것이다.

라셀라스의 여정은 진정한 행복과 의미는 외부 조건에 의해서가 아니라, 내면을 깊이 들여다보고 이를 통해 현실을 바라볼 때 비로소 얻을 수 있다는 깨달음을 준다.

28화

한국인의 어려운 연애, 그 가능성을 찾다

한국인의 연애 부재 현상은 여러 가지 기술적, 사회적, 문화적, 경제적 요인이 복합적으로 작용한 결과다. SNS 위주의 소통, 관계주의 문화, 경제적 불안정, 금전만능주의, 과도한 업무 스트레스 등은 젊은 세대에게 연애와 결혼, 출산이라는 일련의 과정이 무겁고 부담스럽게 느껴지게 만든다. 또한, 연애를 하는 데도 많은 에너지를 소모해야 하는데, 많은 젊은이들은 그 에너지를 감당할 여유가 없다고 느끼는 경우가 많다. 연애보다는 자기계발과 직장 내 생존에 집중하려는 경향이 강해지면서, 자연스럽게 연애를 멀리하게 된다.

이런 상황에서 젊은 세대 사이에서는 정식 연애보다는 '썸'을 즐기는 경향이 강해지고 있다. 연애 자체가 큰 부담으로 다가오는 시대에서, 썸은 일종의 가벼운 대안이자, 복잡한 책임감을 회피할 수 있는 방법으로 자리 잡고 있다.

한국의 '썸' 문화는 명확한 연애 관계 이전의 단계로, 상호 호감은 있지만 관계가 확정되지 않은 상태를 나타낸다. 이 개념은 2014년 소유와 정기고의 노래 〈썸〉을 통해 대중적으로 확산되었으며, 현대 한국인의 연애에 대한 새로운 접근 방식을 보여 준다. 연애를 서두르기보다는 애매한 감정 상태를 즐기고 커플로서의 책임과 부담을 덜고자 하는 경향이 강해진 것이다. 이는 개인주의적 성향이 확산되면서 연애를 가볍고 유동적으로 대하는 방식으로 발전하였다.

'썸'을 유지하려는 이유 중 하나는 연애가 시작되면 주변 사람들의 시선과 평가를 받는 것에 부담을 느끼기 때문이다. 또한, 연애가 끝났을 때 감정적으로 남남이 되기를 피하고자 하는 심리도 작용한다. 더 나아가 연애에는 순수한 감정 외에도 사회적 기준과 조건들이 복합적으로 얽혀 있어, 이러한 요소들이 '썸' 문화를 더욱 강화시키고 있다.

한국 연애 문화에서 '밀당'은 감정적 긴장감을 유지하며 상대의 관심을 끌기 위한 중요한 전략으로 작용한다. 특히 썸 단계에서 여성들이 이를 주로 사용하는 이유는 자신을 쉽게 보이지 않으려 하거나, 상대의 관심이 오래 지속되도록 하기 위함이다. 밀당은 남성의 눈치와 센스가 요구되는 과정으로, 연애의 설렘과 긴장감을 극대화하는 역할을 한다.

그러나 나이가 들수록 이러한 복잡한 감정적 게임은 피로감을 유발하며, 진솔하고 안정적인 관계를 원하는 이들에게는 오히려 방해가 된다. 복잡한 연애 전략보다는 상호 신뢰와 진심을 주고받는 관계를 더 원하게 되면서, 썸과 밀당의 방식이 점점 부담스럽게 느껴지게 된다.

썸과 밀당 같은 문제 말고도 한국인의 연애가 어려워지는 이유 중에는 외모지상주의와 경제력에 대한 과도한 사회적 기대가 있다. 전통적으로 남성은 재력, 여성은 외모를 중시하는 인식이 존재했지만, 이제는 남성도 외모를 갖춰야 한다는 압박이 더해졌다. 이러한 경향은 남성과 여성 모두에게 부담을 주며, 연애 자체를 복잡하고 부담스러운 일로 만들고 있다.

이상형에 대해 이야기할 때 외모와 경제력을 가장 먼저 떠올리는 한국 사회의 현실은, 미디어에서 자주 등장하는 잘생긴 재벌 2세 캐릭터를 이상화하면서 더욱 심화되고 있다. 이는 연애에 대한 기대치를 비현실적으로 높이고, 상대적으로 자신의 가치를 낮게 평가하게 만들어, 많은 사람들이 연애를 시작하는 것 자체를 망설이게 만든다.

결과적으로, 이러한 외모와 경제력에 대한 과도한 기대는 연애뿐만 아니라 결혼과 출산을 미루거나 포기하게 만드는 중요한 요인으로 작용하고 있다. 이는 한국 사회가 직면한 저출산 문제와도 연결되며, 구조적인 변화의 필요성을 시사하고 있다.

사실, 내가 기획했던 남녀 커플 매칭 모임은 경제적 부담과 사회적 압박 속에서도 사람들 간의 자연스러운 만남을 촉진하려는 일종의 시도였다. 이 경험을 통해 한국 남녀들이 더 쉽게 만나고, 편안하게 연애를 시작할 수 있는 앱의 필요성을 절실히 느끼게 되었다.

커플 매칭이나 소개팅 앱의 가장 큰 문제는 남녀 회원 수의 불균형과, 기존 앱들이 AI 기술에만 의존해 사람의 복잡한 감정과 직관을 제대로 반영하지 못한다는 것에 있다. 특히, 여성들의 복잡한 연애 심리를 충분히 반영하지 못하는 기술 기반 시스템의 한계는 이 문제를 더욱 심화시킨다. 이러한 본질적인 문제에도 불구하고 대부분의 앱들은 수익을 최우선으로 하며, 진정한 매칭 경험을 제공하는 데 한계가 있었다.

이를 해결하기 위해, 나는 경제적이면서도 자연스럽고 재미있는 만남을 추구하는 새로운 접근 방식을 구상했다. AI 알고리즘만이 아닌, 사람의 직관과 감정을 결합한 매칭 시스템을 도입해 사용자들이 더 애착을 느끼고, 지속적으로 참여할 수 있는 환경을 만들고자 했다. 중요한 것은 단순한 매칭이 아닌, 플랫폼과 사용자 간의 상호 협력적 관계를 구축하는 것이었다. 이러한 구조에서는 사용자들이 더 나은 매칭 경험을 제공받고, 플랫폼은 장기적인 성장을 이룰 수 있는 윈윈 전략을 실현할 수 있다.

기존 데이팅 앱의 구조적 한계는 커플이 매칭된 후에는 플랫폼의 유용성이 급격히 줄어든다는 데 있다. 사용자들은 일단 연애에 성공하면 더 이상 서비스를 사용할 필요가 없고, 이는 플랫폼의 지속적인 성장을 방해하는 요인이 된다. 일부 앱들은 이를 해결하기 위해 매칭이 쉽게 이루어지지 않도록 설계하여 사용자들이 계속해서 앱을 이용하게 만드는 전략을 쓰기도 한다. 그러나 이러한 방식은 오히려 사용자의 신뢰를 떨어뜨리고, 플랫폼의 진정성을 훼손시킨다.

내가 생각한 대안은 커플이 매칭된 이후에도 지속적으로 플랫폼을 사용할 수 있는 방법을 도입하는 것이다. 연애의 시작뿐만 아니라, 관계를 발전시키고 유지하는 과정에서 유용한 기능을 제공하는 플랫폼을 구축하는 것이다. 내가 구상한 플랫폼의 핵심 목표는 일반 사용자, 커플 매칭에 성공한 사용자, 그리고 플랫폼이 삼자 조화를 이루어 모두가 윈윈할 수 있는 생태계를 만드는 것이었다. 유튜브의 생태계처럼 플랫폼, 제작자, 사용자 모두가 이익을 얻는 구조를 연애 플랫폼에 적용하면, 커플이 된 사용자도 플랫폼을 지속적으로 사용할 이유가 생긴다.

그리고 나는 결혼 정보 회사의 매칭 시스템이 가장 높은 성공률을 보인다는 점도 주목했다. 이 매칭 시스템이 높은 성공률을 보이는 것은 매칭 전문가들이 축적된 경험과 데이터를 바탕으로 개인 맞춤형 추천을 제공하기 때문이다. 하지만 이 방식은 비용이 높아 대중적으로 접근하기 어렵다는 단점이 있었다. 이러한 문제를 해결하기 위해, 나는 이 매칭 시스템을 앱 기반으로 전환하여 비용을 낮추고, 더 많은 사람들이 쉽게 접근할 수 있는 방안을 고민했다.

내가 생각한 해결책은 결혼 정보 시스템의 매칭 방식을 차용하되, 매칭 전문가가 아닌 매칭에 성공한 사용자들이 매칭 매니저로 활동하는 구조다. 이들은 매칭을 성사시킬 때마다 일정 비용을 받고, 성공할 경우 추가 인센티브를 받는 방식을 통해 동기 부여를 받는다. 이 방식은 매칭 매니저들이 단순한 서비스 제공자가 아니라, 플랫폼 생태계의 일원으로 중요한 역할을 하도록 한다.

여기서 중요한 포인트는 매니저와 AI가 협력하는 구조다. 매칭 매니저들은 매칭을 성사시키면서 데이터를 축적해 점차 더 뛰어난 전문가로 성장하고, AI는 이 데이터를 학습하여 점점 더 매칭 확률을 높일 수 있는 정확한 데이터를 매니저한테 공유해 준다. 이러한 상호 보완적인 관계를 통해 매칭 성공률은 점점 높아지고, 매니저의 수익도 자연스럽게 증가하는 시스템을 구축할 수 있다.

이 구조는 개인의 경험과 데이터 기반의 기술이 상호 보완적으로 작용하며, 플랫폼의 지속 가능성을 강화하고 사용자들에게 더 나은 매칭 경험을 제공하는 경제적이고 새로운 해결책이 될 수 있다.

K행복 NO행복

또한, 매칭된 커플들을 위한 특별한 데이트 미션을 제공하는 방식도 추가할 수 있다. 예를 들어, 커플이 특정 미션을 수행하고 성공하면 보상을 받고, 실패할 경우 소정의 수수료를 지불하게 되는 시스템을 도입할 수 있다. 이 미션은 단순히 데이트를 장려하는 것을 넘어서, 커플이 함께 협력하며 관계를 발전시키고, 플랫폼에 대한 지속적인 참여를 유도하는 중요한 기능을 하게 된다.

플랫폼은 이러한 미션들을 지원하기 위해 다양한 비즈니스 파트너들과 협력할 수 있다. 예를 들어, 식당, 호텔, 여행지 등과의 협력을 통해 협찬과 광고 수익을 창출하고, 이를 바탕으로 플랫폼은 더욱 다양한 데이트 옵션을 사용자들에게 제공할 수 있다. 이를 통해 커플은 더 풍부한 데이트 경험을 쌓고, 플랫폼은 지속적인 수익 창출과 사용자 만족도를 동시에 높이는 효과를 거둘 수 있다.

이 아이디어는 단순히 매칭 서비스에서 끝나는 것이 아니라, 커플이 된 이후에도 플랫폼과 커뮤니티를 통해 지속적으로 관계를 발전시킬 수 있는 기회를 제공하는 데 중점을 두고 있다. 이를 통해 커플 커뮤니티와 생태계를 구축하고, 사용자들이 플랫폼에 대한 애착을 유지하며 오랜 기간 사용할 수 있도록 유도하는 것이 목표다.

하지만 이 아이디어를 실제로 구현하고 구체화하는 과정에는 여러 현실적인 절차와 해결해야 할 과제가 수반된다. 예를 들어, 다양한 파트너들과의 협력, 사용자 경험을 만족시키기 위한 서비스의 품질 관리, 매칭된 커플이 플랫폼에서 지속적으로 활동할 수 있도록 하는 기능 등이 모두 중요한 과제다. 특히, 커플들이 자연스럽게 플랫폼에 머무를 수 있는 생태계를 구축하려면 사용자 참여를 유도할 수 있는 다양한 서비스와 이벤트가 필요하며, 이러한 과정에서 비용과 시간 관리도 중요한 문제로 떠오를 것이다.

따라서 이 아이디어를 실현하기 위해서는 철저한 기획과 다양한 요소를 고려한 전략이 필수적이며, 플랫폼의 지속 가능한 운영 모델을 만들어 나가는 것이 성공의 열쇠가 될 것이다.

그동안 여러 플랫폼 아이디어를 바탕으로 확장을 시도하려 했지만, 실제로 이를 실행하지 못한 이유는 혼자서 모든 것을 감당할 수 없었기 때문이다. 또한, 돈을 목적으로 하지 않고, 사회적 문제를 해결하고자 하는 사람과 협력하지 못한 것도 큰 장애물이었다. 만약 이런 비전과 철학을 함께 공유할 수 있는 사람을 만난다면, 언제라도 실행에 옮길 수 있을 것이다. (물론, 내가 가장 중요하게 생각하는 문제는 환경 문제다. 이 책을 쓰는 것도 그 일환이며, 환경 문제에 대해서는 나중에 더 구체적으로 이야기하겠다.)

어쩌면 한국인이 연애를 어렵게 느끼는 이유는 상대방에게서 무언가를 받고자 하는 기대가 지나치게 크기 때문일지 모른다. 그러나 사랑의 본질은 '받는 것'이 아니라 '주는 것'에서 시작된다. 이는 단순히 희생을 의미하는 것이 아니라, 상대방의 개성과 자유를 존중하며 그들의 성장을 지지하고 돕는 과정인 것이다.

사랑은 타인과 깊이 연결되는 과정이며, 그 과정에서 우리는 내면의 성장을 이룬다. 에리히 프롬이 말한 것처럼, 사랑은 성숙한 인격의 발현이며 기술이다. 이 기술은 배려, 존경, 책임, 지식이라는 네 가지 요소를 포함한다.

배려는 상대방의 필요와 감정에 깊이 공감하며, 그들의 삶에 진정한 관심을 기울이는 것을 의미한다. 이 배려는 단순한 물질적 지원을 넘어서, 상대방의 내면적 성장을 지지하는 것이다.

존경은 상대방의 독립적 존재로서의 가치를 인정하고, 그들의 자유와 개성을 존중하는 것을 말한다. 이는 사랑이 단순히 소유하거나 통제하는 것이 아니라, 상대방이 그들 자신의 길을 자유롭게 걸어갈 수 있도록 돕는 행위임을 시사한다.

책임은 사랑하는 사람의 감정과 필요에 민감하게 반응하며, 그들이 성장하고 행복해질 수 있도록 지속적으로 지원하는 것이다. 이는 상대방에게 의무감을 부여하는 것이 아니라, 자연스럽게 타인의 삶에 책임을 느끼고 그들의 삶에 기여하는 과정이다.

마지막으로, 지식은 상대방을 깊이 이해하고 그들이 진정으로 원하는 것과 필요한 것을 아는 능력이다. 상대방을 진정으로 알기 위해서는 지속적인 대화와 깊이 있는 교감이 필수적이며, 이를 통해 사랑은 더욱 성숙해진다. 이 네 가지 요소가 조화를 이룰 때, 진정한 사랑은 상대방과의 성숙한 관계를 바탕으로 서로의 성장을 촉진할 수 있다.

하지만 현대 사회, 특히 한국 사회에서는 사랑이 종종 외적 성취나 소유로 변질된다. 사람들은 진정한 관계보다는 성공과 물질적 가치를 중시하며, 이러한 가치관은 사랑의 깊이를 얕게 만든다. 소유와 지배의 개념은 관계를 왜곡시키고, 진정한 사랑의 발현을 방해한다.

프롬의 이론에 따르면, 사랑은 단순한 감정이 아닌, 끊임없이 배우고 연습해야 하는 기술이다. 이는 사랑이 우리의 존재와 정체성을 확인하는 중요한 통로라는 점에서 그 의미가 깊다. 니체 또한 진정한 사랑은 상대방의 자유와 독립성을 존중하면서 서로의 성장을 돕는 관계라고 보았다.

니체의 철학에서 사랑은 상호 존중과 신뢰를 기반으로 하며, 그 관계 속에서 두 사람은 서로를 지배하려 하지 않고, 오히려 서로의 개성을 지켜 주면서도 함께 성장할 수 있어야 한다. 진정한 사랑은 자신을 열고, 상대방을 있는 그대로 받아들이는 용기를 필요로 한다. 니체의 사랑에 대한 언급은 그가 사랑을 존재의 고양과 연결하고, 상호 자유 속에서 서로의 자아를 발전시키는 관계로 보았다는 점에서, 프롬의 사랑에 대한 이론과도 연결된다.

프랑스 낭만주의의 대표 작가인 빅토르 위고는 "세상에서 가장 행복한 것은 사랑하고 그 사랑을 고백하는 것이다"라고 말하며, 사랑과 행복이 인간 삶에서 얼마나 중요한지를 강조했다. 사랑은 단순한 감정이 아니라, 인간이 세상과 연결되기 위한 필수적인 다리이며, 그로 인해 진정한 행복을 경험하게 되는 중요한 요소다. 사랑이 없는 행복은 고립된 감정일 수 있지만, 사랑이 있는 행복은 타인과의 관계 속에서 꽃피우는 충만한 감정이다.

결국, 인간이 직면하는 고독과 실존적 고뇌에 대한 가장 깊고 만족스러운 대답은 사랑을 통해 이루어지는 연결과 연대 속에서 찾을 수 있다. 이 광활한 우주에서 인간의 실존적 문제에 대해 만족스러운 대답을 줄 수 있는 것은 오직 사랑뿐이다.

29화

소설 속 SGA의 환경 전략

내가 다루고 싶은 마지막 주제는 환경 문제다. 소설 형식을 통해 이 문제를 이야기하고자 한다. 현재 인류가 직면한 가장 시급하고 심각한 문제를 떠올려 보면, 환경 문제보다 더 중요한 이슈는 없다고 느낀다. 그래서 몇 년 전부터 이 문제를 해결할 방법을 고민해 왔으며, 2024년 여름, 이러한 생각들을 바탕으로 소설을 집필하기 시작했다.

소설의 주인공 리진은 《DI BOOK》이라는 미래에서 온 신비로운 책을 통해 제한된 미래를 예측할 수 있는 능력을 얻게 된다. 'DI'는 꿈과 인공지능의 약자로, 이 책을 통해 리진은 환경 파괴로 인한 지구의 멸망을 막기 위한 사명을 갖게 된다. 리진은 이를 위해 세계적으로 인기 있는 게임 〈절멸〉과 전 세계 유명인들이 소속된 플랫폼 SGA를 설립한다.

이 소설은 아직 완성되지 않았지만, 후반부에서는 젊은 나이에 수천억 자산가가 된 리진이 핀란드로 여행을 떠나, 그곳에서 중고 문화와 환경 보호에 대한 새로운 영감을 얻고 SGA를 설립하게 된 과정을 다룬다. 나는 이 소설을 통해, 게임과 대중문화, 특히 연예인들의 영향력을 활용하여 사람들이 환경 문제에 더 쉽게 접근하고, 공감하며 실질적인 행동을 이끌어 내기를 바랐다.

1.

리진은 핀란드를 여행하면서 중고 문화를 체험하며 지속 가능한 소비와 자원 재활용에 대해 배운다. 그는 핀란드의 중고 문화를 한국에서도 확산시키기 위한 아이디어를 얻게 된다. 그 경험을 바탕으로 리진은 한국의 중고품 플랫폼인 '중고세상'을 인수하고, 이후 기부 플랫폼 '해피팡'(네이버의 해피빈을 참고)을 설립하지만 큰 성공을 거두지는 못한다. 하지만 리진은 이런 경험을 통해 더 나은 플랫폼을 구상하게 되며, SGA를 설립하게 된다.

2.

2016년 기준으로 하위 90% 연예인의 평균 연 수입은 배우 620만 원, 가수 870만 원, 모델 270만 원에 불과했다. 이러한 상황에서 SGA는 연예인들에게 중고품 경매와 일반 판매를 통해 부가 수익을 창출할 기회를 제공했다.

SGA는 연예인과 팬들 간의 유대감을 강화하고 환경 보호를 실천하는 혁신적인 플랫폼이다. 리진은 SGA를 만들면서 네 가지 주요 계획을 세웠다.

첫째, 연예인과 팬 간의 강력한 유대감을 형성하고자 했다. 팬들이 경매를 통해 연예인의 애장품을 소유함으로써 더 깊은 유대감을 느낄 수 있도록 하였고, 이를 통해 팬들에게 특별한 경험을 제공하며 연예인과 팬의 관계를 강화하는 것을 목표로 했다.

둘째, 연예인이 환경 보호를 위해 자율적으로 경매 수익의 10%에서 최대 70%까지 기부할 수 있도록 하되, 기부금액을 비밀에 부칠 수 있는 시스템을 도입하고자 했다. 이 시스템 덕분에 연예인들은 소액이라도 부담 없이 기부할 수 있지만, 기부를 전혀 하지 않거나 전액 기부하는 것은 불가능하다. 이를 통해 모든 연예인이 기부와 수익 활동을 동시에 할 수 있는 구조를 만들고자 했다.

셋째, 많은 연예인들이 SGA에 자연스럽게 참여할 수밖에 없는 구조를 만들고자 했다. 다수의 연예인이 SGA에 참여할 경우, 참여하지 않는 연예인은 기부에 소극적인 사람으로 고립되거나 비판받을 가능성이 커지기 때문에, 연예인들이 자발적으로 SGA에 동참하도록 유도하는 환경을 조성하고자 했다. 이를 통해 SGA는 연예인들의 참여를 점점 더 확산시키는 방식으로 기부 문화를 촉진하려는 의도를 담고 있다.

넷째, SGA는 연예인과 팬, 그리고 환경 보호라는 세 가지 요소를 성공적으로 결합한 플랫폼을 만들고자 했다. 연예인은 기획사의 개입 없이 팬들이 참여하는 경매를 통해 직장인 수준의 수익을 창출할 수 있다. 팬은 자신이 좋아하는 연예인의 즐겨 입는 옷이나 애장품을 소유함으로써 더 큰 만족감을 느낄 수 있으며, 동시에 팬과 연예인은 의미 있는 기부를 함께한다는 유대감을 형성할 수 있다. 이를 통해 SGA는 환경 보호와 함께 긍정적인 사회적 가치를 창출하는 동시에, 연예인과 팬 간의 연결을 강화하는 구조를 구축하고자 했다.

SGA는 모든 연예인을 하나의 플랫폼에서 활동하게 하여, 유튜브와는 다른 방식으로 연예인과 팬들 간의 소통을 강화했다. 이 플랫폼의 가장 큰 특징 중 하나는 광고비가 거의 들지 않는다는 점이었다. 연예인들이 수익과 기부를 동시에 실현하기 위해 자발적으로 플랫폼을 홍보하며, 팬들은 자연스럽게 그 홍보에 관심을 가지게 된다. 이로 인해 매우 효과적이고 효율적인 홍보 방식이 만들어졌다.

리진은 JYY 엔터테인먼트와의 협력을 통해 SGA의 성공적인 출발을 알리며, 연예인 애장품 경매와 판매 플랫폼을 구체화했다. JYY는 친환경 이미지와 충성도 높은 팬을 보유한 엔터테인먼트 회사로, 리진은 이를 활용해 SGA의 빠른 성장을 도모했다.

SGA는 단순한 경매 플랫폼을 넘어서, 유명인과 연예인, 셀럽들의 중고품을 판매할 수 있는 중고 플랫폼 역할도 수행했다. 플랫폼 내에는 모든 유명인의 온라인 숍이 마련되어, 이들이 자유롭게 자신의 애장품을 판매하거나 경매에 부칠 수 있었다. 특히, JYY 엔터테인먼트 전용 '연애숍'(연예인 애장품 가게)은 큰 주목을 받았으며, 5월 5일 어린이날에는 JYY 소속 전체 연예인의 애장품이 공개될 예정이라는 배너가 걸려 있었다.

박진용의 지원과 JYY 소속 아티스트들의 참여 덕분에 SGA는 첫 경매에서 큰 성공을 거두었고, 하루 동안 수십억 원의 기부금이 모였다. 팬들은 자신이 좋아하는 연예인의 애장품을 소유하며 깊은 유대감을 형성했고, 연예인들은 사회적 책임을 다하는 이미지를 강화했다.

SGA는 단순한 경매 플랫폼을 넘어 리사이클링 패션 문화를 주도하고, 이를 글로벌 명품 브랜드로 확산시키기 위한 계획도 세웠다. 그러나 리진은 플랫폼이 일부 인기 연예인들에만 의존할 경우 지속 가능성에 위협을 받을 수 있음을 인식하고, 다음 단계의 준비에 돌입한다.

3.

리진은 SGA의 확장을 위해 새로운 프로젝트인 스타그린펀딩(SGF)을 기획했다. 그는 스레들리스(Threadless)가 디자이너에게 창작의 기회를 제공하고, 고객이 직접 참여해 제품을 선택하는 과정에서 얻는 만족감에 주목했다. 이에 영감을 받아, 스타그린펀딩은 SGA에 소속된 연예인이 유망 패션 디자이너와 협력해 리사이클링 패션 아이템을 펀딩을 통해 판매하거나 자체 브랜드를 론칭하는 방식으로 운영된다. 이 과정에서 팬들의 피드백이 상품 제작에 반영되어, 팬과 연예인 간의 소통이 더욱 강화된다.

SGF에 참여한 연예인들은 환경 보호에 대한 공헌도에 따라 네 가지 등급으로 나뉜다:

1) 그린 스타터: 신인 디자이너와 협력하여 리사이클링 패션과 패션 아이템을 제작하고 펀딩.
2) 에코 챔피언: 유명 디자이너와 협력해 한정판 친환경 패션과 패션 아이템을 펀딩.
3) 어스 가디언: SGA의 일부 지원을 받아 연예인이 직접 친환경 패션 브랜드를 론칭.
4) 그린 스타: SGA의 전폭적인 지원을 통해 친환경 명품 패션 브랜드로 성장.

이 프로젝트는 연예인들에게 기획사에 의존하지 않고 경제적 독립을 이루는 동시에, 환경 보호에 기여할 수 있는 기회를 제공한다. 연예인들은 팬들의 피드백을 반영한 창의적인 아이템을 만들어 내며, 이를 통해 팬들과의 유대감이 더욱 강화된다. 또한, 수익과 기부금은 자율적이고 비밀리에 기부되기 때문에, 연예인들은 부담 없이 사회적 책임을 다할 수 있게 된다.

SGF는 연예인들이 기획사에 덜 의존하고, 스스로 브랜드를 홍보하며 SGA를 통해 패션 사업에서 독립할 수 있는 기회를 제공하는 것을 목표로 했다. SGA는 환경 보호 기여도가 높은 연예인에게 네 단계 등급을 부여하며, 일정 등급에 도달한 연예인에게 유통, 생산, 마케팅 등 다양한 지원을 제공했다. 이를 통해 지속 가능한 패션 문화를 확산시키고자 했다.

JYY는 SGA의 잠재력을 빠르게 인식하고 협력했지만, 다른 대형 기획사들은 연예인의 독립성 강화로 인해 기획사의 통제력이 약화될 수 있다는 우려를 표하며 신중한 태도를 보였다. 그러나 SGA의 성장 가능성을 무시할 수 없었기에, 각 기획사는 SGA와 협력할 방안을 모색하기 시작했다.

첫 번째 SGF 프로젝트는 대성공을 거두었고, SGF는 지속 가능한 패션과 환경 보호를 위한 중요한 플랫폼으로 자리 잡았다. SGA는 이 프로젝트를 통해 연예인들의 창의적 자유와 경제적 독립을 지원하며, 전 세계적으로 지속 가능한 친환경 패션 문화를 확산시키는 목표를 향해 나아가고 있다.

4.

기획사와 개인 SGA를 이용하는 연예인들 간의 갈등이 깊어지자, 리진은 세계적인 가상 현실 게임 〈절멸〉을 활용한 '그린 콘서트'라는 해결책을 제시한다. 〈절멸〉은 11억 명의 유저를 보유한 인기 가상 현실 게임으로, 현재 세계와 황폐화된 미래 세계로 나뉘어 있다. 유저들이 현실 세계에서 나무 심기, 플라스틱 쓰레기 줄이기 등 환경 보호 활동을 하면, 미래 세계에 직접적인 영향을 미쳐 멸망 시간이 연기되고, 새로운 미션이나 레어 아이템을 얻을 수 있는 기회가 제공된다.

유저들은 게임 내에서 미션을 수행하며 '에코 크레딧'이라는 게임 통화를 획득하고, 일정 조건 충족 시 이를 현실 세계의 통화로 전환해 실질적인 수익을 창출할 수 있다. 〈절멸〉은 유튜브와 트위치에서 크리에이터들이 게임 플레이와 공략, 환경 보호 콘텐츠를 제작하며 막대한 수익을 올리는 등 열렬한 팬층을 형성했다.

또한, 〈절멸〉은 아이템 제작자, 환경 보호 활동가, 미션 디자이너 등 다양한 직업을 창출하며, Pay-to-Earn 시스템을 통해 유연한 직업 시장을 형성했다. 그린 콘서트는 이 가상 세계에서 열리는 공연으로, 연예인들이 자신의 아바타를 통해 공연을 진행하고, 팬들은 게임을 통해 실시간으로 콘서트를 즐길 수 있게 되는 것이다.

첫 번째 그린 콘서트는 SGA의 대표 홍보 모델이자 세계적인 가수인 JIN이 진행했다. 이 콘서트는 1500만 명의 동시 접속자를 기록하며 큰 성공을 거두었고, 막대한 수익이 발생해 환경 보호 단체에 기부되었다.

그린 콘서트의 성공 이후, 리진은 기획사 대표들을 다시 모아 SGA

의 잠재력을 강조하며 협력을 제안했다. JIN의 콘서트를 통해 SGA
의 가능성을 확인한 기획사들은, 연예인들에게 새로운 기회를 제공할
수 있다는 점에 공감했다. 결국, 국내 3대 기획사는 공식적으로 SGA
와 협력하여 그린 콘서트를 통한 수익 창출과 환경 보호 프로젝트에 동
참하기로 했다.

SGA와의 협력 구조는 다음과 같다:

1) 연예인들은 SGA 플랫폼을 통해 리사이클링 패션 브랜드를 론칭
한 후, 그린 콘서트에 참여할 기회를 얻게 된다.
2) 콘서트 수익은 연예인, 기획사, SGA가 나누며, 기부 금액은 연
예인이 직접 결정한다.

이로써, 그린 콘서트는 연예인, 기획사, 팬들 모두에게 새로운 기회
를 제공하면서도, 환경 보호와 사회적 책임을 동시에 실현하는 혁신적
인 해결 방안으로 자리 잡았다.

5.

SGA와 기획사들의 협력은 그린 콘서트의 성공 이후 더 큰 목표를
향해 나아가기 시작했다. 리진은 〈절멸〉을 만든 그린픽셀의 기술 혁신
과 〈절멸〉의 세계관 확장을 통해 SGA의 생태계를 더욱 견고하게 구축
하려는 계획을 세웠다.

〈절멸〉에서의 활동은 유튜브 생태계와 유사한 구조를 가지고 있었
다. 모션 캡처 스튜디오는 연예인들이 자신의 브랜드를 구축하고, 자

율성을 가질 수 있는 기회를 제공했다. 연예인들은 기획사의 제약 없이 자신만의 콘텐츠를 제작하고, 이를 통해 수익을 창출할 수 있는 기회가 생겼다. 예를 들어, 연예인들은 자신의 아바타를 활용한 가상 상품을 판매하거나, 특별한 이벤트를 기획하여 팬들의 참여를 유도할 수 있었다.

SGA와 〈절멸〉의 협력은 콘텐츠 연계성, 이벤트와 공연, 수익 구조 세 가지 주요 측면에서 큰 시너지를 창출하며 팬들에게 몰입감 있는 경험을 제공했다. 연예인들은 가상 세계에서 자신만의 캐릭터로 등장하고, 팬들은 그들과의 상호 작용을 통해 더욱 가까워지는 경험을 할 수 있었다. 이 과정에서 〈절멸〉의 스토리라인과 환경 보호 퀘스트는 팬들에게 가상 현실에서의 경험을 현실 세계로 확장시켜 주는 중요한 역할을 했다.

SGA의 생태계는 점차 글로벌로 확장되었으며, SGA의 비전과 가치는 전 세계로 퍼져 나갔다. 2024년, 리진은 G보드 차트를 설립하여 환경 보호에 기여하는 연예인과 유명 인사들의 활동을 평가하고 랭킹화하는 혁신적인 시스템을 도입했다. 이는 빌보드 차트와 유사하지만, 환경 보호 활동을 기준으로 순위를 매긴다는 점에서 차별화되었다.

G보드 차트는 연예인뿐만 아니라 점차 기업인과 정치인들에게도 큰 영향을 미쳤으며, 많은 이들이 환경 보호 활동에 적극적으로 나서기 시작했다. 이를 통해 SGA는 이제 글로벌 생태계를 구축하고, 환경 보호와 지속 가능한 패션 문화를 확산시키는 데 중요한 역할을 하게 되었다.

6.

기업들도 환경 보호의 흐름에 맞춰 변화하기 시작했다. 소비자들이 점점 더 환경 친화적인 제품을 선호하면서, 많은 기업들은 친환경 제품 라인을 강화하고 지속 가능한 생산 방식을 도입했다. 패션 브랜드들은 리사이클링 소재를 사용한 제품을 출시하고, 환경 보호 캠페인을 펼치며 소비자들의 관심을 끌었다.

2024년에는 G보드 차트가 큰 파장을 일으키기 시작했다. 이제 SGA에 가입하지 않는 연예인들은 환경 파괴자라는 낙인이 찍힐 위험에 처하게 되었다. 이 현상은 연예인뿐만 아니라 유명 기업인이나 정치인들에게도 적용되었다. G보드 차트의 도입으로 인해 환경 보호에 대한 사회적 책임이 더욱 강조되었고, 이는 많은 사람들에게 압박으로 작용했다.

많은 연예인과 유명 인사들은 G보드 차트에서 높은 순위를 기록하기 위해 다양한 환경 보호 활동에 참여하기 시작했다. 그들은 중고품 경매와 리사이클링 제품 판매, 환경 보호 캠페인에 적극적으로 나서며, 기부와 소셜 미디어를 통해 팬들과의 소통을 강화했다.

물론 이러한 변화가 모두에게 환영받은 것은 아니었지만 G보드 차트는 전 세계적으로 점점 더 많은 지지를 받으며, 지속 가능한 미래를 위한 중요한 역할을 하고 있었다. 2024년 말, 리진이 주최한 첫 번째 G보드 시상식이 열렸다. 이 시상식은 서울의 대형 컨벤션 센터에서 열렸고, 세계 각지에서 온 수많은 연예인과 유명인, 그리고 기업인들이 참석했다.

이 시상식은 단순한 행사를 넘어 전 세계적으로 환경 보호에 대한 새

K행복 NO행복

로운 인식을 확산시키는 중요한 계기가 되었다. SGA에 협력하는 연예인들은 '그린 스타'라는 칭호를 받으며 긍정적인 이미지를 구축했고, 대중의 사랑을 받았다. 반면, 환경 보호에 소극적인 연예인들은 '구린 스타'라는 비판을 받았다.

시상식 이후, 패션 산업에서도 리사이클링 패션이 트렌드로 자리 잡았고, 힙하다는 인식이 젊은 층에서 빠르게 확산되었다. 패션 브랜드들은 지속 가능한 제품을 출시하며 소비자들의 변화를 반영했고, 이는 패션 산업 전반의 구조적 변화를 가져왔다.

리진은 환경 보호의 다음 단계로 배양육의 대중화를 계획했다. SGA는 배양육의 단가를 낮추고, 다양한 맛을 개발하기 위해 과학자들과 셰프들을 영입하여 연구에 착수했다. 이를 통해 배양육은 더 맛있고 저렴해졌고, 대규모 생산을 통해 시장에 성공적으로 출시되었다.

배양육이 대중화되자 축산업계는 강력한 반대 운동을 펼쳤다. 그러나 SGA의 가장 강력한 힘은 연예인들의 영향력을 통해 배양육을 하나의 트렌드로 확산시킨 것이었다. 키아누 리브스, BTS, 레오나르도 디카프리오와 같은 스타들이 배양육을 적극적으로 홍보했고, 팬들은 그들의 선택을 따랐다. 이러한 트렌드로 인해 배양육은 새로운 식문화의 중심으로 자리 잡게 되었다.

SGA는 축산업을 완전히 대체하는 대신, 유기농 축산과 배양육을 병행하는 방식으로 나아갔다. 연예인들은 유기농으로 길러진 가축과 배양육만을 소비하며, 환경을 고려한 식문화를 확산시켰다. 배양육은 점차 더 많은 사람들에게 받아들여졌고, 축산업계는 이를 막기 위해 다양한 노력을 기울였으나 큰 성과를 거두지 못했다.

마지막으로 2030년까지의 탄소 중립 목표를 달성하기 위해, 리진과 SGA는 RE100 캠페인을 통해 더 많은 기업들이 100% 재생 에너지를 사용하도록 유도하고, 정부와의 협력을 강화했다.

7.

이로써 SGA는 어느 국가나 조직보다 강력한 힘을 가지게 되었다. 그리고 그 힘은 환경 보호라는 윤리적 개념과 선한 영향력에 기반을 두고 있었기 때문에, 어떤 기업이나 국가도 협력을 안 할 수가 없는 힘이었다. 인류의 기후 위기와 환경 위기는 SGA를 통해 인류가 하나로 뭉치게 되는 계기가 되었고, 이는 역사에 길이 남을 사건으로 기록되었다.

SGA는 연예인과 유명인과 같은, 세상에서 가장 강력한 영향력을 행사할 수 있는 사람들의 집합체다. 리진의 비전과 지도 아래, SGA는 거대 자본과 강력한 영향력, 그리고 천사 기업이라는 이미지를 이용해 각 산업의 인재를 영입하여 모든 산업 체계를 혁신했다. 자본주의 체계는 점차 SGA 체계 혹은 자연환경주의 체계로 변모하기 시작했다. 그의 리더십 아래, SGA는 전 산업에 패러다임을 불러일으켰다. 모든 산업은 환경을 배제한 어떤 상품도 판매하기 쉽지 않았고, RE100을 달성하지 못한 회사나 기업은 불매운동의 대상이 되었다.

SGA는 전 세계적으로 친환경 운동을 이끌며 강력한 영향력을 발휘했고, 각국 정부와 기업들은 이에 따라 환경 보호와 지속 가능한 발전을 추진했다. SGA는 단순한 기업을 넘어, 인류의 미래를 이끄는 새로운 경제 체계로 자리 잡았다. 리진의 계획은 성공적으로 세상을 변화시켰고, 자본주의에서 자연환경주의로의 전환이 이루어졌다.

K행복 NO행복

30화

자본주의에서 자연환경주의로의 전환

환경과 자연이란 주제는 한국인의 행복을 넘어 인류의 행복과 생존에 관한 것이다. 소설《DI BOOK》의 핵심 메시지는 자본주의에서 자연환경주의로의 전환을 모색하는 데 있다. 이야기 속 일부가 과장된 설정이 존재하긴 하지만, 독자들에게 현실적이고 개연성 있는 해결책을 고민하게 만드는 데 중점을 두었다.

소설 속 SGA는 여러 산업을 연결한 복합적인 플랫폼으로, 엔터테인먼트 산업, 중고 거래 플랫폼, 기부 플랫폼(해피빈), 이베이의 경매 시스템, 스레들리스의 의류 제작 및 판매 방식, 그리고 빌보드 차트를 결합한 형태다. 이 플랫폼은 한국 연예계의 현실적인 문제와 환경 문제를 동시에 해결할 수 있는 구체적이고 실현 가능한 방안을 제시한다.

한국 연예계, 특히 아이돌 그룹 출신 멤버들이 겪는 경제적 어려움은 매우 심각한 현실이다. 이들은 어릴 때부터 춤과 노래에 집중하며 다른 직업적 경험을 쌓을 기회가 많지 않다. 데뷔 후에도 수십억 원에

달하는 제작비라는 빚을 짊어지며 활동을 시작하는 경우가 많고, 이로 인해 정상급에 오르지 못한 많은 아이돌들은 경제적 안정성을 확보하기가 어렵다. 그룹 내 인기 멤버 몇 명을 제외하면 경제적으로 여유로운 멤버는 드물며, 다수의 연예인들이 생활고를 겪는 것이 현실이다. 이 문제는 아이돌뿐만 아니라 배우, 개그맨, 모델 등 다양한 연예인들에게도 해당된다.

그러나 TV나 미디어에 어느 정도 노출된 연예인이라면 직업적 특성상 패션 의류나 다양한 소장품을 소유하게 된다. 이 물품들은 팬들에게 특별한 가치를 가지므로, 단순히 중고 거래 플랫폼에서 판매하는 대신, 경매 형식을 통해 더 높은 가치를 부여할 수 있을 것이다.

실제로 이베이와 같은 플랫폼에서 연예인의 소장품이 수천만 원에서 수십억 원에 낙찰된 사례가 많으며, 이는 연예인이 지닌 특수한 영향력과 그 물건의 상징성이 경매 시장에서 높은 가치를 인정받을 수 있음을 보여 준다. 다만, 과도하게 높은 금액이 형성되지 않도록 상한선을 설정하는 등의 조치가 필요하겠지만, 이러한 경매 방식은 연예인들에게 실질적인 경제적 이익을 제공할 수 있는 충분한 사업 가능성을 시사한다.

그리고 네이버 해피빈 같은 기부 플랫폼은 주로 새 제품을 펀딩하는 방식으로 운영되며, 이는 기부금의 투명성이나 결과가 명확하다는 장점이 있지만, 팬들에게는 동기 부여가 부족할 수 있다. 또한, 연예인에게는 단순히 이미지 개선에 기여할 뿐 실질적인 경제적 혜택이 없기 때문에 기부 참여율이 낮은 편이다. 반면, SGA 플랫폼은 경매 방식을 통해 연예인이 기부와 함께 경제적 이익을 동시에 얻을 수 있게 설계되었다. 기부 금액을 공개하지 않고 자율적으로 부담 없이 기부할 수 있어(10~70%) 연예인들의 참여도를 더욱 높일 수 있다.

SGA는 특히 비인기 연예인들에게도 기회를 제공할 수 있는 독특한 구조를 갖추고 있다. 스레들리스는 디자이너와 일반 사용자들이 협력하여 제품을 제작하는 독특한 방식으로 운영되는 플랫폼이다. 기본적으로 디자이너가 자신의 창작물을 스레들리스에 업로드하면, 커뮤니티 회원들이 그 디자인에 투표하고 피드백을 제공한다.

스레들리스의 패션 제작 방식을 차용해, 비인기 연예인들이 다양한 디자이너와 협력해 리사이클링 패션을 제작하고 이를 팬들의 투표를 통해 펀딩과 판매로 연결할 수 있다. 이 방식으로 연예인은 기부와 수익을 동시에 창출할 수 있도록 하며, 지속 가능한 패션 문화를 확산하는 데 기여할 수 있다. 더 나아가, 연예인들이 기획사에 의존하지 않고 자율적으로 브랜드를 구축하고 경제적 독립을 이루는 기회를 제공한다.

또한, 환경 문제 해결을 위한 더 큰 목표로 SGA는 'G보드 차트'라는 환경 기여도 기반 차트를 구상할 수 있다. 이는 빌보드 차트와 유사하게, 연예인들이 환경 보호 활동에 기여한 정도에 따라 순위를 매기고, 이를 통해 더 많은 연예인들이 환경 문제에 관심을 갖고 실질적인 기여를 할 수 있도록 장려하는 시스템이다.

이 시스템이 가능한 이유는 연예인들이 강력한 영향력과 팬덤을 가지고 있기 때문이다. 연예인의 팬덤은 그들의 행동에 매우 민감하게 반응하며, 연예인이 환경 보호 활동에 참여하면 팬들 역시 자연스럽게 그 활동에 동참할 가능성이 높다. 한국의 엔터테인먼트 산업은 이미 단순한 음악 산업을 넘어 관계 산업으로 확장되었고, 팬덤 문화는 그 핵심에 있다. 팬들은 자신이 지지하는 연예인을 가까이에서 만날 수 있는 기회를 얻기 위해 여러 방식으로 적극적인 소비 활동을 한다. 대표적으로 팬 사인회에 당첨되기 위해 수백 장의 앨범을 구매하는 것이 일반적인 팬덤 문화로 자리 잡고 있다.

SGA의 애장품 경매와 판매 시스템은 이런 팬덤 문화의 연장선에 있지만, 중요한 차이점은 그 활동이 사회적으로 긍정적인 영향을 미칠 수 있다는 점이다. 팬들은 단순히 연예인의 소장품을 소유하는 데 그치지 않고, 그 구매가 연예인과 함께 환경 보호와 같은 선한 목적에 기여한다는 자부심을 가질 수 있다. 이를 통해 팬과 연예인 간의 유대감은 더욱 강화되며, 사회적 책임감까지도 공유하게 된다.

이러한 플랫폼은 팬덤의 경제적 힘을 긍정적인 방향으로 이끌어 내며, 연예인은 자신의 물건을 통해 경제적 이익뿐만 아니라 환경 보호라는 사회적 가치를 실현할 수 있다. SGA는 이러한 상호 작용을 기반으로 성장할 수 있는 가능성을 보여 주며, 지속 가능한 미래를 위한 새로운 패러다임을 제시한다.

환경 문제는 기후 변화, 자원 고갈, 생태계 파괴 등 여러 측면에서 복잡하게 연결되어 있다. 이를 해결하기 위해서는 기술적 혁신뿐만 아니라 철학적 사고, 경제 구조의 변화, 그리고 전 세계적으로 영향력 있는 유명인들의 협력이 필수적이다. 이는 개인의 노력만으로는 해결하기 어려운 문제로, 전 지구적인 협력과 의식 변화를 요구한다. 소설을 통해 이러한 다각적인 접근의 필요성을 강조하고, 독자들이 환경 문제에 대한 깊은 인식을 가지게 하고자 했다.

기후 변화는 이제 인류가 직면한 가장 중대한 위기 중 하나이며 인류의 생존과 직결된 문제다. 전 세계적으로 급격한 기후 변화가 일어나면서 폭염, 폭우, 가뭄 등의 자연재해가 잦아지고 있다. 이러한 변화는 단지 기후의 변화만을 의미하지 않는다. 우리의 생활, 경제, 그리고 생태계 전반에 심각한 영향을 미친다. 그중에서도 특히 꿀벌과 같은 중요한 생태계 종들의 멸종은 경각심을 일깨워 준다. 꿀벌은 농작물의 수분을 담당하는 주요한 곤충으로, 꿀벌의 멸종은 식량 생산 체계 전체를 위협할 수 있다.

미디어, 패션, 게임과 같은 산업은 기후 변화 문제를 대중에게 효과적으로 전달할 수 있는 강력한 매개체다. 그러나 기후 위기를 해결하기 위해서는 단순한 기술 발전이나 환경 보호 캠페인만으로는 부족하다. 문제의 핵심은 자본주의의 구조적 문제를 재고할 필요가 있다는 점에 있다. 현 자본주의 시스템은 이윤을 최우선으로 하며, 이로 인해 환경 보호는 종종 뒷전으로 밀린다. 대표적인 예로 패스트 패션 산업이 있다. 이 산업은 소비자들에게 저렴한 가격에 최신 트렌드의 옷을 제공하지만, 그 이면에는 막대한 환경 오염과 노동 착취 문제가 존재한다. 이는 단기적인 이익을 추구하는 자본주의의 한계를 드러내며, 기후 변화 문제를 해결하는 데 있어 구조적인 변화를 요구한다.

노자의 유무상생 사상을 바탕으로 생각해 보면, 우리는 자연과 자본주의 사이에서 놓치고 있는 본질을 깨닫게 된다. 자연은 언제나 우리에게 자원을 제공하지만, 그 과정에서 억지로 요구하거나 강요하지 않으며, 스스로 순환과 재생을 통해 생명을 키운다. 그러나 자본주의 체제에서는 인간이 자연을 끊임없이 착취하면서도, 그 자원들이 다시 재생될 수 있는 방법을 마련하지 않는다. 노자의 철학에 따르면, 유와 무는 서로 의존하고 조화 속에서 생명이 유지된다. 자본주의가 실패하는 이유는 이 상생의 원리를 이해하지 못하고, 끊임없이 유의 축적에만 매달리기 때문이다.

자본주의는 유(있음)를 축적하는 데만 집중하지만, 진정한 지속 가능성은 무(없음), 즉 비움과 순환을 함께 고려할 때 가능하다. 우리는 자연의 순환 원리를 경제 시스템에 도입하여, 더 많이 얻으려는 욕심에서 벗어나 어떻게 주고 비우며 함께 살아갈 수 있을지를 고민해야 한다. 지속 가능한 미래는 자원을 무한히 소모하는 대신, 자연과 조화를 이루는 새로운 경제적 패러다임 속에서 가능할 것이다.

파타고니아와 같은 기업은 이러한 문제에 대한 해답이 될 수 있다. 파타고니아는 자본주의 체제 내에서 환경 보호를 최우선으로 삼는 독특한 경영 방식을 보여 주는 대표적인 기업이다. 설립자 이본 쉬나드는 자연에서 얻은 통찰을 바탕으로 '돈을 많이 버는 것'보다 '한 푼이라도 올바르게 버는 것'을 목표로 삼았다. 그는 최고의 기업이 되는 것보다, 환경과 공생하는 기업이 되기를 원했다. 이러한 철학 덕분에 파타고니아는 의도치 않게 글로벌 기업으로 성장했지만, 그 성장의 중심에는 언제나 지속 가능한 발전과 환경 보호가 자리 잡고 있었다.

파타고니아의 경영 결정은 항상 환경 위기를 고려한 방식으로 이루어진다. 그들은 제품의 내구성을 높이고, 수선이 가능한 디자인을 도입하여 소비를 줄이고 자원을 절약한다. 이러한 방식은 패스트 패션의 과도한 소비문화를 거스르며, 더 나은 소비의 방향을 제시하고 있다. 또한, 파타고니아는 이익을 추구하되 자연의 속도에 맞춘 성장을 지향하며, 자본주의의 확장 논리에서 벗어나 자연과 조화를 이루는 길을

K행복 NO행복

선택하고 있다.

파타고니아의 투명한 경영 방침과 다양성에 대한 존중은 신뢰받는 브랜드로 자리 잡는 데 중요한 역할을 했다. 오픈북 경영을 통해 모든 회사 방침과 철학을 투명하게 공유하며, 다양성은 생존의 필수조건이라는 철학을 바탕으로 환경에 이로운 제품을 제공하고 있다. 쉬나드의 철학은 자본주의와 환경 보호가 충분히 공존할 수 있음을 보여 주며, 지속 가능한 지구를 만드는 데 기여하는 실천적 철학을 제시하고 있다.

파타고니아를 보면 우리가 일하는 방식에 대한 근본적인 재정립이 필요하다는 것을 느낀다. 많은 사람들이 실제로 큰 의미를 찾지 못하는 노동에 시간을 허비하고 있으며, 이는 비생산적일 뿐만 아니라 개인의 도덕성과 자존감을 갉아먹는다. 특히 사무직에서 반복되는 회의와 이메일 처리에 많은 시간을 쏟는 모습은 '허위 노동'의 대표적인 예이다. 이러한 허위 노동은 시간과 자원을 낭비할 뿐만 아니라, 사람들이 진정으로 의미 있는 일을 찾고 실현하는 것을 방해한다.

진정한 변화는 사람들이 단순히 돈을 벌기 위한 노동이 아니라, 삶의 의미를 발견하고 실현하는 노동을 할 수 있는 사회를 만드는 데서 시작될 수 있다. 만약 일의 목적이 생계를 위한 것이 아닌, 삶의 의미를 찾고 더 나은 세상을 만들기 위한 것이라면, 우리가 할 수 있는 일은 무궁무진하다. 특히 환경 문제와 같은 시급한 분야에서, 우리가 부여할 수 있는 의미 있는 일은 셀 수 없이 많다. 이를 통해 단순한 노동을 넘어, 지속 가능한 미래를 위한 가치 있는 일을 실천할 수 있을 것이다.

인공지능 시대가 도래한 지금, 머지않아 우리 인간은 더 이상 단순히 노동에 매몰될 필요가 없어진다. 기술의 발전으로 많은 업무가 자동화되고 효율성이 높아지면서, 더 이상 편리하고 화려한 삶을 추구하는 데만 몰두할 이유가 없어진다. 사실 지금부터 우리가 진정으로 고민해야 할 문제는, 자연과 어떻게 조화롭게 살아갈 수 있는지에 대한 것이다.

자본주의 체제에서 돈이 소비될수록, 그 자금은 자연재해의 복구나 환경 보호와 같은 필수적인 활동에 투입될 수밖에 없다. 이는 자연 파괴와 경제 성장 사이의 불가피한 관계를 반영하며, 자연이 더 많이 훼손될수록 우리는 그 피해를 복구하기 위해 더욱 많은 자원과 에너지를 투입하게 된다. 그러나 여기서 아이러니한 점은, 자연이 더 많이 파괴될수록 우리는 그 복구 과정에서 더 많은 '의미 있는 일'을 찾게 된다는 것이다. 이 역설은 인간이 경제적 발전을 추구하는 과정에서 자연과의 관계를 어떻게 설정해야 할지에 대한 깊은 철학적 질문을 던진다.

현대 사회는 이러한 이중적 위협, 즉 환경 파괴와 경제적 불안정성에 직면해 있다. 미세플라스틱이 바다와 생태계에 널리 퍼지면서, 우리는 그 영향을 우리의 식탁에서 직접 느끼고 있으며, 이는 건강에까지 심각한 결과를 초래하고 있다. 기후 변화로 인한 자연재해 또한 홍수, 가뭄, 폭염 등을 통해 경제 구조를 뒤흔들며, 막대한 재정적 피해를 입히고 있다. 자연이 파괴될수록 우리는 그 복구를 위해 더 많은 자원을 투입해야 하고, 이 과정에서 경제적 불안정성은 더욱 심화된다.

뿐만 아니라, 코로나와 같은 전염병의 세계적 유행은 경제적, 사회적 구조에 깊은 상처를 남겼다. 팬데믹이 재발할 가능성은 여전히 존재하며, 이는 인류의 생존과 경제적 안정을 지속적으로 위협하고 있

K행복 NO행복

다. 자연은 항상 순환적이며, 인간이 자연에게 가한 피해는 다시 인간에게 돌아오는 법이다. 우리가 자연과의 조화를 회복하지 않는다면, 끊임없는 재해와 위기에 맞서야 하며, 이는 우리의 경제적, 사회적 자원을 계속해서 소모하게 만들 것이다.

결국 우리는 질문해야 한다. 왜 일을 하는가? 그 목적이 단지 파괴된 것을 복구하기 위한 것이라면, 우리는 계속해서 파괴와 복구의 악순환에 빠질 뿐이다. 이제는 이러한 악순환을 끊고, 자연을 보존하는 데 집중해야 할 때이다. 진정으로 의미 있는 일은 자연을 지키고, 후세에게 지속 가능한 세상을 물려주는 것이다. 자연 보존이야말로 가장 중요한 일이자, 우리가 앞으로 나아가야 할 방향임을 깨닫고, 이제 실질적인 행동을 시작해야 한다.

인류는 지구의 주인이 아니라 공동 거주자일 뿐이다. 결국, 돈은 대체 가능하지만 자연은 대체 불가능하다는 점을 우리는 반드시 깨달아야 한다. 자연은 우리가 보호해야 할 가장 중요한 자산이며, 이를 지키고 유지하는 것이야말로 우리의 궁극적인 목표가 되어야 한다.

자연은 순환을 통해 스스로를 유지하며, 부패와 죽음이 새로운 생명을 탄생시키는 원리로 끊임없이 지속된다. 그러나 자본주의는 이러한 자연의 순환을 거스른다. 돈은 영속성을 추구하지만, 자연은 변화와 소멸을 통해 스스로를 재창조한다. 우리는 자본주의의 돈의 개념을 자연의 순환 원리에 맞춰 재정립할 필요가 있다. 이러한 재정립이 이루어진다면, 우리는 자연과 조화를 이루는 새로운 경제 시스템을 창출할 수 있다.

환경 보호를 금전적 보상과 연결하는 자연 데이터 은행 시스템은 지속 가능한 미래를 위한 실현 가능한 아이디어다. 이 시스템을 통해 개인과 기업이 환경 보호 활동을 계량화하고, 그 결과를 금전적으로 환산하여 보상을 받을 수 있다면, 환경 문제에 대한 대응이 더욱 적극적으로 이루어질 것이다.

우선, 환경 보호 지수를 설정하고, 이를 통해 개인과 기업이 실천한 환경 보호 활동을 점수로 환산할 수 있다. 예를 들어, 가정에서 에너지 사용량을 줄이거나, 재활용 비율을 높이는 등의 활동을 통해 환경 보호 점수를 얻는 것이다. 이러한 데이터는 스마트 미터나 IoT 기술을 통해 자동으로 수집될 수 있다. 데이터를 실시간으로 추적하고 분석함으로써, 각 개인의 행동이 환경에 미치는 영향을 구체적으로 평가할 수 있다.

이렇게 얻은 점수는 자연 데이터 은행 시스템을 통해 금전적 보상으로 환전된다. 탄소 배출권 거래 제도와 유사한 방식으로, 개인도 자신의 탄소 저감 활동을 경제적 이익으로 연결할 수 있다. 예를 들어, 전기 절감, 재활용, 쓰레기 배출량 감소 등의 활동을 통해 얻은 포인트를 거래하거나, 국가 혹은 지방 정부로부터 세제 혜택을 받을 수 있다. 이는 경제적 인센티브를 통해 사람들이 더욱 자발적으로 환경 보호에 참여하도록 유도하는 효과를 기대할 수 있다.

이 시스템의 장점은 경제적 효과와 환경 보호가 동시에 달성될 수 있다는 점이다. 환경 보호가 단순한 도덕적 책임을 넘어, 개인과 기업에게 직접적인 경제적 혜택을 제공한다면, 더 많은 사람들이 자발적으로 참여할 가능성이 높아진다. 특히, 자본주의 체제 내에서 환경 보호와 경제 성장이 상충하지 않고, 오히려 서로를 보완하는 방식으로 발전할 수 있을 것이다. 이로 인해 환경 관련 산업의 시장이 활성화되고, 새로운 직업과 기회가 창출될 가능성도 있다.

그러나 이 시스템이 성공하기 위해서는 몇 가지 문제점을 해결해야 한다. 첫째, 데이터를 신뢰할 수 있어야 한다. 환경 보호 점수나 계량화된 데이터가 조작되지 않도록, 투명하고 정확한 데이터 수집 및 분석 시스템이 필요하다. 둘째, 형평성 문제가 발생할 수 있다. 모든 사람들이 환경 보호를 위한 자원을 고르게 사용할 수 있도록 시스템을 설계해야 하며, 저소득층이나 소외된 지역도 쉽게 참여할 수 있도록 공공 정책과 협력이 이루어져야 한다.

자연과의 조화 없이는 자본주의 사회의 조화도 이룰 수 없다. 우리는 언제나 자연에 노출되어 살아가고 있기 때문이다. 자연은 단순히 외부 환경이 아닌, 우리의 생명과 삶에 직결된 근원이다. 생태계의 순환과 균형이 무너지면 인간의 삶 또한 불안정해지고, 그 안에서 공동체의 평화와 질서를 유지하는 것은 불가능에 가까워진다. 자연과의 조화는 인간 삶의 기반이며, 자연을 돌보고 이해하는 것이 곧 인간 사회의 조화를 위한 첫걸음이다.

더 나아가, 인간은 자연의 일부로서 언제나 자연과 연결되어 있다. 우리가 숨 쉬는 공기, 마시는 물, 먹는 음식은 모두 자연의 산물이며, 자연의 순환 속에서 우리는 생명을 유지한다. 그럼에도 불구하고, 현대 사회는 때로 인간과 자연을 분리된 존재로 여기는 경향이 있다. 그러나 진정한 조화는 인간이 자연의 일부임을 인식하고, 그 관계를 이해할 때 비로소 이루어질 수 있다. 자연과의 균형을 되찾고 유지하는 것이야말로 인간 사회의 건강한 조화와 지속 가능한 미래를 위한 필수적인 조건이다.

우리가 자연의 일부로서 그 안에서 순환하고, 공존하며 주고받는 삶을 살아갈 때, 비로소 진정한 행복에 다가설 수 있다. 노자가 말한 참된 행복은 더 많이 소유하는 데 있는 것이 아니다. 오히려 필요한 만큼만 소유하고, 나머지를 자연에 돌려주는 순환 속에서 우리가 진정으로 추구하는 평온과 만족을 찾을 수 있다.

자본주의를 전부 부정할 필요는 없다. 다만, 자연과 조화를 이루며 지속 가능한 방식으로 발전해야 한다. 경제적 번영과 환경의 지속 가능성은 서로 상충되는 것이 아니라, 충분히 공존할 수 있다. 이것이 우리의 과제다. 인간과 자연이 상생하는 새로운 경제 체제를 구축할 때, 우리는 단순한 물질적 풍요를 넘어서 자연과의 깊은 연결 속에서 잃어버린 진정한 의미와 행복을 다시 찾을 수 있을 것이다.